2016年度辽宁省哲学社会科学规划基金一般项目“从潜在到有效：解决辽宁省养老服务业发展困境的路径探索”（L16BGL004）

2017年东北财经大学博士后资助项目“中国民办养老机构的经营管理”（BSH201717）

2018年度大连市社会科学联合会课题“大连市民办养老机构风险防控体系构建研究”（2018dlskyb175）

2019年度广东省海外名师项目“广东省养老服务业的可持续发展研究”（163-2018-XMZC-0001-08-0089）

2019年度岭南师范学院人才专项：有效需求视角下广东省养老服务业可持续发展研究

知库

法律与社会

日本社会保障制度及养老服务业发展研究

周 扬 著

中国社会出版社
国家一级出版社·全国百佳图书出版单位

图书在版编目（CIP）数据

日本社会保障制度及养老服务业发展研究 / 周扬著. -- 北京：中国社会出版社，2022.8

ISBN 978-7-5087-6771-0

Ⅰ.①日… Ⅱ.①周… Ⅲ.①社会保障制度—研究—日本 ②养老—社会服务—研究—日本 Ⅳ.①D731.37 ②D731.386

中国版本图书馆 CIP 数据核字（2022）第 078442 号

出 版 人：浦善新　　终 审 人：魏光洁
责任编辑：陈贵红　　责任校对：卢光花
封面设计：杜　爽

出版发行：中国社会出版社　　地　　址：北京市西城区二龙路甲 33 号
邮政编码：100032　　编 辑 部：（010）58124825
网　　址：shcbs.mca.gov.cn　　发 行 部：（010）58124864；58124848
经　　销：新华书店

印刷装订：三河市华东印刷有限公司　　开　　本：170mm×240mm　1/16
印　　张：16.5　　字　　数：305 千字
版　　次：2022 年 8 月第 1 版　　印　　次：2022 年 8 月第 1 次印刷
定　　价：95.00 元

中国社会出版社微信公众号　　中国社会出版社天猫旗舰店

序　言

本书是作者主持的2016年度辽宁省哲学社会科学规划基金一般项目“从潜在到有效：解决辽宁省养老服务业发展困境的路径探索”（L16BGL004）、2017年东北财经大学博士后资助项目“中国民办养老机构的经营管理”（BSH201717）、2018年度大连市社会科学联合会课题“大连市民办养老机构风险防控体系构建研究”（2018dlskyb175）、2019年度广东省海外名师项目“广东省养老服务业的可持续发展研究”（163-2018-XMZC-0001-08-0089）等课题的最终研究成果之一。

截至2021年，我国65岁及以上老年人约有1.9亿，其中失能老人和半失能老人已经超过5000万人，老人的照顾、护理问题已经成为一个严峻的亟待解决的社会问题。照护政策作为一项改善老年人健康状况的重要公共政策，对于加快建立和完善城乡统筹协调的长期照护制度乃至健全我国养老政策的顶层设计具有重要意义。然而，现阶段老人照护政策面临着政策定位不精准、配套整合性政策滞后、护理保障水平差异大、覆盖群体与责任主体不健全、政策帮扶对象信息不健全等诸多现实挑战。

笔者认为，老人照护政策的改革重点应从构建完整的失能政策体系、优化服务供给机制、促进供需平衡出发，推动失能老人长期照护政策体系的完善，以增进失能老人的福祉。

我国初步形成了以居家养老为基础、社区服务为依托、机构养老为支撑的社会养老服务体系。然而，我国养老服务业的发展仍处于初级阶段，存在着很多实质性问题没能解决。如养老机构总体供应不足，公立养老院一床难求，民办养老机构却高空置率；民办养老机构受城市地价高、资金短缺、社区用房紧张等因素制约，发展空间有限，部分养老机构入不敷出；养老服务专业化程度不高，供求失衡；大多数养老机构怕担医疗、法律、道义等多重风险，将重病老人、失去自理能力的老人、失能失智老人拒之门外，致使真正需要进养老院的老人进不了养老院；养老护理员流动频繁，不能稳定从业等。

日本实施了一系列解决少子老龄化问题的社会保障制度，社会保险制度亦是其中重要一环。首先，从护理保险制度来看，早在2000年日本政府就实施了护理保险制度，该制度以全体国民协力互助为理念，是日本政府推进养老护理社会化与市场化的重要举措。与早期养老被划为“非产出”产业相比，其较大程度上促进了养老护理产业发展。

从日本传统的健康养老的实际情况来看，为老年人提供护理、照顾的三级结构是：政府、家庭、市场。随着ICT为代表的高科技在健康养老领域的应用，使得养老由以政府、家庭为主转向社会养老，逐渐实现由“政府主体型服务供给机制”向“市场主体型服务供给机制”的转变，极大地减轻了政府的养老负担，主要体现在费用减负层面。与此同时，家庭的养老费用及护理负担也得到缓解。

本人聚焦日本社会保障制度及养老服务供给等问题，对日本社会保障制度及养老服务业的发展经验进行了总结，从创造有效需求的视角出发，探讨如何解决我国养老服务业发展过程中出现的供需失衡问题。

（一）先行研究

近些年，关于我国社会保障体系及社会养老服务的研究日趋被重视，其研究大多集中以下几个方面。

（1）社会养老服务体系建设及分类模式研究。姜向群（2006）认为，社会化养老是指有别于传统家庭养老、通过社会途径、以社会制度保证的养老方式，其范围包括：老年社会保障、老年社会福利、老年社会服务机构养老等，社会化养老是社会从传统社会向现代工业化社会转变的必然产物。桂世勋（2008）则通过上海的经验指出，在“积极老龄化”理念指导下，根据老年人口的实际需求，从参与、健康和保障三个方面搞好预防性服务、推进发展性服务、支持和关心非正规照料服务，做好民政福利服务与卫生保健服务的资源整合。毕素华等（2005）提出了推进民办养老机构良性发展的合理措施，旨在寻求政府、社会和市场三大资源的合力支持，构建多元化的养老体系。郑功成（2011，2015）认为，创新发展理念，厘清老年服务事业发展定位非常重要。养老服务业发展的唯一出路是公益性与市场性的有机结合。当前急需打破部门分割、政策分割的格局，合理配置公共资源。章萍（2015）指出，我国社会养老服务的供需之间无论在数量上还是质量上都存在着明显的失衡，有效供给不足问题严重。政府与市场的合作是社会养老服务持续健康发展的必然选择。

（2）财税政策支持养老事业发展的研究。黄燕芬、尹太兵（2010）认为，伴随社会福利社会化改革进程，国家有必要通过一系列财税政策积极鼓励和引导社会力量参与我国养老机构的建设。郑洁（2013）指出，应该加大中央政府的补助力度，建立由中央、省、市三级共同出资的民办养老服务机构补助制度，以缓解地方政府财政压力。政府可以鼓励医科大学增设此类专业并给相应的专业及学生一定数额的补助，对于从事此类工作并具有一定资质以上的医护人员按工作年限给予津贴补助。

（3）养老机构存在问题与对策建议。张晓锋（2008）认为，当前我国民办养老机构发展存在品牌意识不强、医疗护理纠纷增多、资金周转困难、应有的优惠政策没有到位等问题。梁鸿等（2003）指出，应积极探索养老机构投资多元化与管理运营市场化，建立政府主导、社会参与、市场运行的机制。邱玉函（2008）针对养老机构中专业服务人员欠缺的问题，提出养老机构须借鉴和移植社会工作的专业理念来指导工作，提升服务水平，增强机构的开放性，使机构由贝壳式运作向骨骼式运作的院舍体制发展。李伟（2015）通过对河南省X县的实地调查发现，当前农村民办养老机构发展中面临着国家扶持政策落实难、行政审批难、设施设备简陋、专业和非专业养老护理员普遍缺乏、管理不规范、公办与民办养老机构存在非公平竞争等问题。并指出问题产生的深层原因在于政绩考核评价办法不科学、政策设计本身不科学、配套措施不完善、监管不到位等，建议将社会养老服务等民生保障纳入政绩考核评价体系、加强制度设计本身的科学性、完善配套机制、加快行政审批制度改革、加强政府多部门与社会力量协同监管、建立健全与养老护理员相关的各项制度、明确区分公办与民办养老机构的功能范围，促进农村民办养老机构健康、快速发展。钟春洋（2015）指出，发展养老机构应优化供给结构，提升服务功能，推进“医养结合”养老服务机构发展。崔炜（2011）认为，中国养老机构管理标准化体系建设可用健全制度、完善标准、注重细节、优化管理、规范服务、建设队伍来概括。董红亚（2011）指出，目前养老机构存在的核心问题是，政府和社会各方对养老机构的定性存在分歧，致使政策摇摆不定，或以事业视之，或以产业视之，致使养老机构的发展不能健康有序，养老服务质量不尽如人意。涂爱仙

(2015) 围绕养老机构的基本情况、基础设施、服务水平和人力资源等问题，通过对海口市8家养老机构的调研，发现欠发达地区的养老机构存在床位数供给不足、机构养老服务水平不高、供求失衡等问题，这些问题的产生主要受养老机构投资大、回报周期长、政策滞后且落实不到位等多种因素影响。

(4) 日常运营过程中面临的潜在风险的研究。张晓峰 (2008) 指出，从投资风险来看，兴办养老服务机构投入大，回报时间长，投资者没有经过充分的市场调研、科学的论证分析，盲目投资或扩张，或陷入恶性竞争，兴办的养老服务机构在老人入住率、缴费、资金周转等方面出现困难。在土地划拨、低息贷款等方面，国家对养老服务机构的优惠和扶持政策在有的地方没有落实到位，致使有些养老服务机构入不敷出，经营困难。董红亚 (2011) 认为，建设发展养老机构，应该从其非营利属性的本来意义着眼，确立履行社会责任的目标，建立宏观的行业管理体制，引导社会资金进入养老服务领域，适当分离管理人和出资者，建立评估机制，探索分类管理模式。崔炜、周悦 (2011) 指出，养老机构管理标准化建设要以市场需求为基础、以完善制度为根本、以厘清职责为保障、以人才建设为支撑。李从容、曹慧敏 (2015) 认为，政府应完善对民办养老机构从规划布局、土地供应、建设施工到竣工验收的建设生命周期的管理，加强政策的引导作用，规范养老机构的建设。

(二) 国外的研究

(1) 对于政府介入养老事业理论研究。新古典经济学派的效率理论从市场失灵的角度解释养老保障体系建立的合理性，认为养老保障体系可以在一定程度上解决市场失灵问题，提高经济效益。莫里斯 (Mirrless, 1971) 指出，自由市场产生的收入分配结果可能会造成部分老年人口的贫困。潘波尔和威廉姆森 (Pampel and Williamson, 1989) 认为，工业化加快了经济的增长，同时也拉大了年青一代与老年一代的收入差距，因此也就更加需要政府加强代际收入再分配的力度。小田利胜 (1998) 就护理保险对养老服务业发展的影响进行了详尽的分析，指出该制度发挥了减轻家庭负担、推动了社会互助的机能。日本横滨经济产业局 (2012) 对日本的养老产业发展进行深入研究，指出医疗、照护、健康产业协同发展的重要性。永田俊一等 (2000) 指出，日本护理保险制度引入使得老年人福祉及护理状况发生巨大变化，主要有以下三点：第一，对要护理风险的应对形式从“措施”转为“契约”。第二，护理社会化理念的形成。第三，福祉领域引入市场原理，养老产业作为新型产业备受期待。

（2）财税政策方面的研究。Thane（1987）认为，在多数经济发达社会，健康和社会服务的成本未必也随着老年人口的增加而增加；可以重新规划社会服务以最大化服务老年人同时成本最小化。Okamoto（2005，2007）认为，在日本老龄社会下实行相对进步的支出税能够克服大量的福利损失。建议在日渐老龄的社会，为促进资本形成和提升社会福利，应采取增加消费税税率、降低利息收益税的税收组合。Toader（2006）认为，在日本迅速老龄的社会已婚夫妻抚育少量的孩子，与此相适应的长期税制改革十分必要。

综上所述，从当前的研究来看，众多专家和学者从体系构建、运营模式、财税政策、责任定位等宏观层面进行了详尽研究并提出对策建议，以期有效改善当前我国养老服务业发展现状，促进整个社会资源的优化配置。本书从社会保障制度、护理保险制度、养老服务供给机制等诸多方面对日本养老服务业进行深入分析，总结日本社会保障体系及养老服务业发展经验，并结合我国实际情况，对解决我国养老服务业发展困境进行路径探索。

在社会养老设施大力兴建的背景下，如何吸取国外的经验和教训，使有限的财政资源得到有效的利用，如何切实让老年人得到专业、有效的服务是当前亟待解决的问题。如何实现现有养老机构的有效运营，是未来大力发展长期照护机构服务的重要基础，具有重大的实践意义。理论方面，基于养老机构的公益性的特点，本书拓展了社会保障及养老服务体系建设相关理论研究。有利于社会保障学科发展，为推进我国社会养老服务体系建设及养老服务业发展提供理论依据，对助推我国加快发展社会养老服务业规划，提升老年人生活水平的目标达成具有现实指导意义。另外，基于养老机构经营成本与老年人支付能力的视角，对破解当前社会养老机构发展困境的论证有利于养老服务成本的降低和服务效率的提高，对养老设施的健康和可持续发展有着深远意义。

本书的主要观点是：

（1）构建可持续发展的社会保障制度必须加快社会保障制度的法制化建设，加快建立和完善多层次的社会保障体系，建立稳定、可靠、多元的资金筹措机制，提高社会福利保障的服务效率。

（2）日本年金制度经办管理机构的独立性、效率性；经办管理的系统性、规范性；经办服务的人性化和便捷性，以及对问题处理的及时性和防止再发生的对策等，都给我们养老保险经办管理服务改革提供了很好的借鉴。

（3）日本从2001年开始对年金基金管理运营作了根本性变革，基金由以前的政府部门主管转变为第三方的独立行政法人主管，年金的财政方式也由“永久式均衡方式”转变为“有限的均衡方式”，并建立了完善的管理体系和运行机制。2001年日本成立了年金积累基金运用独立行政法人，负责公共年金积累基金的管理与运营，其建立独立的管理及监督体制，加速养老金市场化运营；动态调整资产配置，实现养老金主动化管理；扩大资产投资范围，提高养老金投资收益；委托多元投资机构，实现养老金专业化投资等经验值得我国借鉴。

（4）长期护理保险必须具有可持续性的筹资机制，严格控制资金给付条件。长期护理保险制度可持续发展的关键是实现政府指导与市场运营有效结合，职责明确，经办服务管理具有高度的独立性。服务经办程序严谨，具有系统规范性。重视信息化管理，确保了服务质量的提升及经办服务管理的效率性。

（5）养老服务供给机制方面，推进家庭、政府、市场和社会组织协同发展，实现资源供给多元化。我国应通过政策引导把非养老企业这一市场主体纳入我国养老服务业体系之中，构建由企业、家庭、社区、社会组织构成的“四元主体”的养老服务体系。

（6）我国应加快财税制度创新充实社会保障制度。在社会保障制度方面，除了统筹城乡居民基本医疗保障制度，实现新农合与居民医保制度并轨，探索建立长期护理保险制度之外，通过财税制度创新改革来完善社会保障制度，提高老年人的支付能力尤为重要。同时，实施积极的劳动政策，鼓励老年人再就业。国家和有关部门应该积极推进政策与企业制度创新，让老年人实现老有所为，更好地参与社会。

解决供需失衡问题的对策建议有利于养老服务成本的降低和服务效率的提高，有利于提升老年人的服务购买能力。对于突破当前养老服务业发展困境，实现可持续发展有着深远意义。

目 录
CONTENTS

第一章

日本社会保障制度的理念、特征及改革方向

第一节　日本社会保障制度的理念

当今日本实行的是自由经济体制，经济运行的原则是追求效率性。构成经济社会的企业和个人在自由竞争条件下，有效利用自己所拥有的资源，追求利益最大化。企业的目标是以最小的成本获得最大的收益，按经济理论来讲，就是通过经济活动使社会整体效用得到最优化。其中，雇佣依托于劳动市场成为经济活动的重要一环，基本上也遵循了这一经济原理。

另外，依照日本宪法第 25 条规定，医疗、福利等社会保障措施的目的是确保国民生存权。日本的社会保障从第二次世界大战结束后的救贫政策起，伴随着经济成长逐步得到充实和完善。日本的社会保障理念是确保有医疗、福利需求的人能够公平地享受服务和待遇给付。

1995 年日本政府提出的《总理府社会保障制度审议会的劝告》简明阐述了“重新构建面向 21 世纪的社会保障”这一目标：经济的高度成长使社会保障的财源筹集成为可能，“在医疗和社会福利等领域，不论其需求者收入和资产的有无多寡，都必须为之提供必要的给付”。可见，提供普遍、平等及高质量的给付将成为社会保障的理念。在以市场原理为基础的当代日本社会中，国民多数为被雇佣劳动者，如何有效贯彻这一理念是现代社会保障面临的一大课题。

收入是国民生活的基础。有了一定的收入，人们才能够通过消费活动过上富足生活。在现代社会中，一般国民的收入来源主要是劳动收入。日本大多数国民都是被雇佣者或家族式企业经营者。被雇佣者除了自身劳动以外，基本上没有其他的生活手段。因此，要提高国民的生活水平，就必须确保雇佣，提高工资收入。

经济成长意味着经济活动规模的扩大，与此同时也伴随着雇佣工资的增加。若要提高国民生活水平，就不得不重视经济成长的重要性。经济政策的目的就是通过经济成长达到完全雇佣的状态。经济成长是以国民生活水平的提高为前提，但国民生活水平不可能自动提升，国民收入主要来源于企业的生产活动，以工资、利息、股息分红等形式进行分配，但是一般情况下工资分配不会大幅增加。如果工资水平减少，说明经济成长并没有促进国民生活水平的提高。

增加雇佣非常重要，但其增加的形态也是个大问题。近年来，日本职工中所谓的非正规雇佣的比例持续增加，已经超过了总雇佣人数的三分之一。根据总务省《劳动力调查详细汇总》统计显示，2014 年受雇员工总数 5645 万人中，正规雇佣为 3291 万人，所占比重降至 62%，非正规雇佣所占比重则上升至 38%。非正规雇佣包括临时工、劳务派遣、合同工等形式。虽然其中有些人是自愿的，但很多人是因为没有正式的工作机会而不得不进行非正式就业。非正规雇佣者工资低，职工自身也会感到不安。另外，值得注意的是有些人被排除在雇佣对象之外，比如有很多残疾人、高龄者或母子家庭中的单亲母亲，即使有工作欲望，却没有工作机会。还有些是因残疾、疾病而欠缺劳动能力的人。劳动是收入的源泉，是人们参与社会中并提高生活水平的基础，那些得不到工作机会或者欠缺劳动能力的人也应该拥有享受富裕安定生活的权利。

如上所述，日本大多数的国民为被雇佣者，工资作为劳动成果成为确保人们过上富裕生活的源泉。但仅靠工资收入来实现一生的生活安定是不可能的。如果是生病或到了需护理状态，就需要更多的医疗费、护理费。随着长寿老年人增加及家庭规模缩小，仅凭无限的借助储蓄和家庭成员的扶持来渡过难关已经不太可能。因此，社会保障的目的就是为了应对这种不安，确保国民的健康生活。要充分发挥社会保障的作用，就必须确保充足的财源。这一财源，其实最终就来源于国民的个人所得收入和企业收益，虽说还有政府的补贴，但实际上这也是来源于向个人和企业征得的税金。确保财源就要有一定程度的经济基础，因此，充实社会保障就不能无视经济成长的重要性。

另外，必须明确制度本身想要树立一种什么样的理念。平等性是日本社会保障的重要理念，但也有主张付出多的人应该得到更多才是公平的做法。在自由竞争的社会中这样的想法也不能完全被否定。日本民众虽然希望在医疗、护理和福利等服务中贯穿公平原则，但是应该在年金制度中反映贡献率这一呼声越来越高。实际上，厚生年金就是按报酬比例来分配的。

第二节 日本社会保障制度的演变及内容

一、日本社会保障制度的发展过程

虽然日本从 1868 年明治维新以后就开始学习德国等西方国家建立社会救助和社会保险等社会保障制度，但真正意义上全方位、多层次的社会保障体系建设则始于 1950 年 10 月政府社会保障制度审议会发布《关于社会保障制度的劝告》。此后，经过 60 多年的发展和完善，日本形成了一个复杂而完备的社会保障制度系统。其发展过程大致可以分为四个阶段：

（一）社会保障制度的形成和确立的萌芽期（第二次世界大战后—1961 年）

1945 年战争结束后的日本面临着大量失业、极度贫困和退役、残疾军人、战争遗属安置等众多社会问题。在社会民主化改革的压力和国际社会尤其是美国占领军的监督、指导、扶助下，日本以保护全体国民的生存权和劳动权等基本人权为宗旨，先后颁布了《社会保障制度审议会设置法》《生活保护法》《失业保险法》等诸多法律法规，逐步确立了生活保护制度、失业保险与劳动灾害（工伤）保险制度、医疗保险制度、养老保险制度等制度，于 1961 年基本搭建完成了“全民皆年金、皆保险”的社会保险制度体系框架，使战时体制下形成的带有军国主义色彩的救贫体制成功转化为具有近现代民主色彩的社会保障体制。

（二）社会保障制度的发展和扩张期（1962—1974 年）

这一时期是日本经济高速发展的黄金时期，在充足财力的支撑和欧洲福利国家思潮的影响下，日本财政日益重视投资关系社会民生的公共事业，扩大社会保障范围，充实社会保障内容，提高社会保障标准，社会保障预算连创新高。不但真正实现了全民养老保险和全民医疗保险，还建立了儿童补贴制度和老年医疗免费制度等社会福利制度。1973 年也被日本政府称为“福利元年”。

（三）社会保障制度的健全和调整阶段（1975—1989 年）

1975 年开始的经济衰退，使依靠经济起飞迅速建立起来的日本社会保障制度因财政赤字压力而举步维艰。在对“高福利高负担的福利国家模式”、“优先发展社会保障的方针”和“高度集权的福利行政”等思潮和政策进行反思和批判的基础上，日本开始试图探讨向“强调社会福利分权”“重视发挥家庭和民间资源”“中福利中负担”的社会福利道路转型，并通过制定《雇佣保险法》《老人保健法》和修改《国民健康保险法》《厚生年金法》等法律制度，不断调整国家、企业和个人在社会保障事务上的权利、义务分配，减少财政负担。

（四）社会保障制度的大变革和转型期（1990 年至今）

20 世纪 90 年代以来，日本社会保障制度所面临的压力和危机与日俱增：一方面，经济的持续不景气，不但使政府财源紧张，而且冲击了原有的企业终身雇佣制，增加了大量失业人员；另一方面，少子化、老年化和妇女职业化的趋势，使得日本社会的人口结构和家庭结构发生了重大变化，社会保障给付的需求急剧激增。为了应对挑战，日本加大了对社会保障制度体系的变革力度。改革的指导思想是：树立“全民社保，全民支持”的新理念，重新探讨给付与负担水平，重塑政府、企业和民众的共同参与，建立一个可持续的社会保障制度体系。改革的总体方向是：努力抑制社会保障财政支出的过度膨胀，减少中央财政赤字；在考虑国民承受能力的前提下，逐步提高保险金缴纳率，引进“受益者负担”的原则，实行费用征收多元化；倡导社会保障事业的社会化，重视各社会团体和家庭在社会保障中的作用。改革的范围涉及社会保障体系的各项基本制度。由于改革涉及面广，难度很大，至少今后多年仍将继续处于这个制度重塑阶段。

二、现行社会保障制度的基本框架

日本早在 20 世纪 60 年代就已初步实现了国民皆保险，70 年代基本建成了较为成熟的社会保障制度。之后，随着经济的稳步增长和社会发展，日本不断扩充和完善年金、医疗、介护等公共服务体系，构建了完善发达的社会保障制度。其成功原因在于第二次世界大战后日本经济的高速增长、财政收入稳步增加、人口结构合理、充分就业得以实现、缴费能力得以保证等。

日本的社会保障制度分为社会保险、社会救助、社会福利、公共卫生四个部分。而社会保险是社会保障制度的核心内容，包括以下五个方面：养老保险、医疗保险、雇佣保险、职业灾害保险及介护保险（见表 1-1）。

表 1-1 日本的社会保障制度的概要

社会保险	养老保险（国民年金、厚生年金等） 医疗保险（健康保险、国民健康保险等） 雇佣保险 职业灾害保险 介护保险	国民强制加入，政府通过征收保险费对加入者在患病、年老后等情况下进行给付的制度
社会救助	生活保障	根据生活保护法，国家对生活贫困者进行必要保护，助其自立的制度
社会福利	残疾人福利 老人福利 儿童福利 母子福利	对残疾人、母子家庭、老年人等提供援助以确保其安心生活的制度
公共卫生	公众卫生 环境卫生	从公共角度维持国民健康的预防·卫生制度

资料来源：笔者根据资料制成。

（一）养老保险

日本的养老保险分为基本养老保险、补充养老保险（企业年金及职业年金）和个人储蓄型年金。基本养老保险又由国民年金（所有国民强制加入）、厚生年金（企事业单位职工加入）、共济年金（公务员加入）组成。国民年金缴费比例为家庭收入的 1.4%左右。厚生年金缴费比例与职工工资挂钩，约占工资的 15%。共济年金缴费比例约占工资的 7.2%。

（二）医疗保险

医疗保险包括健康保险和国民健康保险。健康保险以所有从业人员为缴纳对象，包括职工数在 5 人以上的单位以及公务员，缴费比例个人与单位各占 25%，个人缴费约占工资收入的 8.2%，剩余 50%由政府承担。国民健康保险加入对象是农民、自营业者、学生、儿童及无业的家庭主妇。国民健康保险的加入者在因生病或受伤到医院或诊疗所时，只要支付医疗费总额的 30%，余下 70%由保险负担。

（三）雇佣保险（失业保险）

按照日本“雇佣保险法”的规定：所有职工都必须加入就业保险，个人和企业各负担 50%，约为工资收入总额的 1.45%。部分行业可以达到 1.65%~1.75%。个人部分由企业从工资中扣除代缴。

（四）职业灾害保险（劳动者灾害补偿保险）

职业灾害保险即工伤保险，日本称之为“劳动者灾害补偿保险”。具有强制性，由政府机构进行管理。雇员不足 5 人的农业、林业和渔业企业不包括在保险范围之内，海关和公共雇员实行特别的制度。缴费实行差别费率，一般在 0.3%~10.3%。

（五）介护保险（长期护理保险）

2000 年 4 月，日本实施介护保险制度。介护保险费由政府、用人单位与参保人共同负担。参保人分为 65 岁以上高龄者和 40~64 岁的人群两类。65 岁以上高龄者保费由政府和个人各负担 50%。40~64 岁的人群保费由政府承担 50%，剩余部分由用人单位和个人承担。65 岁以上高龄者月缴费额约为 2900 日元，40~64 岁的人群月缴费额约为 2650 日元。

社会救助是国家通过使用税金，对贫困人群给予必要的支援以保障其最低限度的生活。1946 年的“生活保护法”把社会救助种类分为生活、教育、住宅、医疗、分娩、就业、丧葬七大类。介护保险法成立后增加了介护，共计八大类。社会救助费用由政府全额负担，其中，中央政府占 75%，地方自治体占 25%。社会福利是针对身体残障者、智力残障者、精神病患者、老人、儿童等弱势人群，对其提供各种服务或援助以实现其生活正常化。公共卫生是对国民身体健康的维持和提升作出相应的支援。保健指导等服务由地方自治体运营的保健所和保健中心提供，涉及孕妇体检、婴幼儿疫苗接种、癌症等生活习惯病的诊断、艾滋病·结核等传染病对策、上下水道管理、洪灾后的住宅消毒等。可以说，日本的社会保障制度基本覆盖了各个领域，对日本的社会稳定和经济发展起到了举足轻重的作用。

第三节 制度改革的必要性及方向

进入21世纪以来，日本经济复苏缓慢，国民收入停滞不前。企业削减成本致使非正规雇佣增加。生育水平低下与高龄人口快速增加导致人口年龄结构出现巨大变化，这些因素都对日本社会保障制度的维系产生了巨大的冲击。

2015年高达376.7兆日元的社保开支预算，占据日本国民收入的31%，相当于同年度日本税收总额的70%，这使得日本公共财政不堪重负（见表1-2）。从日本人口推移来看，第二次世界大战后第一次婴儿潮的一代人（1947—1949年出生的“团块世代”），从2013年开始领取年金，2025年将成为后期高龄者（75岁以上）。可以预见，随着“团块世代”的高龄化，社会保障支付费用还会大幅增加。2014年日本总人口为1.27亿，老年人口所占比重达到26.1%，少年儿童人口和劳动年龄人口比重分别为12.8%和61.1%。在日本国内，对社会保障制度进行一系列必要的改革和调整已经达成共识。

表1-2 日本的国民收入及社保给付推移（单位：兆日元）

年份	1970	1980	1990	2000	2010	2015 预算额
国民收入 A	61.0	203.9	346.9	375.2	352.7	376.7
社保给付 B	3.5 （100%）	24.8 （100%）	47.2 （100%）	78.1 （100%）	104.7 （100%）	116.8 （100%）
（明细） 年金	0.9 （24.3%）	10.5 （42.2%）	24.0 （50.9%）	41.2 （52.7%）	53.0 （50.6%）	56.2 （48.1%）
医疗	2.1 （58.9%）	10.7 （43.2）	18.4 （38.9%）	26.0 （33.3%）	32.9 （31.4%）	37.5 （32.1%）
福祉等	0.6 （16.8%）	3.6 （14.5%）	4.8 （10.2%）	10.9 （14.0%）	18.8 （17.9%）	23.1 （19.8%）
B/A	5.77%	12.15%	13.61%	21.01%	29.68%	30.99%

资料来源：根据各种官方数据整理制作。

新一轮社会保障制度改革具体内容如下。

（一）社会保险

2015年日本制订了“调整宏观经济浮动制度”的方案，放弃与物价水平挂钩调整养老金支付的模式，将养老金年支付额下调1%左右。同时，从2015年4月起上调养老保险缴费水平，即上调340日元至15590日元。从2015年9月开始，厚生年金的保险费率上调0.345%。2014年起，国库负担的基础年金的比率由之前1/3提升到1/2，并且2015年10月起实施厚生年金和共济年金并轨，消除官民间的年金差距。年金领取年龄也被延期至67~68岁。

另外，为了应对非正规雇佣劳动者增加的问题，日本政府从2016年10月开始扩大社会保险的适用范围，雇员数在501人以上的企业的非正规雇佣者，只要满足以下三个条件就可以加入社会保险。2019年以后，员工数在500人以下的企业也同样适用。

A. 周劳动时间20小时以上；

B. 月工资88000日元以上（年收入106万日元以上）；

C. 持续被雇佣1年以上。

再有，在现行保险制度中，已婚女性属于丈夫健康保险的抚养家族，只要满足年收入在130万日元以下的要求，可不必负担健康保险和年金。制度改革后，满足该条件的已婚女性也可以加入社会保险。这次社会保险适用范围的扩大也可以向更多的家庭主妇征收社会保险费，充实社会保障基金。

（二）医疗保险

如表1-2所示，医疗费用支出约占日本社会保障费的30%以上，巨大的医疗保险开支恶化了政府财政。2015年5月27日，日本通过了医疗保险制度改革关联法案，2018年起，将医疗保险的运营主体由现在的市町村转移到都道府县，其目的是更合理地分配医疗资源。另外，为了确保有社会保障财源，从2015年开始的3年时间内，阶段性提高企业健康保险组织的负担金额。

（三）雇佣保险（失业保险）

2016年10月起，65岁以上的高龄者也可以加入就业保险。加入者可以获得失业津贴及因为护理家人而休假时的“介护休假给付金”。现行的“介护休假给付金”额度为工资的40%，2016年10月以后，提高至67%。这主要是为了减少因介护而离职的员工数量。政府还向雇佣65岁以上高龄者的企业支付“高龄者雇佣开发特别奖励金”，中小企业每人最多60万日元，大企业为50万日元。

（四）介护保险

在护理保险方面，日本厚生劳动省在2014年2月向国会提出了涵盖医疗和介护服务体制的“医疗与介护综合推进法案”。该法案面向老龄化高峰的2025年，提出了使需要照护的高龄者能够在自己熟悉并且习惯的地方继续生活的改革目标，利用增加消费税所获得的收入在都道府县设立基金来完善医疗提供体制，充实介护服务。同时，为了抑制持续高涨的护理费用，厚生劳动省下属的社会保障审议会正在讨论把护理需求度较低的对象排除在护理保险之外，实行自己负担原则。

另外，社会福利改革的重点主要集中在儿童福利、残疾人福利及妇女福利三个方面。首先，要不断更新儿童津贴补贴标准。为了鼓励生育，日本从1972年起就开始实行儿童津贴制度。2010年实行的儿童津贴制度规定15岁以下儿童每月可领取1.3万日元。2012年这一标准修改为差异性补贴，即3岁以下儿童每月补贴1.5万日元；3~15岁的儿童每月补贴1万日元。其次，实施了“儿童育儿支援制度”。为了使女性更好地兼顾家庭和工作，使婴幼儿得到更多的照顾，日本政府提高了育儿休假津贴标准，取消因怀孕和生育而被迫辞职的女性失业保险领取90天的期限限制，非正规雇佣劳动者也可以申请休假育儿，2014年4月起，“育儿休假给付金”的额度分为两个阶段，从休假第一天开始前6个月可获得67%的补贴，之后的4个月可获得50%的补贴。

2008年日本就已经着眼于社会保障与税制一体化改革，但受到政权交替的影响，2012年8月才制定了社会保障与税制一体化改革关联8法案。2014年2月，设置社会保障制度改革推进本部加大改革力度。本轮改革的最大特点是为了确保社会保障制度稳定财源和推进财政健全化，社保基金的筹集实现了从“社会保险方式”向“税方式”的转变，即通过消费税来筹集社保基金。日本从2014年4月1日开始将税率由5%提升至8%，并根据经济情况进一步提升至10%，由此增加的财源将全部用于社会保障费用的补充。社会保障制度与税制一体化改革的总体方向就是，通过充实社会保障资金，实现给付的重点化和效率化，提高制度的可持续性，把财源用于育儿支援来惠泽年轻人，使之获得安心感，向“全世代型”的社会保障制度转变。

2016年4月，以自民党小泉进次郎为首的年轻中坚力量设立“2020年后的经济财政构想小委员会”，总结整理了关于中长期社会保障制度改革的中间报告。报告要求改变现有的偏重老年人的制度体系，充分考虑到年轻人现状，构建“全世代型”的社会保障制度。即，要根据个人收入和资产，而不是年龄来决定待遇给付和保险负担，以所有世代为支援对象，缩小世代间差距。在儿童·育儿方面，创设新型支援制度以提升幼儿教育、保育的质和量，推进解决待机儿童问题的各项计划。在医疗介护领域，推进在宅医疗，努力进行地域综合介护体系的构建，修订医疗介护保险费缴纳方针。在年金领域，扩大社会保险适用范围，惠及短期劳动者，促进高龄者就业，修改年金领取制度等。

从上述改革内容可以看出本次改革的另一特点是社会保障制度由“公助”“自助”模式向“互助”模式的转变。日本的社会保障制度是德国、法国等以收入比例维持给付的社会保障制度与瑞典、芬兰等国以税收为财源的社会保障制度的结合体。随着少子高龄化的日益严重、单身生活的家庭增加，日本的家庭结构发生了很大变化。仅仅依靠自身的努力（自助）和国家的社会保障给付（公助）解决人的一生中所有的生活问题困难重重。人一生中要面对育儿、教育、医疗、介护等问题，而且在不同时期，人与人之间都在互相影响下生活着。国家的社会保障无法涵盖各种各样的生活援助，只有在地域中互相支持、互相援助才能做到。增强人与人之间的联系与互助有助于缓解对未来的不稳定情绪，使地域社会处于良性循环。因此，实现地域的“互助”模式显得尤为重要。

第二章

日本的社会保障与劳动政策

第一节　社会保障与劳动政策

确保国民过上富裕、健康、安定的生活是国家运营的基本目标。实现生活富裕，必须要有经济基础的保障。而日常生活中往往伴随着病痛、高龄、残疾、失业等各种不安和风险，不能消除这些不安定因素就无法切实地保障国民的生活。减轻或消除国民在健康以及生活上的各种困难，使之过上健康安定的生活，实现这一目标的主要手段就是充实社会保障制度①。

社会保障与劳动就业都是最基本的民生问题。社会保障具有调节收入分配的功能，尤其是在收入再分配方面，通过政府主导保障基金的筹集和给付发挥着巨大作用。而劳动就业事关国民能否获得稳定的基本收入，主要体现在初次分配方面。国民只有在这两方面都得到有效的保障，在两次分配中获得合理的收入，才能真正做到劳有所得、病有所医、老有所养，才能实现经济与社会的稳定发展。劳动就业与社会保障是一个不可分割的有机整体②。

由于少子高龄化日趋严重、社会保障给付费居高不下、财政负担加重等因素影响，日本社会保障制度的可持续发展面临严峻挑战。2014 年之后，日本政府在年金、医疗、介护等领域相继进行了紧锣密鼓的政策修订，积极展开对社会保障制度的改革。在此背景下，本章着眼于新一轮的社会保障制度改革，探讨制度改革的相关内容及发展方向，并从劳动政策的视角对其进行深入分析，

① 大田晋. 从政策、制度、法律视角看“医疗福祉”［J］. 日本：川崎医疗福祉学会志，1996（8）：55.

② 郑功成. 劳动就业与社会保障：中国基本民生问题的政策协调与协同推进［J］. 中国劳动，2008（8）：6.

阐述社会保障制度改革与劳动政策转型的关联性及重要性。

通过劳动就业，国民获得基本收入的同时，有利于增加各种社会保险的缴纳金额，稳定社会保障制度的财政基础，维持社会保障制度健康和可持续发展，进而促进社会进步和谐。反之，无法实现充分就业，失业率上升，就会降低国民的社会保险缴纳金，动摇社会保障制度的财政基础，从而影响社会稳定与经济发展。因此，劳动政策是社会保障制度可持续发展的重要前提。相反，发达完善的社会保障制度可以解决国民的生活之忧，有利于提高劳动者素质及劳动生产性，社会保障制度的发展也是促进劳动者积极主动就业的重要途径之一。

劳动政策是国家为解决劳动就业等问题制定的基本原则与方针规定。各学科领域对于劳动政策范畴的理解各不相同。从经济学角度来看，劳动政策包括就业和劳动力市场的宏观经济政策以及影响企业运作和工资水平的微观经济政策。主要内容有公平的就业机会政策、积极的劳动市场政策、反对报酬不平等的政策、合法就业的政策等。从劳动经济学的视角来说，作为社会保障制度重要部分之一的社会保险对于劳动力市场供求的影响极大。社会保险对劳动需求与劳动供给的影响主要通过对社会保险基金的筹集与给付两方面发挥作用，进而影响就业和经济增长。社保基金的筹集影响劳动需求，社保的给付则影响劳动供给。即，社保基金缴纳中单位所承担的比例会增加用人成本，降低劳动需求。社保基金给付则增加劳动者的非劳动收入，致使劳动供给减少。

日本新一轮的社会保障制度改革事实上伴随着劳动政策的转变，二者相辅相成。因此，基于劳动政策视角探讨社会保障制度的改革有其理论依据和必要性。明确二者之间的关系，对于构建合理完善的社会保障制度，维持社会稳定和促进经济发展有着重要的现实意义。

第二节　日本社会保障和雇佣体系的关联性

一、社会保险的成立及其性质

日本的社会保障制度分为社会保险、社会救助、社会福利、公共卫生四个部分。社会保险是社会保障制度的核心内容，包括以下五个方面：养老保险、医疗保险、雇佣保险、职业灾害保险及介护保险。医疗保险和年金制度的实施可以追溯到第二次世界大战前，1922 年制定健康保险制度时，强调通过给付疗养费和伤病治疗费用来提高劳动效率，实现劳资协调及产业发展的目的。另外，厚生年金制度的前身“劳动者年金保险法”于 1941 年制定，因当时强化战时经济体制，极力强调保全劳动力，适当进行再生产，而且高龄年金（当时称为养老年金）从筹集到给付的时间间隔较长，因而形成了大量的资金储备。战时经济时期，该法对日本社会原始资本积累起到了推动作用（即作为生产政策的社会政策）①。

建立之初的社会保险制度是以达到一定规模以上的单位职工为对象，具有以提高生产率、促进劳资一体化为目的的劳动政策的属性。战后，过去以雇佣者为主的社会保险作为社会保障制度的一环迅速发展，20 世纪 60 年代日本就已初步实现了国民皆保险，70 年代基本建成了较为成熟的社会保障制度。之后，随着经济的稳步增长和社会发展，日本政府不断扩充和完善年金、医疗、介护等公共服务体系，构建了较为完善发达的社会保障制度。其成功原因在于战后日本经济的高速增长、财政收入稳步增加、人口结构合理、充分就业得以实现、缴费能力得以保证等方面。

二、日本式经营和社会保障

日本式经营特点之一指的就是日本的雇佣体系，即终身雇佣制、年功工资、福利厚生制度及企业内教育等，也被称为家族式经营或者企业一家式经营。第一次世界大战后正式开始发展工业化的日本国内劳动力市场出现技能劳动者流动性极强的现象，劳动力市场动荡不安，劳资对立紧张。但从昭和初年开始，为稳定劳动者和劳资关系，所谓家族式经营开始形成并定型，虽在战后混乱时期因劳动者的流动加剧出现了短时期的衰退，但在高度成长期又开始盛行，促进了日本的高度成长。

日本社会保障制度和这样的雇佣体系有着深刻关系。社会保障中的医疗、年金制度对职工和其他人员（自营业者、无业人员）是区别对待的。其中，从以职工为对象的医疗和年金制度来说，仅限于男性劳动力和有抚养家属的职工，且必须为正式职员，作为国民年金第 3 号被保险者的家庭主妇不需要负担保险

① 后藤清，近藤文二．劳动者年金保险论［M］．日本：东洋书馆，1942：29.

费，女性（家庭主妇）年金权还未完全确立。可以说这样的制度恰好符合企业提倡的基于家族关系的家族式经营理念，健康保险组合、共济组合（包含旧公共企业体共济组合等）和企业年金等都从侧面助长了企业一家的意识。

相比自营业者及其他人员的保障制度，以职工为对象的保障制度在负担和给付方面更有优势。比如说，健康保险的给付率从制度成立起至 1984 年都是 100%给付到本人，与之相对应的国民健康保险的给付率仅为 70%，虽然现在在给付率上没有差别，但保险费对职工更有利。比起只能得到国民年金的自营业者，年金制度对于能同时受惠于厚生年金和共济年金的职工来说更有利。以雇佣者利益为中心的社会保障制度基本上反映了支撑日本经济发展的大中型企业的经营理念。

三、日本企业福利的作用

企业负责现代社会的生产活动，负担着职工的工资和企业福利，对提高职工的生活水平作出了很大贡献。一直以来，企业福利占很大比重被认为是日本福利制度的特征之一。企业渐渐地在代替国家为国民提供福利，企业也担负着健康保险和厚生年金的福利重担。健康保险和厚生年金等法定福利使职工的生活安定化，间接地有助于生产活动的发展。另外，除法定福利以外，企业还运营着住宅、企业年金、退休金等福利措施。这是日本式经营的另一大特征。但不可否认的是，由于是在企业经营范围内执行的福利措施，比起公平性，企业福利更注重效率性，这对企业经营起着重要作用。

企业活动的目的是实现利润（营业额-成本=利润）最大化。这里的成本包括劳动者的工资、原材料费用、设备资金和利息等。企业若要将利润最大化，就必须成本最小化，也就是说，尽可能地购买便宜的劳动力和原材料。但是另外，为了营业额的上升，又需要拥有高技术和高能力的劳动者。职工工资作为成本的一部分，有个别企业企图降低工资来节约成本，虽有一定的经济合理性，但为了确保优秀的劳动力也是有必要的。因此，企业通过年功工资、终身雇佣制度、退休金制度等企业福利·福利厚生制度等来确保比较低廉却对公司忠诚的劳动力。

第三节 经济变动期的雇佣和社会保障

一、企业雇佣政策的变化

泡沫经济崩溃之后，1990—2010年，日本经济长期处于低迷状态，被称为“失去的20年”。经济变动期中，国民对雇佣和社会保障的认识有了巨大转变。因此，社会保障制度在考虑确保生存权和实现公平理念的同时，也应该考虑如何应对环境的变化。从战后到20世纪80年代的泡沫经济时期，日本一直以来坚持的以终身雇佣、年功薪资、福利厚生制度、企业内教育等为特色的企业家族式经营在全世界备受赞誉。泡沫经济崩溃后，这样的价值观出现了180°大反转，人们认为日本式经营应该被改革，工资制度的评价主义应该被取代，工作年限越长工资越高的时代已经失去存在意义。在这样的社会背景下，人们对雇佣和企业福利的看法也发生了很大变化，围绕雇佣出现的最大变化就是失业问题和经济全球化。

首先，泡沫经济前日本的完全失业率（见图2-1）在很长一段时间内都维持在1%~2%，没有造成很大的社会问题。但是泡沫经济破灭以后，日本的名义经济成长率在1998—1999年、2001—2003年呈负增长趋势，伴随而来的是失业率上升4%~5%，完全失业人数逼近300万人。另外，1998年到2007年的工资增长率也呈现负增长或者接近于零。2009年劳动力调查速报显示，就业人数6331万，完全失业人数270万，失业率为4.9%。

从桥本内阁到小渊内阁，日本政府反复实施景气对策，但并没有起到显著效果，反而加剧了财政赤字。但从消除劳动力供需不平衡的观点来看，在缓和短期合同劳动和派遣劳动等劳动限制方面起到了一定的作用。

其次，经济全球化有其两面性。随着国际资本流通的扩大，国外投资者对日本本土企业带来巨大竞争的同时，又激化了全球化竞争。经济全球化的两种现象都给日本企业的雇佣政策带来巨大变化。外资对日本企业的股票持有率从1989年的4.2%上升为2007年的27.6%，增加了近7倍。据东京证券交易所《股票分布状况调查》显示，大企业股份中外资比重的增加给企业动向带来了很大变化。外资股东并不是长期拥有股份，而是期待股份短期升值，相比为企业

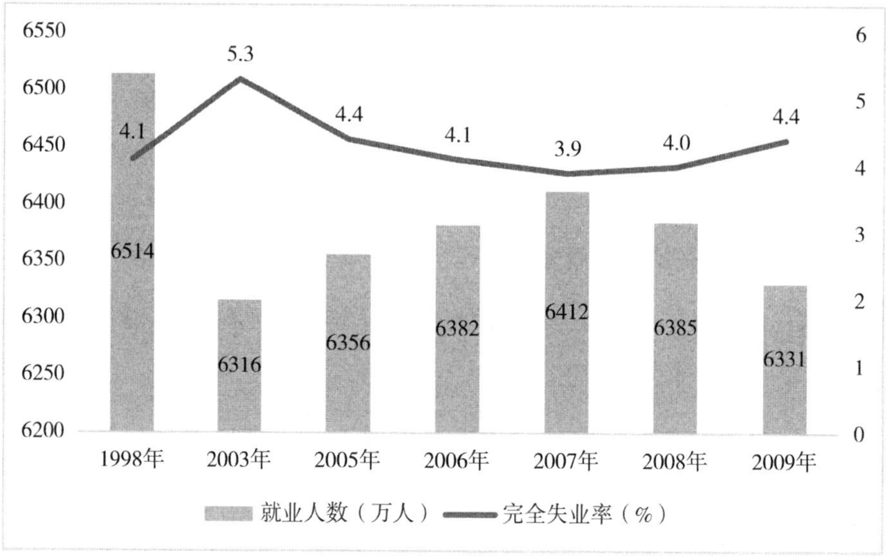

图 2-1 就业人数和完全失业率的变化

资料来源：根据总务省“劳动力调查”数据制成。

未来投资积累资金，他们更希望增加股息。另外，为削减成本，他们采取裁员的方式来控制劳动成本，企业经营者越来越重视股东的利益。

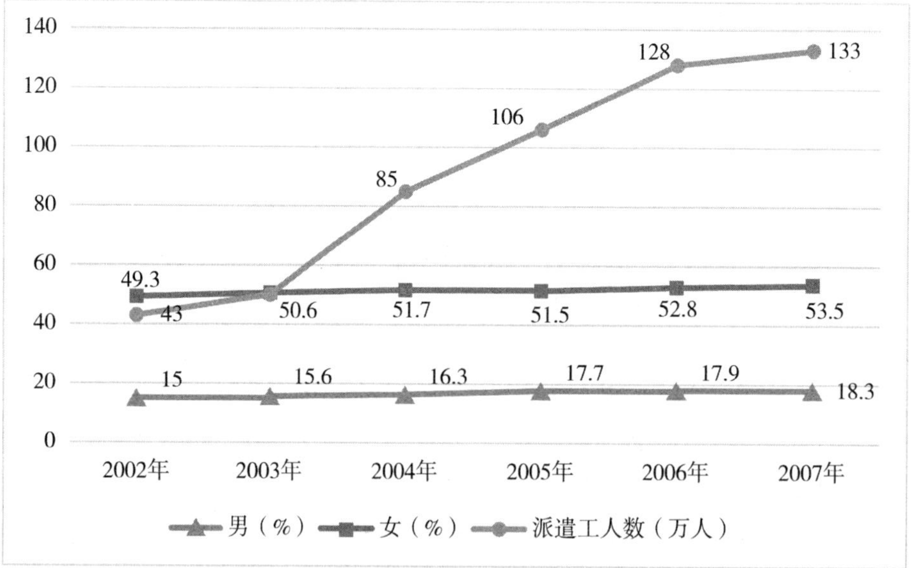

图 2-2 雇佣者中非正规雇佣的男女比例

资料来源：根据总务省“劳动力调查详集”数据制成。

全球化竞争的扩大对劳动费用的控制也起到了一定的刺激作用。为了对抗发展中国家和欧美发达国家的竞争，日本不得不开始导入非正规雇佣来削减劳动力成本。20 世纪 90 年代末，日本开始大幅缓和劳动相关法规。例如，1999 年以前派遣劳动仅限于 26 个业务（口译、软件开发、秘书等），经过数次修改之后，将进口限制商品清单化，几乎包含了所有业务类型。特别是从 2004 年开始，制造业也被列为对象之一，非正规雇佣者数量快速增加（见图 2-2）。之所以进行一系列的修正，是希望以增加劳动需求为目标来消除劳动力供需的不平衡，但实际上也反映出企业希望通过缓和规制来降低劳动成本的目的。对企业来说，非正规雇佣的优点在于解雇成本低，正规雇佣对解雇员工有着很大的制约。对于企业来说，可以根据需要随时扩大或缩小事业规模，具有非常大的优势。而且，临时工如果一天或者一周的劳动时间或者一个月的劳动天数不超过固定工作者劳动时间的四分之三的话，就可以不用加入社会保险，这样也就减轻了雇主的负担，雇佣政策的如此变化贯彻了在雇佣中坚持效率性的经济原则。

二、企业福利的变化

企业经营环境的改变迫使企业削减社会保障的负担。在全球化进程中，企业对承担部分社会保障费用，尽社会义务的意识越来越薄弱。一直以来，企业都担负着职员的健康保险和厚生年金等法定福利以及提供公司住宅等法定外福利。但是这期间，日本企业极力削减劳动费用，缩减正式职员，对于除此之外的其他职员，都以非正式职员对待，不承担其社会保险。特别是生产部门近年导入了派遣劳动制度。这期间派遣劳动者数量大幅增加，公司住宅等法定外福利也在陆续削减。关于医疗方面，依据老人保健制度规定，企业必须承担本公司职员和还未退休的一般高龄人的医疗费用，然而企业对承担这样的医疗费用和保险费用的义务意识都很低下，对于后来的后期高龄者医疗制度也是一样。

三、变动期的社会保障制度

经济变动导致社会保障和雇佣的现实状况不相符。其代表性的事例就是国民健康保险。市·町·村国民健康保险已经发生了质变，转变为不再是以自营业者为中心，而是以不能够参加健康保险的雇佣者（比如临时工、自由职业人、小企业职员等）以及无业人员为中心的制度，自营业者减少，临时工、自由职业人等非正式雇佣增加（见图 2-3）。之所以健康保险和厚生年金都是以正式职员为中心，是因为终身雇佣制度的对象一般都为正式职员。临时工是以被赡养的家庭妇女为中心，所以没有必要将其加入雇佣制度。但是 20 年间雇佣状况发生了巨大变化，非正规雇佣也不单指维持家计的辅助者，正式职员和非正式职员都是平等的雇佣者。因此社会保障也应该适用于临时工、自由职业人等劳动条件处于劣势的劳动者。但是，因为这样的劳动群体的加入，更多的人不缴纳保险金，导致国民健康保险陷入财政困境，面临着崩溃的危机。同样的例子还有年金。正式职员可以加入厚生年金，临时工和自由职业人根据劳动条件只能参与国民年金第一号保险。不缴纳年金保险金是个大问题，而且像这样不安定的就业者有很多。因此这些人将来只能得到很少的年金，或者得不到年金。

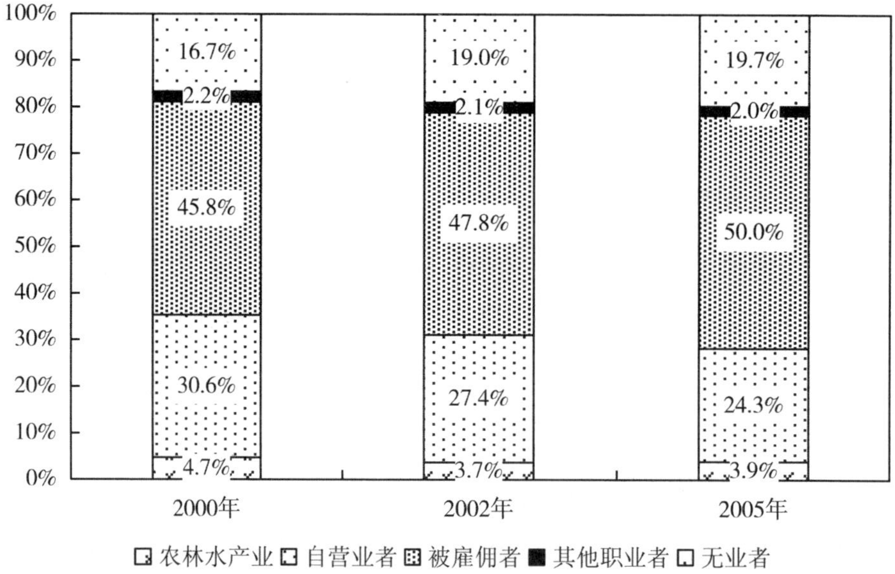

图 2-3　参加国民健康保险者不同职业的比例变化

资料来源：根据厚生劳动省“2005 年国民健康保险实况调查”数据制成。

第四节　新时期日本的雇佣·劳动政策

在严峻的经济·雇佣的情势中，少子高龄化还在进一步发展，对劳动力人口带来了很大影响，预计今后30年间日本劳动力人口将减少500万人（见图2-4）。劳动力人口的减少对产业活动会产生巨大影响，有可能导致国民收入的减少，同时社会保障也将失去重要的财源支柱。因此促进女性、高龄者、残疾人等没有劳动欲求或者有劳动欲求但没有工作机会的劳动人口的雇佣成为重要课题。

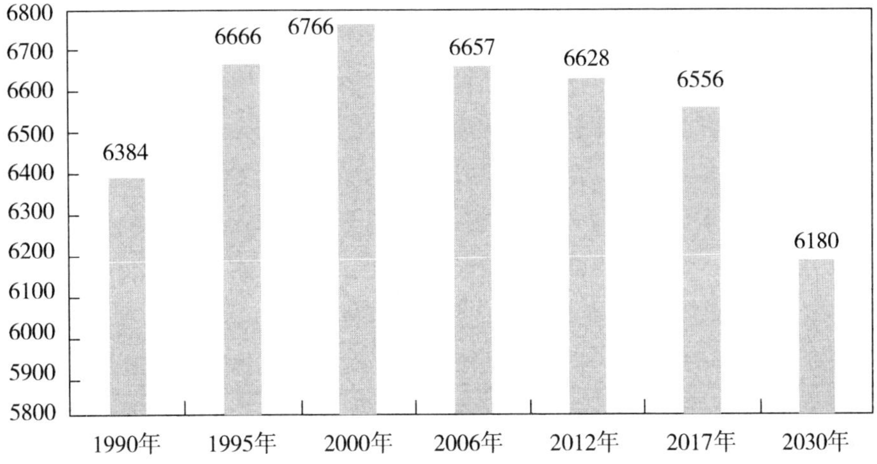

图2-4　劳动力人数的变化（万人）

资料来源：根据总务省统计局“劳动力调查”等数据制成。

劳动政策的转变：从“雇佣维持型”到“劳动转移支援型”。

从日本的社会保障来看，雇佣保险制度是以保障失业者的基本生活为中心。随着非正规雇佣及失业人数的增加，仅靠现行的雇佣保险，其承受能力是有限的。不能加入雇佣保险的人和不符合接受给付资格的人还有很多。另外，因为雇佣保险中断后的生活保障除了最低生活保障以外没有其他保障，而且以补足性原理为基础的最低生活保障的给付条件非常严格，所以有必要制定除此之外的中间性的支援政策。2007年12月，日本政府发表了“推进从福利到雇佣的5年计划”，即从给付福利到通过就业实现生活保护家庭、母子家庭和残疾人生活自立的政策。为此，根据每个人的实际情况，来对他们进行就职支援和职业技能培训。但这些措施并不是以减少对需要生活保护和抚养子女津贴的给付为目的，而是旨在帮助他们摆脱对国家的依赖，努力实现自立。另外，日本税收减少的财政困难仍在持续，社会保障的充实除了要扩大内需，还要通过医疗、介护来减轻老年人等对生活的不安。另外，从长远来看，日本面临着劳动力人口减少的威胁，所以有必要提高女性和高龄者的劳动率，充实保育对策及介护对策，改善职场环境，这样也会增加更多的劳动力需求。

以往以论资排辈、终身雇佣为特点的日本企业经营方式确保了劳动者在企业内的能力开发和人力资本投资。这种企业内劳动市场的形成使得劳动者的职场生涯得到保障，起到了促进经济发展和社会稳定的作用。但是，随着雇佣的流动化和经济不景气，企业增加非正规雇佣人才数量，人才培养重点向正式员工偏重。这导致正规雇佣员工的劳动密集化，无法将更多的精力投入研修、能力培养等方面。而且，日本的就业政策偏重于学校应届毕业生，转职对于就业失败的毕业生和没有一定工作经验的人来说十分困难。失业补助方面，大部分都投向了失业无业收入补助支援，积极的劳动市场政策关联支付较少。国际上一般将失业保险基金的60%用于促进劳动者就业，如职业介绍、就业培训、促进劳动力流动等。日本型雇佣制度在成果主义引入工资体系后逐渐瓦解，如何实施有效的劳动政策、构建合理的再就业支援制度对日本来说是重要的课题。

现在，15~30岁年轻人的就业还不充分，随着非正规雇佣的增加，今后中年人就业也会面临困难局面。为了稳定社会保障基金的缴费、确保社会保障制度的改革成果，政府必须通过强化并充实就业支援，以保证从年轻人到高龄者、从残障人士·中间就业者（公扶对象）到女性等所有世代人群在社会活动中发挥积极作用。2013年4月，日本实施改正“高龄者雇佣安定法”，要求企事业单位有义务阶段性放宽雇佣年龄限制（至65岁）。2013年6月，日本推出“日本复兴战略”，强调人才是国家的最大资源，确保就业和劳动生产性的提升至关重要。特别是要扩大年轻人、女性、高龄者的就业机会，提高人才素质，构建全员参与的经济社会。事实上，该战略积极推进了劳动政策从过度的“雇佣维持型”向“劳动转移支援型”的转变，实现多样的劳动方式，强化对所有世代的就业支援，结合产业构造调整实现无失业的劳动力转移。同时，缩小人件费解雇停职期对企业的雇佣调整助成金的额度，强化支援劳动力从成熟产业向成长产业转移（设立劳动转移支援助成金）①。

人口减少、少子老龄化导致的劳动力人口数量下降，有可能降低日本经济潜在成长率。创造能够保持劳动者工作积极性、发挥个人能力的劳动环境，在量和质方面都达到充分雇佣至关重要。要激发劳动者就业意愿，就要摆脱旧有的狭义的雇佣政策，从税制、社会保障制度方面进行变革，改变对失业者发放

① 周扬．日本的社会保障制度改革与劳动政策转型［J］．中国劳动，2016（11）：60.

高额失业津贴、对高龄者给付高额年金等具有事后性质的收入保障为中心的模式。为了提高就业率，就要对想要自立的人提供丰富的能力开发支援和顾问咨询等服务。为了强化日本的国际竞争力，提升劳动市场的效率性和强化实践教育·训练是当务之急。要从加快企业内劳动力市场向企业外劳动力市场的劳动政策重心的转变，实现劳动力市场的弹性化，充实失业保险制度，实施积极的劳动力市场政策，促进年轻人、高龄者、女性等全世代的劳动者就业。

雇佣、劳动政策以及社会保障并不是独立存在的，通过劳动就业，国民获得基本收入的同时，有利于增加各种社会保险的缴纳金额，稳定社会保障制度的财政基础。反之，无法实现充分就业，失业率上升，就会降低国民的社会保险缴纳金，动摇社会保障制度的财政基础。本书中论述了现代日本的雇佣、劳动政策和社会保障之间的有机联系并明确了其变革方向。

日本企业传统的经营方式和雇佣体系与社会保障密切相关，甚至带有浓重的奉献主义色彩，这样的制度导致人一旦离开职场就会招致很大的生活不安定。面对经济长期低迷、少子老龄化加剧、社会保障费用激增等严峻形势，为了实现社会保障制度稳定财源的确保和财政健全化，日本政府积极着手劳动政策的调整和社会保障制度改革，积极加快劳动政策从过度“雇佣维持型”向“劳动转移支援型”的转变，实现多样劳动方式，促进年轻人、女人、高龄者等全世代人群积极参与社会经济活动，通过劳动就业，获得基本收入。同时推动社保基金缴费模式从“社会保险方式”向“税方式”的转变，通过消费税来筹集社保资金，降低政府财政负担，有效利用资源。

第三章

日本的年金经办服务管理的经验与教训

第一节　年金经办服务管理问题

社会保险是社会保障制度的核心内容，是公共服务的重要组成部分，而年金又是社会保险中的重中之重。年金经办服务体制是一种综合工作机制，它是年金政策得以执行的载体，是制度赖以良性运转的保证。年金经办机构负责年金的核定、征收、记录、待遇的审核、支付以及年金个人账户的登记、管理等具体工作，履行的是政府管理和服务职能，具有公共服务性、权威性、社会效益性的特点。

我国年金制度建设起步晚，但发展迅速，涉及人口数量庞大，至今已经有8.71亿人参保①，而我国社会保险经办服务管理体制存在的一些问题，无法满足全国最大的年金群体，在政策实施过程中表现出服务能力不足等问题。各级政府对社会保险的权责划分尚不明确，存在一些未到位的和有争议的事权。由于社会保险囊括养老、医疗、工伤、失业和生育保险等险种，社会保险缴费、收支、管理和基金投资运营等事权又主要集中在市县一级政府，所以出现经办机构设置的规划不统一、名称不统一、险种划分不统一的问题，不利于科学管理和行政资源的有效运用。除基础设施供给不足、经办机构和工作人员数量不足之外，尚未落实社会保险服务场所的不在少数。许多地区信息化建设仍然滞后，尤其是部分县级以下的基层经办机构和基层服务网点还在实行手工操作②。

① 人社部．截至9月底社保卡持卡人数9.39亿人，中国发展网，2016-10-25。

② 贾康，苏京春．创新与优化：健全社保经办服务体系［J］．地方财政研究，2014（4）：14.

相对于我国，日本经过数十年的发展已经构建了健全的年金制度及完善的年金经办服务管理体制。其经办管理服务以业务精简为目标，以缩减运营经费、提升利用者便利性、安全性、信赖性为理念。当然，日本也发生了许多经办方面的问题，但都能采取有效措施积极解决。本章将对日本在构建年金经办服务管理体制的经验及教训进行梳理，以期对我国年金经办服务质量和效率的提升带来启示。

第二节 日本年金制度的特点

一、国民皆年金

日本的年金经办体制构建与其年金制度的变革密切相关。日本早在20世纪60年代就确立了“国民皆年金”的社会保险制度，而作为支撑制度与政策执行载体的经办服务管理体制构建也日趋完善。

在日本，法律规定20岁以上、60岁以下的所有人都被必须义务加入年金制度。这种“国民皆年金”制度的确立使日本形成了一个稳定的保险集团，社会整体共同应对年老后的生存保障问题。如图3-1所示，1961~1985年，日本虽然实现了国民皆保险，但制度是碎片化的。1985年至今，建立全国统一的国民年金制度，这是年金的第一层，是保障最基本的生存权利的年金。保费和领取的年金都一视同仁。第二层的厚生年金制度，在2015年之前，是由两部分组成，即厚生年金和共济年金。前者是针对企业职工的年金制度，后者的对象是公务员。制度由多元的碎片化向一元化的统一制度的转变过程中，产生了复杂的转换手续和变更事务，对经办服务是一个极大的考验，记录错误就会产生缴费记录丢失等经办问题。

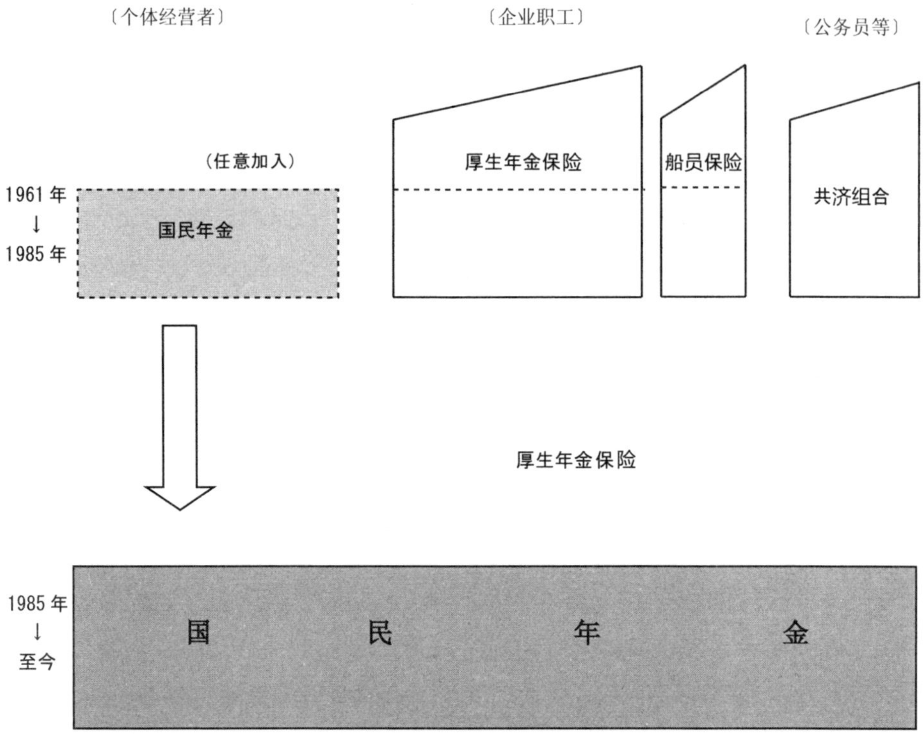

图 3-1 日本年金制度变化结构图

二、社会保险方式

日本年金采取现收现付的社会保险方式。国民年金的保费由政府、企业和个人负担，其中政府负担 1/2，企业负担 1/4、个人负担 1/4。个体经营者自己负担二分之一。2017 年 3 月，国民年金保费额为 16490 日元，领取 77930 日元。社会保险方式原则上是不缴纳保险费就无法获得年金给付。但如果因为失业、收入减少或无收入等各种原因无法缴纳保费时，可以申请免缴保费或延期缴费。免缴额有全免、四分之三免、半免和四分之一免的四种情况。免缴保费最多可以免 25 年，免缴期间虽然算作缴费期间，但计算养老金的时候，额度相应降低。

第三节　日本年金经办管理服务体系及特点

一、日本年金机构及其管理体制

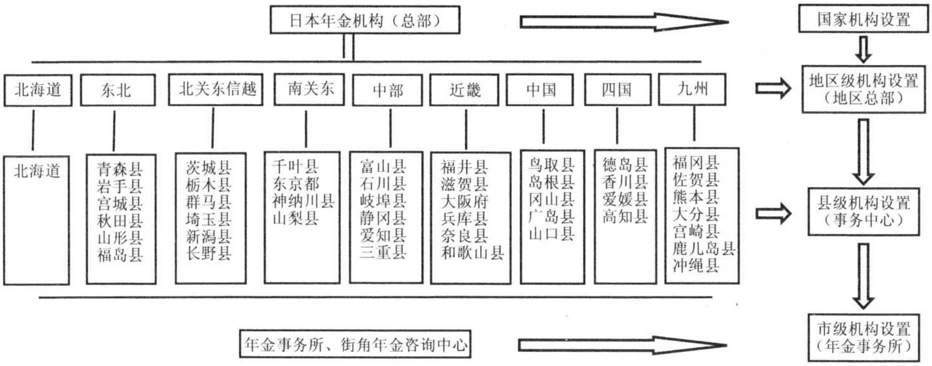

图 3-2　日本年金机构体系图

为了提升年金经办服务的质量与效率，日本政府积极调整年金经办机构在宏观行政架构中的定位。2010 年 1 月，日本政府废除原年金主管机构“社会保险厅”，并根据专门立法，设立新的年金经办管理机构“日本年金机构”。日本年金机构是一个特殊的公共机构，属于非公务员型的特殊法人，其工作人员为非政府雇员。其体系图如图 3-2 所示。分设中央、地区、县（相当于我国的省）和市四级管理体系。每个级别的管理层次其功能是不同的，参见图 3-3，其中末端机构年金事务所和年金咨询中心数量较多，分散在百姓居住的区域内的行政服务大厅里以及商场和购物中心里，方便国民随时咨询。

截至 2015 年末，日本年金机构职员总数为 22000 人（正式工 12000 人、非正式工 10000 人）。理事长由厚生劳动大臣（相当于我国卫健委和人社部的结合）任命。日本年金机构总部设在东京，主要负责管理及企划等事务。总部下设 9 个负责现场管理及支援的地区总部，地区总部下设 47 个都道府县事务中心，主要处理非对人业务。分为管理・厚生年金对象确定、国民年金、年金给

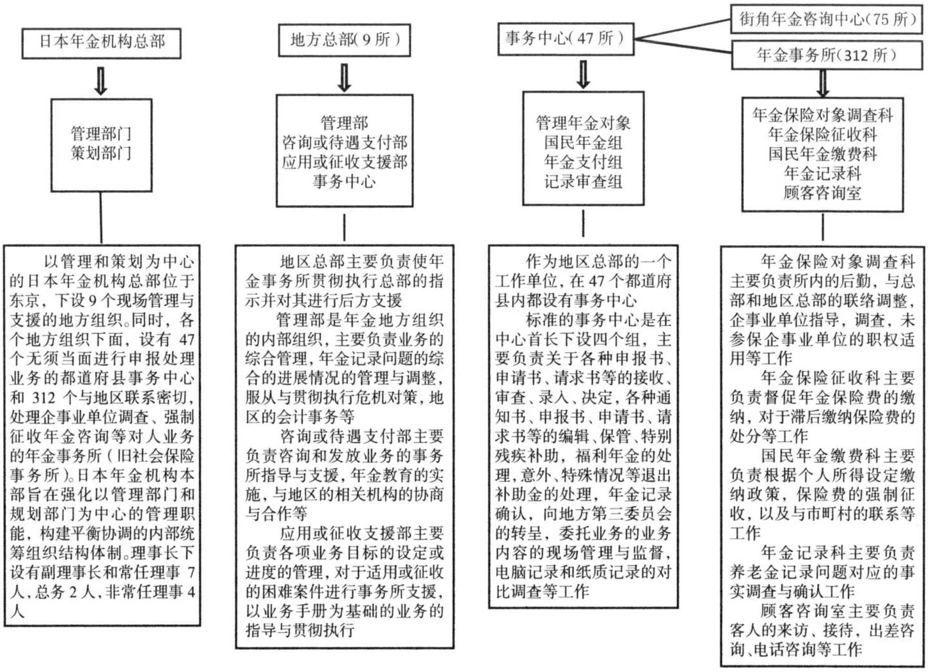

图 3–3　日本年金机构功能图

付、记录审查等四组，业务涉及申请书的受理、审查、录入、决定，通知书、告知书的制作、交付，申请书的编辑、保管，特别障碍给付金，老龄福利年金处理，委托业务内容的现地管理、监督，电脑记录和纸质台账的对照业务等。另外，事务中心下设312个负责调查、强制征收、年金咨询等地区密集型对人业务的年金事务所。事务所规模大小不等，少则不到20人，多则40人以上。事务所和事务中心通过在线系统连接日本年金机构本部，每个办公地点根据各自的职能进行业务经办，实现了对应窗口处理、集约处理、大量集中处理。

日本年金机构的运营经费源自政府拨付的运营费交付金，主要由一般税收收入、企事业单位和个人缴纳的保险费两部分组成。该机构受厚生劳动大臣委托，承担年金相关运营业务。该机构的理念是顾客至上，开展业务运营并制定相应的经营方针及人事方针。根据本国经办服务体制存在的问题，尝试和创新了多种内部管理机制、技术和手段，改善年金经办服务质量，确立了年金经办机构服务高效、人性化的良好社会形象。另外，日本政府还设立了日本年金机构的第三方监督机构，即日本年金机构评价部会和运营评议会。为了把民间企业经营管理方面的经验反映到机构业务运营中，该机构常设民间非常勤理事。

日本年金机构对参保人、年金领取者、企事业单位提供服务并倾听来自国民的声音，向厚生劳动省提出有助于业务改善的制度改革要求。厚生劳动省对日本年金机构进行目标设定、业务评价，对其业务改善提供援助，实施监察并作出业务改善指示。政府主管部门行政监督，增强了其运作独立性（见图 3-4）。

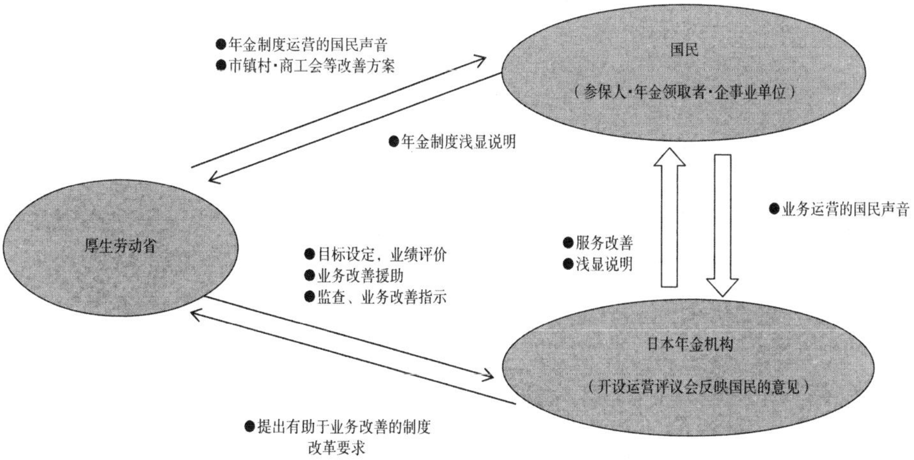

图 3-4　日本年金经办服务管理体制

二、日本年金服务体系及特点

日本年金机构通过制定明确的业务实施相关流程、判断基准等业务处理要领，推进业务处理标准化，提升经办服务质量。另外，除事务中心及事务所以外，全国还设置了 75 处“街角年金咨询中心”。该中心由全国社会保险劳务士联合会运营，开展年金咨询、年金给付申请及各种手续变更、年金手账证书补发等业务①。为了方便国民年金咨询，年金事务所积极致力于缩短窗口等待时间，提高年金热线应答率的服务质量，通过各种研修提高年金咨询负责人的业务水平。窗口等待时间通常控制在 30 分钟以内。全国设有年金热线中心 3 处，应答率超过 80%。另外，基于地域需求，与社会保险劳务士联合会等协作，在

① 社会保险士是基于社会保险劳务士法，参加每年一次的由福利劳动机构实施的社会保险劳务士考试合格的人，并且须有 2 年以上实际工作经验，并登录到全国社会保险劳务士联合会的名单中的人员。日本在 1968 年颁布了《社会保险劳务士法》，初步建立了完善的社会保险劳务士相关法律制度，有力地推动和促进了日本社会保险事业的发展，保障了日本社会的和谐与稳定，为日本经济的快速发展提供了重要的条件。

市镇村办公楼及商工会议所等地实施现场咨询服务（见图 3-5）。

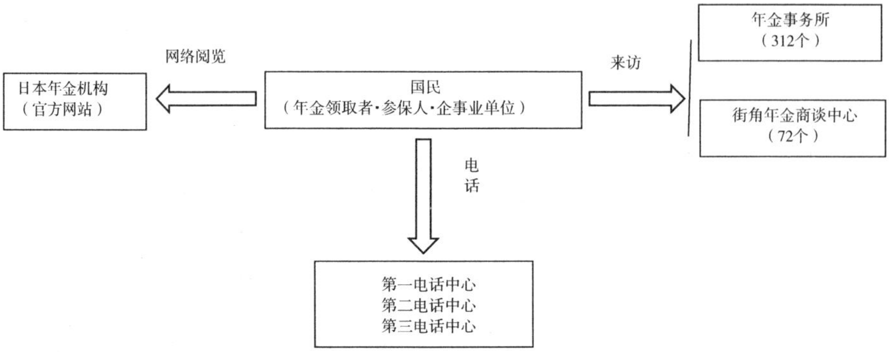

图 3-5 日本国民年金咨询途径

另外，日本年金机构为了实现最终保险缴付率 70%以上的目标，实施业务外包，推进市场化运营试点的进程。加强与市町村、相关行政机构、民间团体之间的协作，通过缴费催促、强制征收、促进缴费方式多样化等来强化保费收缴对策（见图 3-6）。例如，为了增进国民对公共年金制度的理解，日本年金机构以年金事务所为主体，与学校、都道府县 · 市町村的教育委员会、全国社会保险劳务士联合会等相关机构紧密协作，在大学等教育机构、企业 · 自治体、商业设施、公共设施、就业援助中心等地积极开展年金宣传活动。年金机构还制作、出版面向年轻人的各种年金制度启发资料，在全国 5 万家便利店中张贴海报等。另外，年金事务所与大学协作共同推进面向学生的特例保险缴纳工作①，与民间企业及事业团体等合作促进保险缴纳方式的多元化、经办服务高效化。而与市镇村协作，通过活用居民基本台账网络信息，精简各种申报程序等来提升服务的便捷性。

为了提升顾客满意度，年金机构本部开展实施了“顾客满意度指导者研修”，区域本部实施“顾客满意度区域研修”。还特设以老年痴呆症为对象的“认知症支援研修”。在防止事务处理失误方面，面向年金事务所及年金事务中心的代表开展“事务处理品质提升研修”等。另外，该机构委托日本 IBM 等知名公司开发面向机构职员的通信研修系统。对年金事务所的员工及派遣至全国

① 学生的特例保险缴纳是指学生在学期间，要办理加入国民年金的手续。学生由于没有收入，国民年金保费可以缓缴。也就是说本来他们是应该缴纳的费用，可以在工作后补缴。其目的不是为了保障他们年金的拥有权，而是为了保证他们一旦受伤残疾，可以保证残疾基础年金领取资格。

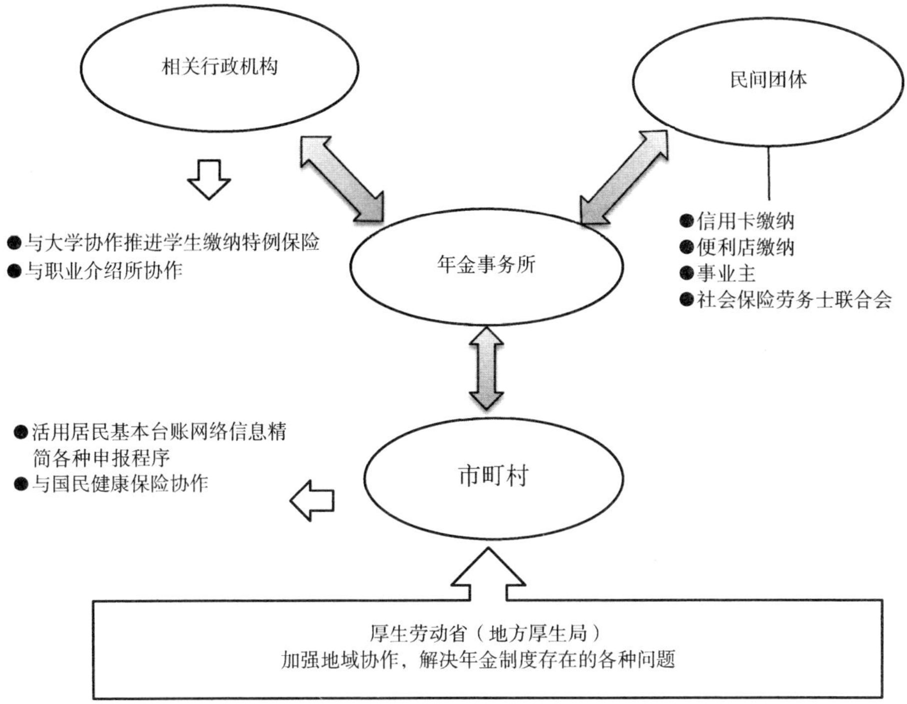

图 3-6 日本年金经办服务体系

各地的职员进行国民年金法、厚生年金保险法等各种法律、年金制度的教育以及征收业务、年金额计算、年金商谈技能等公共年金业务必要的培训。

第四节 日本年金经办服务管理的教训及对策

一、年金记录丢失

日本年金经办服务管理体制的发展并非一帆风顺，毫无漏洞。在 1996 年之前，日本国民加入的年金种类繁多，如国民年金、厚生年金以及共济年金等，这样，一个人往往可能拥有多个年金账号。在年金加入者工作调动或者结婚的时候，年金账号就可能发生变更，管理起来非常复杂，且效率极差。在 1979 年至1989年期间，社会保险厅曾对所有纸质记录实施了电子数据化。在此过程中，由于日本人的姓名中使用的汉字有多种读音，因此在录入记录的过程中，缴纳年金保险费的人员姓名有可能出现错误，致使后来按照姓名核对出现很多不一致的记录。加之过去加入厚生年金保险的手续不严密，有的人不需提供任何身份证明便可轻而易举地申请加入，甚至还有人仿造姓名和年龄就业以后，加入年金保险。日本于1997年1月开始实施基础年金账号制度，对当时在姓名、出生年月日、性别和住所等方面相一致的各种年金账号进行了统一，实行每人一个账号，交由社会保险厅进行统一管理。而那些当时对应不上的年金账号至今也未合成一个账号，成了“浮于空中的记录”。2007年5月，多达5095万份的年金记录在社会保险厅无法查证被曝光，很多已经缴纳年金保险费的日本国民无法按期领取年金。此事对于身处“少子老龄化”社会的日本人而言，无异于晴天霹雳，也成了备受关注的社会问题。

负责对年金进行管理的社会保险厅作为政府主管部门自然难逃干系。日本政府积极采取以下应对措施恢复国民信任。首先，成立独立于政府的国民年金专门委员会，监督国民年金缴费记录活动，并着手制定涉及国民年金缴费记录丢失的人群的年金申领支付标准。其次，制定新的国民年金法，设立新的运营年金业务的机构即日本年金机构，负责代缴国民年金保费，并有责任保留国民保险缴费记录及其他相关工作，提高工作绩效。最后，拟制定第二项法律，规定由于社会保险厅的缴费记录保管错误而导致的退休人员无法享受的保险待遇，相关人员可允许事后补救性的申领。这份法律将废除以前关于申领待遇5年限制期的法律规定。

为了解决记录丢失问题，日本年金经办部门利用“年金特别住宅快递”，向个人邮寄年金记录表，并由本人确认年金的记录是否有误差，进行对照以及统一工作。同时，也对要照电子版记录表和纸质记录表内容是否一致。到2016年3月已经解决了约3110万件。另外，需要进行统一工作和正在进行调查中的有约1986万件。

二、年金记录丢失具体对策

（一）关于1986万件未统一记录的问题

到2016年为止，还有余下的1986万件记录未找到失主，无法统一，政府与国民每一个人密切合作，争取解决更多的未统一的记录，而个人的申报将成为此项工作的主导。为了能让个人积极申报年金记录情况，首先利用“年金定期信函”直接将申报请求发给各家各户让个人确认自己的年金情况并及时上报。尤其是对那些觉得自己年金记录和金额有问题的人，可以及时申请确认。其次，在年金网上公布未找到失主的年金记录一览表，让大家认领。同时，简化年金网并改善其功能，通过媒体宣传等手段让更多人可以简单轻松利用该网站。

（二）防止再次发生

首先，要加强个人信息的确认。虽然国家方面的管理很重要，但是绝对不能忽视随时让个人确认自己的年金记录情况的重要性。因此从 2009 年 4 月开始，在每年每个人的生日到来之时，给每个人邮寄“年金定期信函”，以便于个人确认。同时，在受益人 35 岁、45 岁、59 岁时邮寄个人年金的统计详情，以求得个人确定。其次，通过“年金网”等互联网手段，让个人随时可以查看自己的年金记录情况，以防止漏记、错记等情况的发生。“年金网”的注册数已经达到约 418 万人①，今后将继续扩大关于年金记录确认问题的宣传。

另外，还创办年金记录更正手续流程。根据至今为止应对年金记录问题的经验，新建立年金记录问题更正手续的法案。此法案在 2014 年 6 月 4 日颁布，自 2015 年 3 月开始实施。如果发现年金记录有问题，个人可以申请年金更正，并制定了更正年金记录的手续流程。到 2016 年 1 月，共有 6900 件申诉请求，其中有 3300 件记录被更正。

（三）黑客攻击导致日本年金机构个人隐私信息泄露案件

关于 2015 年发生的日本年金机构个人隐私情报泄露案件，其性质虽然为罕见的有组织的攻击行为，但是，对于此问题的防备工作，不只是日本年金机构，甚至是日本厚生劳动省也极其脆弱。为了对此进行反省并吸取教训，日本从组织、人事以及业务等本质上改善原先的零防卫基础体质。另外，将重新塑造日本年金机构和日本厚生劳动省的主次关系，并加强对机构的联络和监管。

（四）防止再次发生个人隐私信息泄露案件的对策

1. 厚生省的对策

为了调查日本年金机构个人隐私情报泄露的事实，聘请来的外部专业人士成立了“日本年金机构由黑客攻击导致个人隐私情报泄露案件检证委员会”，并

---

① 中野淳太郎. 年金记录问题等现状和课题［J］. 周刊社会保障，日本，2016（3）：83.

于2015年8月21日整理出了检查报告书。同年9月11日，日本官房长官根据此事件事实，对厚生劳动大臣提出了防止再次发生的意见。意见中的具体改善方案如下：①重新编辑信息系统以及防护系统，强化指挥中心和对突发事件的及时对应，提高专业性。②加强职员个人对信息防卫系统的应用，强化训练，配置常务外聘专家，确保相关人才常驻。③加强事件发生后的各部门间的联络秩序以及上报意识，明确联络体制和个人责任。④在不能完全防御外界攻击的前提下，建立即使受到攻击时，也要将损失降到最低的多重信息防御体制。另外，日本厚生劳动大臣针对日本年金机构下达命令，加强组织的一体化管理，加强内部统御，从根本上加强并重新审视对于个人隐私信息以及情报泄露的态度，加强对日本年金机构的监管、信息和联络的实时共享等。

2. 日本年金机构的对策

日本年金机构方面，开设了针对受害者的热线窗口，发送致歉函，将受害者的年金号更换为新的号码以防止二次受害。另外，在上面的报告中指出了该组织的问题：组织整体化的不足，不遵守规章制度，组织纪律不够严明等。因此为了从零基础开始改善组织纪律，于2015年10月1日，以理事长为首，成立了“日本年金机构再生本部”。该部门不仅仅是针对信息问题的防卫，而是从加强组织纪律，强化组织内部系统结构，以及对于个人隐私信息的看法上都给出彻底的改革方案。具体方案如下：①取消上下级制度，将本部和现场结合为一体，构建一个有效率、有组织的执行机构。②进行人事制度改革，采取能让职员有梦想、有工作积极性的人事管理方式。③彻底施行业务合理化、效率化的工作方式改革。④信息意识的根本改革，搭建监视管理平台，加强本部和现场的信息共享，加强与厚生劳动省的信息共享。

日本年金机构于2016年起，施行3年强化工作体系，不断进行组织改革。厚生劳动省将加强对日本年金机构的监管，加强防止再次发生信息泄露，并尽力挽回国民的信任。

（五）社会保障、税个人编号制度的导入

2016年1月起，日本实施了社会保障、税个人编号制度。拥有居民票的每一个人拥有一个12位数字的号码，这是实现行政效率化、提高国民便利性以及实现公平公正社会的根基所在。其目的是为了防止社会保险的不正当领取，实现公平公正的社会，精简提交材料等提升国民方便性，减少重复性行政作业，实现行政效率化。在社会保障领域和税收领域以及灾害对应等领域可以充分发

挥个人编号制度。个人编号制度的优点：

1. 公平公正社会的实现

为了把握个人收入以及接受其他行政服务的状态，防止不该减免的却申请了减免，防止不正当给付以及骗保行为发生。同时，对那些确实困难的人进行细致入微的帮助。

2. 行政的效率化

为了大幅削减行政机关和地方公共团体等，对各种信息的对照、过账、录入等所需要的时间和人力物力，加强各种业务工作部门之间的合作，削减工作的重复和浪费等。

3. 国民办理事务便利性的提高

削减添加各种补充材料，简化行政手续，减轻国民的负担。行政机关既可以拥有自己的信息，也可以接受其他行政机关的各种各样的服务通知。例如，在导入个人编号制度之前，为了确认该人是不是福利服务和社会保险费减免对象等，要在国家的行政机关和地方公共团体之间进行复杂的信息交换。但是，由于在各种的机构中，分别掌管居民票（相当于户籍）编码、基础年金编号、医疗保险参保人编号等，要了解个人姓名、地址等个人的特定信息，要与掌握各种个人信息的各种机构进行信息交换，要花费大量的时间和人力、物力。如今在社会保障、税收、灾害对策 3 个领域，引进三个领域通用的编号，可以准确而迅速地确定个人特定身份。如此，可以实现行政的效率化、国民的便利性提高，进一步实现公平、公正的税、社会保障制度。

第四章

日本公共年金积累基金管理运营的特点

第一节　日本公共年金积累基金

社会保险基金是一国社会保险制度的基础，为了保证社会保险制度的正常运行，社会保险基金不仅要保值，更要实现增值。我国于 2015 年颁布了《基本养老保险基金投资管理办法》（国发〔2015〕48 号），使得养老金的资产管理有法可循。但基本养老保险基金中的社会统筹部分累计结存有限，个人账户由于历史性原因形成空账，严重影响了养老金资产积累①。同时，我国养老保险基金旧有的管理模式和投资运营方式都已无法满足我国养老保险制度的可持续发展，养老金收支不平衡日益加剧。养老保险基金保值增值能力弱，缺乏系统有力的投资和保值增值办法。因此，如何对养老保险基金进行有效的管理和投资运营，实现资产保值增值已经刻不容缓。

据日本厚生劳动省的相关统计显示，日本 65 岁以上的老年人口比例，在 2015 年是 26.6%，到 2036 年时将达到 33.3%，而 2065 年时，将达到 38.4%②。日本是世界上老龄化速度最快，且老龄化最严重的国家。而日本又是重视公共年金制度的国家，2015 年，公共年金总支额为 54.9 兆日元，占社会保障总支出的 47.8%，同期，医疗为 37.7%，福祉及其他为 22.2%③。可见，公共年金支出已经成为社会保障支出中比重最大的一项。面临巨大额度的公共年金支出的挑战，如何实现公共年金制度的可持续发展、增加公共年金投资收益、提高退休收入等也是日本需要解决的问题。

---

① 胡继晔．养老金融：养老和资本市场问题解决的突破口［N］．中国经济时报，2013-04-01（006）．

② 小野隆玺．明解年金的知识（2018 年度版）［M］．日本：经济法令研究会，2018：4.

③ 小野隆玺．明解年金的知识（2018 年度版）［M］．日本：经济法令研究会，2018：8.

2001年4月，日本政府开始对公共年金的管理体制进行大幅改革，公共年金摆脱了原“财政投融资计划”体系，由厚生省设立新机构接管该业务，日本称之为“年金积累基金运用独立行政法人（Government Pension Investment Fund, GPIF）”①，由其负责公共年金积累基金的市场化投资管理。同时，日本还出台了“年金积累基金投资运营基金法”和一系列相应的投资监管政策。截至2018年日本政府通过GPIF管理着总额高达约1.4万亿美元的公共年金。日本的GDP总量在2018年刚刚突破5万亿美元，年金积累基金超过了GDP的四分之一。目前，GPIF是全球最大的养老基金，使得该基金超越美国养老基金、挪威主权养老基金等成为全球最大的公共养老金投资机构。

自GPIF成立后，日本公共年金积累基金开始实施统一管理，采取市场化和多元化的投资方式，资产广泛配置股票、债券及海外金融产品。GPIF的数据显示，自2001年开始将基金投入市场运作以来，到2018年为止，累计收益率为2.73%，收益总额为56.6745兆日元，高于公共年金财政所需水平。累计收益中，利息、股息收入额为33.3195兆日元②。公共年金投资回报相比之前有明显改善。基于此，本书从GPIF的管理体制、投资收益及策略等方面入手，对GPIF的投资运营情况进行深入分析并总结其经验，以期对我国社会保险基金的市场化运营和开放性投资管理带来启示。

第二节 公共年金积累基金管理投资机构的建立

年金积累基金运用独立行政法人的简称是GPIF（Government Pension Investment Fund），是日本政府为了稳定厚生年金保险事业及国民年金保险事业而成立的组织机构③。GPIF对厚生劳动大臣委托的年金积累基金进行管理及投资运用。由于年金积累基金是未来年金给付的重要财源，GPIF必须保障年金加入者的利益，履行受托人职责，实现年金积累基金的增值保值。其机构组织图如图

① GPIF官方网站 https：//www.gpif.go.jp/.

② GPIF官方网站 https：//www.gpif.go.jp/.

③ 日本的公共年金制度由厚生年金和国民年金组成。国民年金对象覆盖所有日本20岁以上的国民。同一费率同一年金支付额。厚生年金是面向企业职工和公务员等被雇佣者，是与收入比例挂钩的年金制度。

4-1 所示，GPIF 下设立管理委员会、监察委员会以及理事长（规划、管理运用两个方面）。管理委员会设置管理委员会办公室，监察委员会设置监察委员会办公室。理事长设置的部门和机构较为全面和具体，在设立审议役、助理合规官和法律顾问职位的基础上，设立总务部、规划部、调查处理室、信息管理部门等 11 个部门，并对此进行进一步的划分与功能定位。

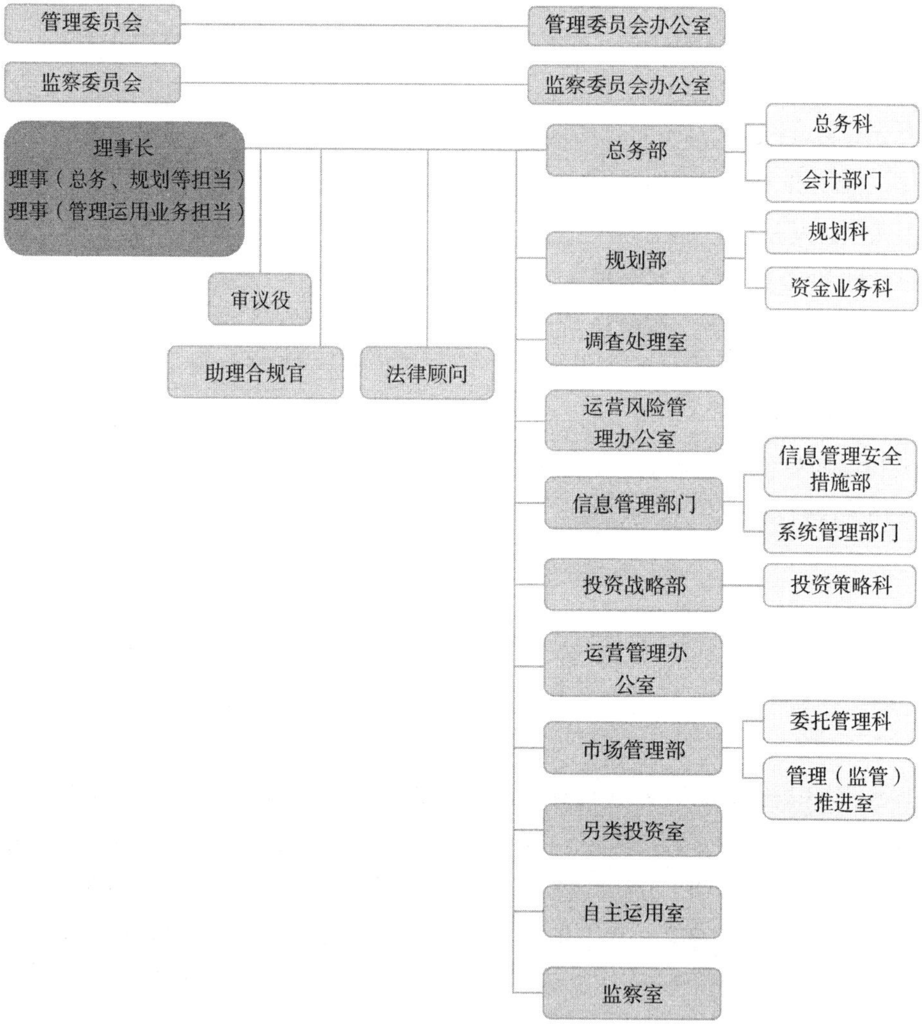

图 4-1　GPIF 组织框架图

GPIF 必须遵循以下三个原则：第一是根据“投资原则”强化公共年金积累基金的管理运用体制。虽说资金的投资运用会受到宏观层面上经济环境的影响，短期收益存在波动的情况不可避免，但 GPIF 需要着眼于长期战略投资的视角，坚持长期分散投资基本原则，适时适度管理公共年金积累基金投资可能带来的风险，对公共年金积累基金进行安全有效的管理及投资运用。第二是基于“行动规范”诚实运作的理念，坚持以“国民最信任的组织”为日常基础业务实施的根本原则。在这一原则的指导下，GPIF 努力提升专业性，注重交流、沟通与团队间的协作，并充分发挥每个人的个性与能力，进而完成 GPIF 的使命。第三是有效发挥独立行政法人的特性与功能，在公共年金积累基金进行效率运营的同时，实时通过官方网站及 SNS 等积极实施信息披露，公开公共年金积累基金投资的基本情况。

第三节 日本公共年金制度特征及其积累基金的作用

一、日本公共年金制度特征

（一）国民皆年金

众所周知，日本的年金制度由公共年金制度、企业补充年金制度和个人储蓄年金制度三个支柱构成，其中公共年金用来保障基本的生活需要，在年金制度中居于主导地位。它又分为两个层次：第一层是国民年金，又称为“基础年金”。加入对象为 20 岁以上未满 60 岁的全体居民（包括外国人），要求强制加入。从 2018 年 4 月至 2019 年 3 月，国民年金，每月支出 16340 日元（相当于 983.4 元人民币）。国民年金的账单会寄到个人手中，可以在银行、邮局和便利店用现金支付。加入年金后，会得到一个年金手账，就像一个存折，它最终会被用来计算养老金。第二层次是与收入联动的厚生年金和共济年金，企业员工和公务员等依据各自身份而分别加入。厚生年金，加入对象主要是公司职员和工薪阶层等。私人营业者，如果员工通常有 5 人以上的情况下也会强制加入。厚生年金一半由雇主承担，另一半由加入者负担，金额不固定。但是，也有例外。如果你是个体经营者，或者为雇员少于 5 人的公司工作的人，就必须参加国民年金。厚生年金从 2018 年起，其缴费率占工资的 18.3%（2017 年以后将保费率固定在 18.30%，从此将保费率封顶，不再增加缴费率)，个人和公司各承担一半。共济年金是指公务员等所加入的制度。各类公务员（国家公务员、地方公务员、私立学校教职工）在加入共济工会后成为该工会的会员，同时，同样成为国民年金的被保险者。另外，厚生年金和共济年金合并为厚生年金，也叫雇员年金，家庭妇女不必缴纳雇员保险费用，满 65 岁便可领取雇员年金。由于这两个层次的年金均由政府来管理，并带有强制色彩，因此被称为公共年金。

（二）社会保险方式

日本公共年金采取现收现付的社会保险方式。国民年金的保费由政府、企业和个人负担，其中政府负担 1/2、企业负担 1/4、个人负担 1/4，个体经营者自己负担 1/2。社会保险方式原则上是不缴纳保险费就无法获得年金给付。但如果因为失业、收入减少或无收入等原因无法缴纳保费时，可以申请免缴保费或延期缴费。免缴额有全免、3/4 免、1/2 免和 1/4 免四种情况。免缴保费最多可以免 25 年，免缴期间虽然算作缴费期间，但计算年金的时候，额度相应降低。一般情况下，日本的公共年金是从 65 岁开始领取的。在到达 65 岁的三个月前，准备好年金手账、年金申请书等资料，提交到相关机构。当然，如果想在 65 岁之前领取年金，也是可以的，不过每月领取额将会减少 0.5%。相应地，如果 65 岁以后开始领取年金，每推迟一个月，领取额就会增加 0.7%。2018 年，日本为了提高高龄者的就业率，推出了新政策，那就是如果在 70 岁以后开始领取，超过 70 岁的部分加成率还会比 65~70 岁开始领取（0.7%）的更高。

（三）代际间抚养

日本公共年金制度的一个最大特点就是代际间抚养原则，也就是说退休人员的年金基本上是由在职一代（现役世代）的保险费来承担，年青一代供养年老一代。将来在职一代成为享有年金的年老一代时，可以用在职一代的保险费充当退休养老金，而不是自己所缴纳的保险费。

现在，公共年金制度在日本社会已经得到广泛实施，在保障高龄者晚年的老有所依方面发挥着至关重要的作用。2017 年，日本总人口 1 亿 2700 万中，约 7000 万人加入了年金，约 4000 万人领取年金。其中有 6 成的老人仅仅依靠年金生活，而年金收入占老人收入的 70%①。在日本年金收入约占老年人家庭收入的 70%。

---

① 坪野刚司监制．年金综合研究所编著．年金制度的展望——改革的课题和论点［M］．东京：东洋经济新报社，2017：3.

二、公共年金积累基金的作用

公共年金积累基金制度就是政府将每年的国民年金和厚生年金的缴费收入支付养老费用后的剩余部分积累起来，形成养老储备基金，其出发点在于平衡代际之间的养老负担，保持一定的资产流动性，用来应对未来老龄化社会较高的养老费用。

为改善公共年金的财务状况，实现公共年金收入和支出的长期平衡，日本政府在 2004 年 2 月的第 159 次通常国会上提出了“修改国民年金等部分法律的提案”和“年金积累基金管理运营独立行政法人法案”，同年 6 月年金改革法案得到国会批准。法案的一项重要内容就是要活用年金积累基金。通过灵活投资运用年金积累基金来稳定公共年金的财源，保证所有国民老有所养，努力维护社会的稳定。保证今后大约 100 年间的给付和负担的平衡，以实现公共年金制度的长期化、稳定化，既不能增加年金缴费率，也不能降低年金领取水平。

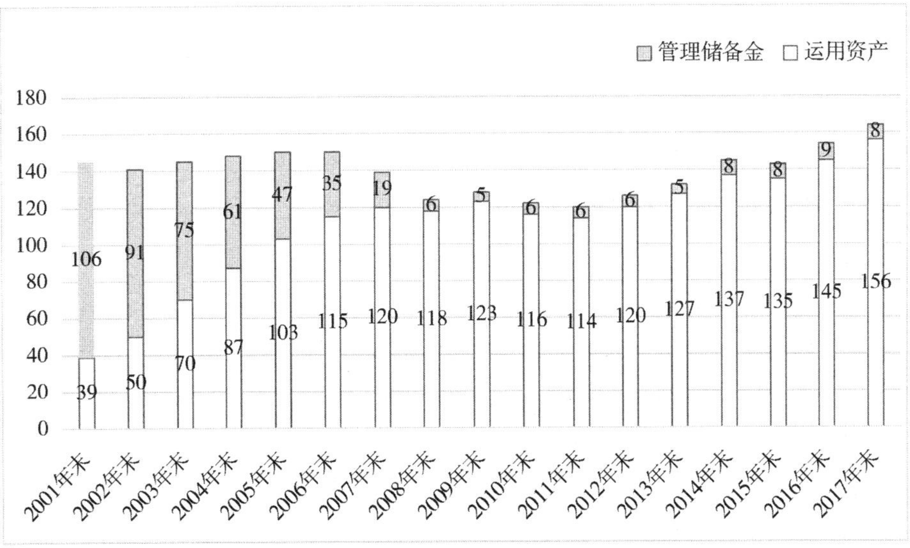

图 4-2　日本公共年金基金规模及推移（万亿日元）

资料来源：GPIF 官方网站 https：//www. gpif. go. jp/.

2004 年以前，日本年金的财政方式是“永久式均衡方式”，即为了维持永久的基于一定年金给付水平的年金财政的收入均衡，通过调整当期在职人员的缴费水平，来保证始终持有一定数量的公共年金积累金额。这个积累金额能支付一定年份数量的年金。然而，由于日本老龄化进程速度加快，超出了政府的预期，单纯依靠“永久式均衡方式”已不能保障公共年金的支付水平，造成保险费负担不断加重，公共年金收支平衡面临严峻挑战。因此，日本政府于2004年对公共年金的财政方式进行了进一步的调整和规范。在2004年公共年金修改的过程中，日本将原有的“永久式均衡方式”的财务收支方式转变成“有限均衡方式”的财务收支均衡方式，并预计这个期限为100年（2005—2105年），即在100年间达到有限均衡。也就是说通过利用公共年金基金的运用收益和基金的灵活运用，增加公共年金原有的金额和价值，使之不仅能达到固定公共年金保险费率以减轻国民缴费负担的目的，也能达到尽可能保持高的公共年金给付水平以满足老年人晚年生活质量的目标，从而期待公共年金财政的稳定化、均衡化的一个思路。日本公共年金在这样的财务方式运作下，更加彻底贯彻代际抚养的理念，公共年金基金的意义也将更加具体。

日本提出的百年精算平衡目标是根据将来人口变化、基金运营状况以及宏观经济形势等多种因素，通过多种状态的模拟测算，对公共年金给付和缴费水平分别进行计算，以实现公共年金收支的科学性调整，保持日本在精算平衡期的公共年金积累基金额度能够达到支付日本老年人一年的公共年金水平。公共年金积累基金也将被用于稳定公共年金财政。具体方法是，为了在100年后使公共年金的财政达到均衡，初期将部分公共年金投资运营所获得的收入用于充填支付当前的养老金，在一段时间之后，随着公共年金支付额度的增加，逐渐使用公共年金积累基金补充运营收入无法满足的部分，100年后，公共年金积累额度正好能够支付一整年的养老金。在这样的社会背景下，日本制订了一个积累基金活用的财政计划。公共年金给付的财源，90%来自该年的保险费收入和国库负担，即当年收缴的保险费，10%来自公共年金积累金。这样，公共年金给付的必要资金可以得到保障，公共年金积累基金投资时的短期市场波动也不会给公共年金给付造成不必要的影响。最近的公共年金积累规模和推移，可以参考图4-2，可以看出2001年末到2017年末，日本财务方式不断调整的情况下，公共年金总额总体呈现增长趋势，从145万亿日元增长到163万亿日元，但中间存在波动情况。在这一过程中，公共年金基金管理储备金所占比例越来越少，绝对金额呈现不断减少趋势。在公共年金总额确定的情况下，公共年金中运用资产所占比例越来越多，绝对金额也总体呈现上升趋势。

第四节 日本公共年金积累基金的管理体制及投资运营理念

一、管理体制的沿革

2000年以前，按照日本法律规定，公共年金积累基金全部委托给旧大藏省①资金运用部（现财务省财政融资资金，以下简称“旧资金运用部”）。旧资金运用部通过“财政投融资计划”② 向各个政府公共团体融资。另外，1986—2000年，年金福祉事业团（以下简称“旧事业团”）也通过该计划借款，将年金积累金大约1/5的部分委托私人投资机构直接投资于金融市场，以促进养老金积累基金的保值增值。在资产投资决策的制定上，旧事业团在厚生劳动省的指导下，确定投资应长期保持在一定的资产构成比例基础上，再按照这个规定比例委托私人投资机构进行投资和投资组合，投资范围主要分散投资于国债、公司债券、国内股票、国外债券、国外股票等（见图4-3）。2001年4月，日本政府实施了财政投融资制度改革，废除了当时的委托保管义务。厚生省新成立“年金积累基金运用独立行政法人（GPIF）”，由其负责公共年金积累基金资产的市场化投资管理与运作，并出台了年金投资运营基金法和一系列相应的投资监管政策法规。通过政策法规调整，公共年金积累基金再不必100%寄存在旧资金运用部，还取消了对资本市场上某些特定公司获取公共年金积累资金的限制，以规范公共年金积累基金的使用和明确公共年金积累基金的去向。与此同时，旧资金运用部依次偿还了被委托保管的公共年金积累基金，被偿还的公共年金积累金除去一部分后归纳于厚生劳动大臣当时设立的公共年金资金运用基金（也称“旧基金”）。2006年以后日本厚生省将公共年金积累基金委托给年金积累基金管理运用独立行政法人（GPIF）。自GPIF（见图4-4）成立后，日本公共年金开始制订宏观监管计划，对公共年金积累基金实施统一化管理，采取市

① 大藏省是日本自明治维新后直到2000年期间存在的中央政府财政机关，相当于我国的财政部。主管日本财政、金融、税收。2001年1月6日，中央省厅重新编制，大藏省改制为财务省和金融厅（主要负责银行监管）。

② 简称“财投计划”，是日本国家政策性金融工具，早在明治时期即已形成。战后财投制度被誉为“第二财政”，在促进基础设施建设、产业发展等方面发挥了巨大作用。

场化和多元化的投资组合方式，资产广泛配置股票、债券及海外金融产品，以促进日本公共年金积累基金保值增值，促进日本公共年金制度的可持续性发展。

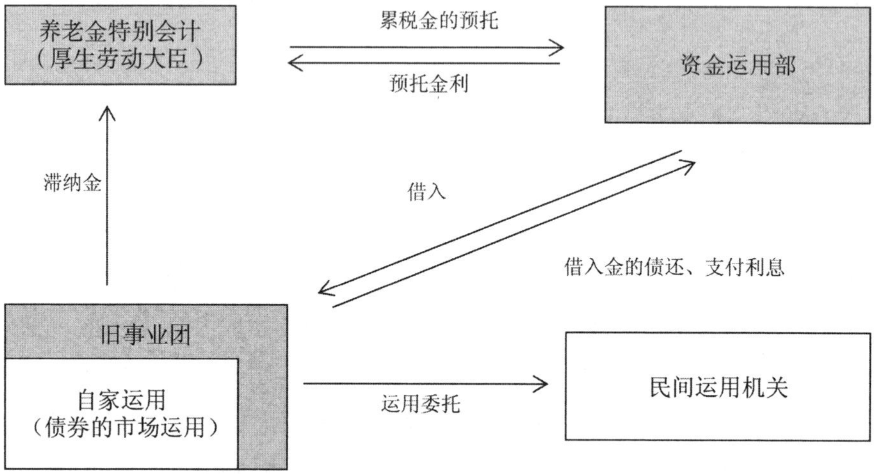

图 4-3　积累基金运营制度改革前的构造图（2000 年以前）

由图 4-4 积累基金运营制度改革后的构造图可以了解到，公共年金积累基金管理运用独立行政法人（GPIF）的资金来源主要有两个渠道：一是将改革前全部寄存在原来大藏省旧资金运营部的 147 万亿日元资产纳入，该资产将在 8 年时间内逐步偿还给厚生劳动省，厚生劳动省再将这部分资产委托给公共年金积累基金管理运用独立行政法人（GPIF）来进行统一的投资管理。二是公共年金积累基金管理运用独立行政法人（GPIF）直接接管了旧事业团约 26 万亿日元的资产。GPIF 的资金投资运用主要分为三个部分：一是将大部分资产委托给专业金融机构进行市场化投资，以实现基金的增值；二是作为支持“财投计划”改革的一项过渡措施，一部分资金继续购买财投债券；三是留有一少部分资金自主运营，以实现养老金的稳定支付。与此同时，GPIF 需向公共年金特别会计（厚生劳动大臣）支付滞纳金以及向旧资金运用部的财政融资资金支付借入金的债及利息。

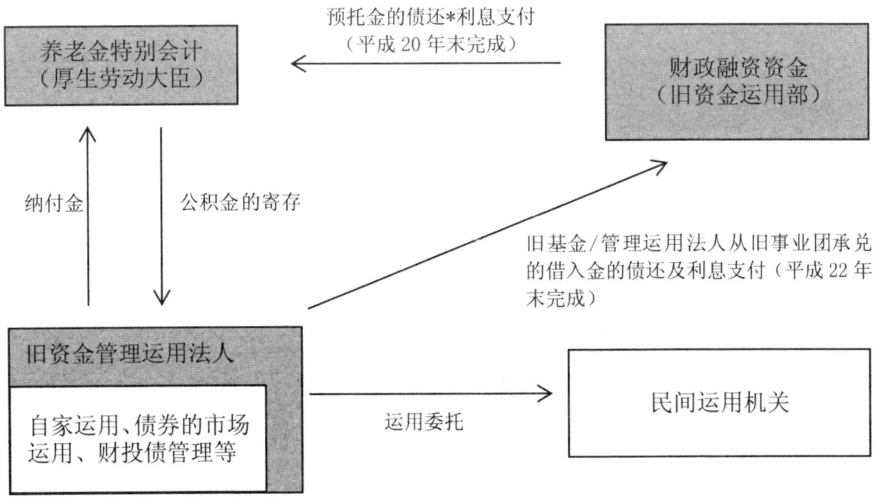

图 4-4　积累基金运营制度改革后的构造图（2000 年以后）

二、现行管理体制运行机制

2017 年 10 月，GPIF 依据“年金积累基金管理运用独立行政法人法”（2004 年法律 105 号）设立了经营委员会和监察委员会，旨在加强对基金管理机构的公司治理，提高年金积累基金投资运营的透明度，增强机构投资的自律性①。这就使得 GPIF 的管理运营从“独裁制”向“合议制”转变。经营委员会在法律上拥有对基本投资组合等重大事项的决策权和对业务执行部门业务执行的监督权，实现了投资策略制定、监督与执行的分离。执行部的责任与权限更加明确（见图 4-5）。经营委员会的委员是由厚生劳动大臣从有经济、金融、资产运用、经营管理经验以及其他与管理运用法人业务相关联领域或具有相关学识经验、业务经验的人中挑选任命，委员的任期是 5 年②。监察委员会从法令遵循的确保、业务执行程序合理性、风险管理等视角进行监督，加强同经营委员会的

① 张伊丽．日本公共养老基金的投资运营研究［J］．现代日本经济，2017（4）：10.

② 2017 年 9 月末之前，GPIF 设有“运用委员会”。委员人数规定在 11 人以内，由厚生劳动大臣从拥有经济或者金融相关知识的专业人士或其他学识经验丰富的人中挑选任命。“运用委员会”有权对年金积累基金的投资运用情况及其他的管理运用业务的实施情况进行监督。依据 2017 年 10 月进行的“年金积累基金管理运用独立行政法人法”的改革要求，2017 年 10 月新设立了“经营委员会”。

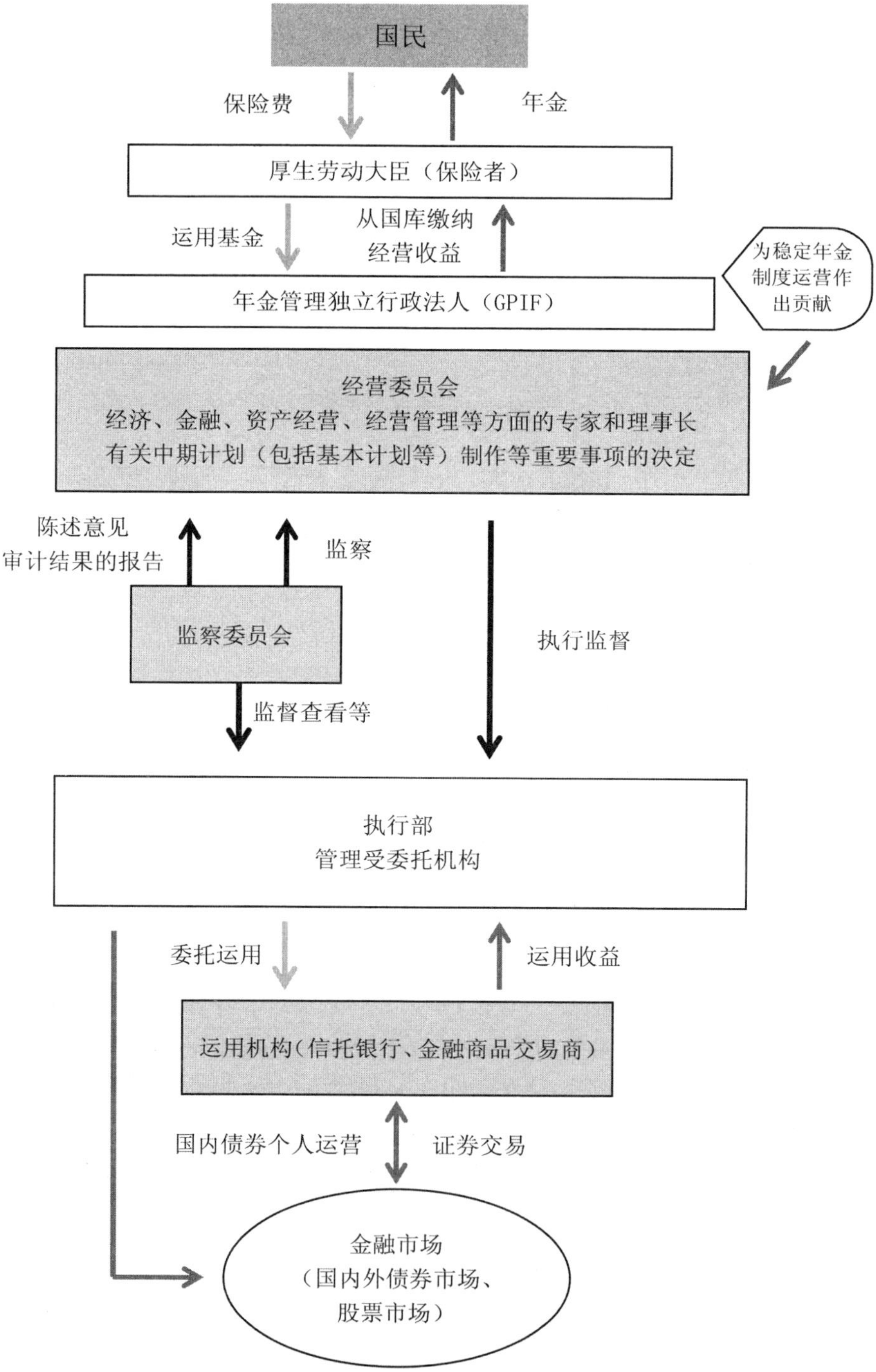

图 4-5　日本年金基金管理运用结构

协作。理事长作为经营委员会（合议制）的一员参与策略制定，同时，代表GPIF依据经营委员会的规章制度统括管理运用法人的业务。由此可见，经营委员会、监察委员会、理事长分别承担着策略制定、监督、监察、执行等相应的职责，同时又密切开展协作，充分发挥计划（Plan）、执行（Do）、检查（Check）、处理（Action）的PDCA循环机能，确立了透明且高效的组织体制。

另外，GPIF为实现投资运用的收益目标，适时实施受托人组织・资产管理机构的遴选、管理及评价，加强对年金积累基金管理及投资运用过程中的风险的管理（见图4-6）。例如，每个月都会依据受托人组织・资产管理机构及自主运用的投资报告，把握年金积累基金的资产构成比例及变化情况，采取必要的对策，管理调整资产整体的投资组合。把握分析市场动向，管理各资产的市场风险、流动性风险、信用风险等。还制定各资产管理指南，定期举行会议，把握受托人组织・资产管理机构对资产管理指南的遵循情况并进行评价。引入新的投资运用手段时，需要经营委员会作出审议表决，在其监督下进行风险管理。理事长需要就实施情况及市场环境等重要事项向经营委员会进行报告。GPIF为实现业务运营的中期目标以及依法完成财务、会计、人事管理等各项业务，构建了合理且高效的内部控制评价与监督机制。

（一）关于确保理事长、理事及职员依法履行职责制度

为了推进与完善内部控制机制，经营委员会下设“内部控制委员会”。另外，为达到遵守法律、规则及企业伦理的目的，内部控制委员会还下设以理事长为最高负责人的“遵约委员会”；经营委员会制定关于投资原则、行为规范、内部控制等基本方针、制定风险管理等各种章程规范，并要求董事及员工严格遵守；理事长制定法令遵守指南，发放给员工，必要时进行修订并召开讲习会加强教育，以便达到所有员工依据法令法规严于律己，在工作过程中保持正确的工作态度，贯彻并切实落实指导方针。理事长统括“遵约委员会”工作，拥有人事任免权，在一定程度上掌握员工的去留，同时可以设置相关组织部门，推进法律遵守业务的开展，以促进养老金管理制度有法可依，更好地落实相关工作。

当员工违反相关法令法规时，理事长有权根据处分条例实施制裁处分。当理事长、经营委员会委员长及委员出现违反法令法规时，其他相关负责人需根据经营委员会的决议对违反法令法规的委员实施相应处分。另外，相关事业者出现违反相关规定时，可以实施整改措施；经营委员会定期受理理事长的职务履行报告，监察委员会除了定期受理理事长的职务履行报告，也需要定期受理

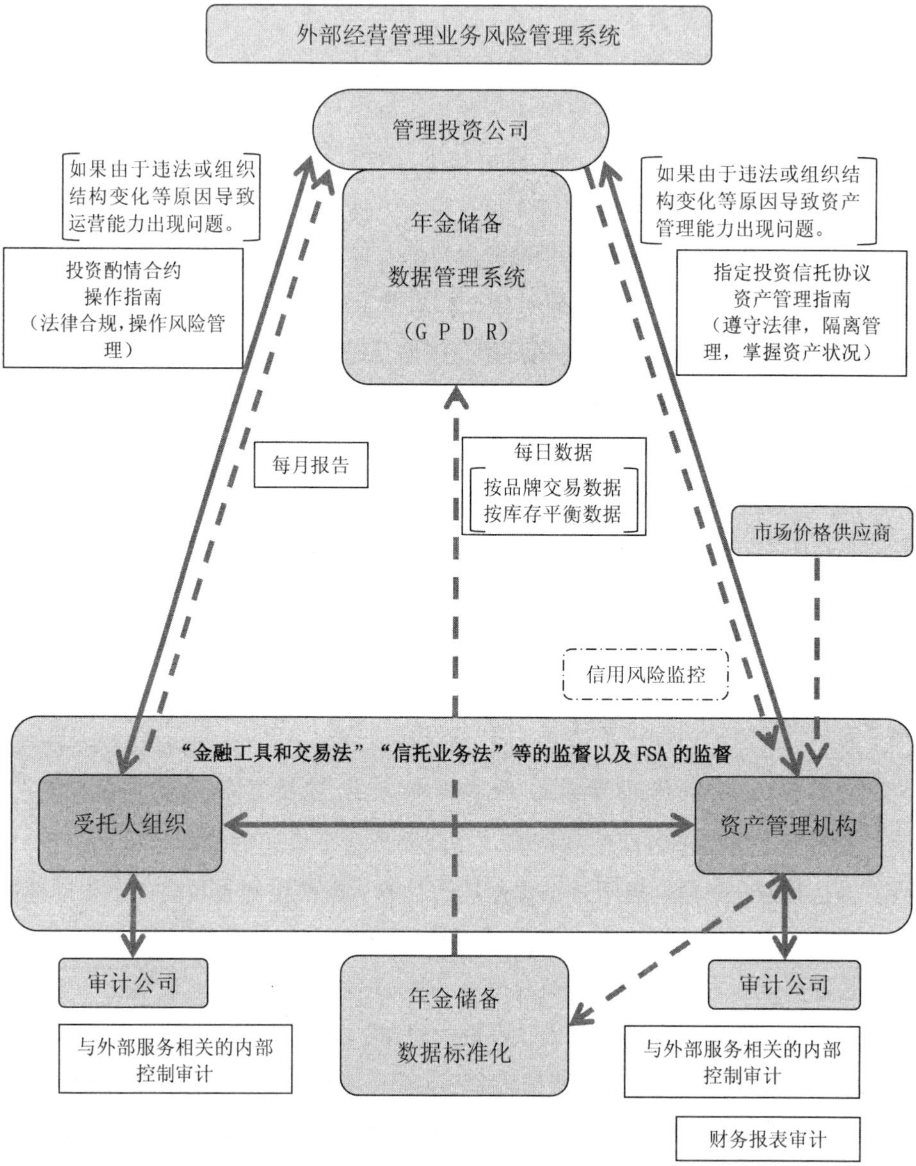

图 4-6　日本年金基金外部经营管理业务风险管理系统

理事的职务履行报告。同时，监察室也会作内部监察报告，并受理“遵约委员会”总结活动报告。当发生有损于 GPIF 利益事实时，理事长及理事有义务向监察委员会作报告说明事实；当职员发生违规事实时，理事长需在组织内部进行通报，并向监察委员作报告。当对理事作出制裁处分时，经营委员会设置“制裁委员会”，对失职理事作出处罚。当对其他职员作出处分时，需要设立“惩戒委员会”，讨论决定职员的惩罚力度；理事长还设置监察室，监察室根据监察细则进行内部监察，向理事长及“监察委员会”汇报工作。

（二）关于理事长及理事职务履行信息保存及管理体制

根据经营委员会制定的文书管理规程，理事长有义务对职务履行过程中的相关文书及信息文书进行合理的保存及管理；经营委员会制定信息安全规程，设立“信息安全委员会”，制定信息安全对策，推进 GPIF 信息更加透明。经营委员会任命信息安全建设相关责任人，最高信息安全责任人统筹开展相关工作。

（三）关于风险管理的规程及制度

经营委员会制定风险管理规程，对 GPIF 运营过程中伴随而来的风险进行实时管控；通过“内部控制委员会”，对投资管理风险进行识别、分析、评价及控制，并作出相应的风险应对对策。经营委员会也会设置“运营风险管理委员会”，适时进行投资运用风险管理。理事长是实施风险管理的最高责任人，统括“内部控制委员会”，并设立专门组织推进风险管理的相关业务。

（四）关于确保理事长及理事职务履行效率的制度

经营委员会制定委员会规程，对法人的基本方针、收支预算、事业规划等重要事项进行决议；理事长决定各理事的职务分工，明确各理事的职责范围。各理事有义务努力完成各自的业务目标，以实现 GPIF 整体经营目标；各理事有权设立下一级组织机构，任命人事来完成业务目标。理事长除了确认业务执行情况之外，需要在事业年度结束后，对业务目标的完成情况进行评价总结，并向经营委员会报告。

理事长为实现厚生劳动大臣制定的中期目标，依据“独立行政法人通则”的规定，制订中期计划案及各年度业务运营计划，经“经营委员会”决议通过后，向厚生劳动大臣提交并公示。计划变更时也需如此。另外，理事长在中期目标期间及年度结束后，制定中期目标及年度业务实际业绩报告，经“经营委员会”决议通过后，提交厚生劳动大臣并公示。经营委员会对法人业务执行的重要事项进行决议之前，需要设置“经营企划会议”，进行事前审议。为了实现各年度计划，理事长除了对各项计划制定预算之外，对各部室进行合理的人力资源配置。业务阶段性管理及自我评价情况，每个月都需要在“经营企划会议”上进行审议。经营委员会设置“合同审查会”，以确保合同手续的公正性，同时，设置“合同监视委员会”，依据规定进行监督管理。

理事长任命年金积累基金投资运用的最高责任者（CIO），经营委员会设置“投资委员会”，对有关管理运用业务执行的重要事项进行事前审议，并由 CIO 统括。设置“信息系统委员会”，适时推进管理运用业务的信息化及信息系统的完善。

（五）关于确保财务报告等信用性的体制

为确保法人财务报告等信用性，经营委员会为了加强“监察委员会”与“会计监察人”及“监察室”的紧密合作，设置“三方监察会议”（监察、会计、监察室），以确保提升监察的实效性和效率性。

三、投资运营理念

关于年金积累基金投资运用，日本政府制定了一系列的法律，例如，“厚生年金保险法”（简称“厚年法”）、“国民年金法”（简称“国年法”）、“年金积累基金管理运用独立行政法人法”（简称“管理运用法人法”）。这些法律明文规定：年金积累基金的投资运用是为了确保被保险者利益，需要从长远的观点出发，保证其安全且高效进行。另外，厚生劳动大臣所制定业务运营中期目标要求是：养老积累金的运用须根据年金保险法第 2 条之 4 第 1 项法律，以及国民年金法第 4 条之 3 第 1 项中所规定的，目前的财政状况以及对未来的预测，为年金的支付保持足够的流动性，以积累基金实质（积累基金运用收入扣除名义工资上升率）长期运营收入不低于 1.7%为目标，建立长期可持续发展的积累基金的管理及运营体制，制定资产结构不断合理化（明确基本的投资组合）的机制。

如图 4-7 所示，基本资产运营构成的比例是，国内债券 35%，国内股票 25%，外国债券 15%，外国股票 25%。但可以有一个浮动空间。国内债券可以在±10%，国内股票在±9%，外国债券±4%，外国股票±8%之间浮动。

资产及配置 / 类型	第四季度末（2018年年末）（养老金积累基金）	
	资产额（亿日元）	配置比例（%）
国内债券	426796	28.20
国内股票	359101	23.72
外国债券	263484	17.41
外国股票	367706	24.29
短期资产	96520	6.38
合计	1513607	100.00

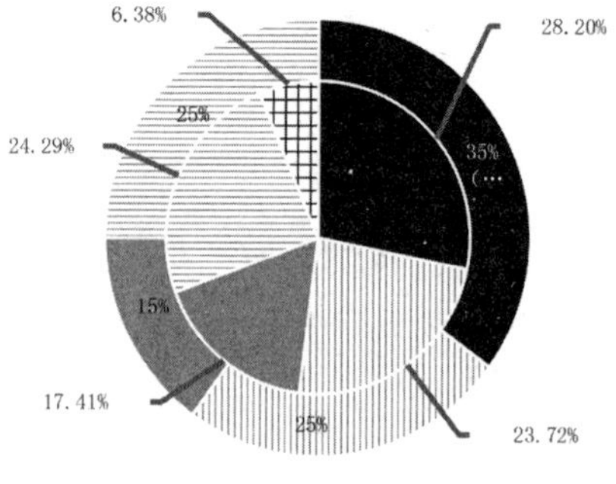

图 4-7　日本年金积累基金 2018 年度第三季度末资产及配置比例

第五节　日本公共年金积累基金的投资收益与策略

一、投资收益

表 4-1　日本年金基金收益率推移

年份	2001	2002	2003	2004	2005	2006	2007	2008	2009	2010
收益率(%)	-1.80	-5.36	8.40	3.39	9.88	3.70	-4.59	-7.57	7.91	-0.25
	2011	2012	2013	2014	2015	2016	2017	近 10 年间(2008—2017)	近 17 年间(2001—2017)	
收益率(%)	2.32	10.23	8.64	12.27	-3.81	5.86	6.90	4.07	3.12	

资料来源：GPIF 官方网站 https://www.gpif.go.jp.

如表 4-1 所示，自 GPIF 成立以来，收益率有正有负，综合来看，17 年间收益率为 3.12%。另外，根据 GPIF 对外公布数据显示，2018 年 12 月底运营资产额为 150 兆 6630 亿日元，这是时隔 3 个季度出现养老投资基金总额减少的情况。由于 2018 年底出现了世界性的股市下跌，10—12 月养老投资基金亏损 14 兆 8039 亿日元，创下历史最高亏损纪录。其中，1 兆 9100 亿日元被用于购买外国债券。2018 年 10—12 月的收益率为-9.06%。这是自 2001 年开始自主运作基金以来出现的最大季度亏损额。按资产类别来看，国内债券的收益率为 1.01%（4242 亿日元），而国内股票为-17.57%（7 兆 6556 亿日元），外国债券为-2.74%（7182 亿日元），外国股票为-15.71%（6 兆 8582 亿日元）。尽管如此，自 2001 年开始将基金投入市场运作以来，累计收益率为 2.73%，收益总额为 56 兆 6745 亿日元，高于养老金财政所需水平。累计收益中，利息、股息收入额为 33 兆 3195 亿日元。主要资产的运作比例为国内债券占 28.20%、国内股票占 23.72%、外国债券占 17.41%、外国股票占 24.29%。2018 年 10—12 月期间，国内债券卖出 6630 亿日元，外国股票卖出 316 亿日元。几种资产运作收益见表 4-2。

表 4-2 资产运作收益推移

年份类别	修正后的综合收益率(%)	时间加重收益率(%)	国内债券(%)	国内股票(%)	外国债券(%)	外国股票(%)
2001	-2.48	-2.65	0.87	-17.05	6.20	3.67
2002	-8.46	-8.63	4.19	-25.41	15.23	-32.23
2003	12.48	13.01	-1.82	50.30	0.20	23.76
2004	4.60	4.43	2.13	1.64	11.42	15.43
2005	14.37	14.37	-1.40	50.14	7.71	28.20
2006	4.75	4.56	2.18	0.47	10.19	17.50
2007	-6.41	-6.01	3.31	-27.97	-0.32	-17.10
2008	-10.03	-10.04	1.35	-35.55	-6.75	-43.21
2009	9.55	9.58	1.98	29.40	1.32	46.11
2010	-0.57	-0.53	1.95	-9.04	-7.06	2.18
2011	2.47	2.45	2.92	0.57	4.77	0.49
2012	11.33	11.47	3.68	23.40	18.30	28.91
2013	9.27	9.23	0.60	18.09	14.93	32.00
2014	12.88	12.93	2.76	30.48	12.70	22.27
2015	-3.98	-3.88	4.07	-10.80	-3.32	-9.63
2016	5.94	5.93	-0.85	14.89	-3.22	14.20
2017	6.94	6.99	0.80	15.66	3.71	10.15
近 10 年间(2008—2017 年)	4.14	4.17	1.92	5.57	3.18	7.26
近 17 年间(2001—2017 年)	3.40	3.43	1.67	3.40	4.93	5.60

资料来源：GPIF 官方网站 https://www.gpif.go.jp.

二、投资策略

（一）GPIF 主要采取被动投资战略，委托专业机构管理

基金投资策略通常分为主动投资和被动投资管理。其中，被动投资主要通过模仿市场指数获得与市场整体相近的回报；主动投资则通过建立投资组合和把握市场时机战胜市场。出于对基金投资的安全性和减少养老金影响市场交易的考虑，GPIF 在资本市场投资中主要采取被动投资战略。目前，GPIF 有 93.58%的资产配置在资本市场上，其中 80.48%的资产采取被动投资战略，只有 13.10%的资产采取主动投资管理方式。同时，GPIF 将大部分资产委托民间金融机构，如信托银行、资产管理公司等进行市场投资，只留有少部分资金自主运营和购买财投债券。将养老资产委托给专业金融机构管理很好地实现了预期收益。

另外，GPIF 还改变主动管理基金的收费模式，从过去依照管理规模收取变成按照业绩提取。如果基金投资没有取得超额回报，他们的管理费就将等同于相同规模的被动基金。在新的收费模式下，GPIF 将会努力促成与委托的外部基金公司达成双赢局面。目前，包括施罗德、景顺、富达、瑞银以及摩根大通等大型资产管理公司都在帮助 GPIF 管理资产。在 GPIF 高达 1.4 万亿美元的资产中，有 20%，约合 2800 亿美元是主动管理的资产。这种模式的调整，必然要求基金管理公司不能依靠资产管理规模获利，而是要和业绩挂钩，努力提升自己的投资运营收益。

（二）资产配置日趋多元化

自成立以来，GPIF 根据市场发展趋势和不同金融资产收益风险变化情况适时调整资产配置比例（各年度配置比例见图 4-8）。由于“风险规避的官僚管理体制”，GPIF 的投资理念偏保守，求稳定①。最初，GPIF 本国债券投资比重高达 68%，本国股票比重为 12%；海外资产投资比重仅为 15%。近年来，GPIF 法定资产配置逐步降低债券比重，增加股票和海外投资比重。2014 年 10 月 31 日，GPIF 把对国内和国外股市的资产配置增加一倍。将配置于外国股市的资产占比从 12%上调至 25%，同时将国内债券配置比例从 60%削减至 35%，并将对海外

---

① 李三秀．日本养老基金——GPIF 改革启示［J］．经济纵横，2017（20）：72.

债券的配置比例从 11%上调至 15%，最终实现债券投资 50%、股市投资 50%。目前在国内股市和海外市场回暖的情况下，GPIF 再次调整投资比重，减持本国债券比重至 60%，相应增持了国内权益类产品和海外投资比重。

主要四种资产和分散投资时的受益趋势（2003—2018年）

		2003年	2004年	2005年	2006年	2007年	2008年	2009年	2010年
最高	第1位	国内股票 25%	国内股票 11%	国内股票 45%	外国股票 24%	外国债券 5%	国内债券 3%	外国股票 38%	国内债券 2%
↑	第2位	外国股票 21%	外国股票 10%	外国股票 25%	外国债券 10%	外国股票 4%	外国债券 -15%	4资产分散 18%	国内股票 1%
	第3位	4资产分散 13%	4资产分散 8%	4资产分散 19%	4资产分散 9%	国内债券 3%	4资产分散 -29%	国内股票 8%	外国股票 -2%
↓	第4位	外国债券 6%	外国债券 7%	外国债券 10%	国内股票 3%	4资产分散 0%	国内股票 -41%	外国债券 7%	4资产分散 -3%
最低	第5位	国内债券 -1%	国内债券 1%	国内债券 1%	国内债券 0%	国内股票 -11%	外国股票 -53%	国内债券 1%	外国债券 -13%

		2011年	2012年	2013年	2014年	2015年	2016年	2017年	2018年
最高	第1位	国内债券 2%	外国股票 32%	外国股票 55%	外国股票 21%	国内股票 12%	外国股票 5%	国内股票 22%	国内债券 1%
↑	第2位	外国债券 0%	国内股票 21%	国内股票 54%	外国债券 16%	4资产分散 2%	国内债券 3%	外国股票 19%	外国债券 -4%
	第3位	4资产分散 -6%	外国债券 20%	4资产分散 32%	4资产分散 13%	国内债券 1%	4资产分散 2%	4资产分散 11%	4资产分散 -7%
↓	第4位	外国股票 -9%	4资产分散 19%	外国债券 23%	国内股票 10%	外国股票 -1%	国内股票 0%	外国债券 5%	外国股票 -10%
最低	第5位	国内股票 -17%	国内债券 2%	国内债券 2%	国内债券 4%	外国债券 -5%	外国债券 -3%	国内债券 0%	国内股票 -16%

图 4-8 日本年金基金主要四种资产和分散投资时的受益趋势（2003—2018 年）

GPIF 资产的 5%可用于投资海外基础设施项目，约有 130 万亿日元（1. 14 万亿美元）。2018 年 2 月 10 日，日本首相安倍晋三和美国总统特朗普就 GPIF 投资美国基建的框架达成协议。提案草案涉及的日本在美国基础设施投资包括联合机器人、人工智能研究以及对网络攻击的对策。投资的路径为 GPIF 将购买美国公司发行的、为基础设施项目融资的债券。

另外，2014—2016 年，日本投资于环境、社会和治理资产的资本增长速度是全球最快的，日本的可持续投资数额达到了 4740 亿美元，约占本国管理资产总额的 3.4%。日本在 2014 年发布机构投资者行为准则，一年后又推出了企业治理行为准则。在日本，道德性投资的巨大推动力来自 GPIF，GPIF 采纳了环境、社会和治理这三个指标，将资产投资于社会责任资产，根据环境、社会和治理等三个指标来作出的投资决策着眼长久，而非短期回报或政府政策支持。

第五章

日本长期护理保险经办服务管理

第一节 长期护理保险经办服务管理问题

长期护理保险是针对丧失日常生活自理能力的人提供护理服务并支付护理费用的保险，是社会保障制度的核心内容。美国、日本、德国、荷兰等发达国家已经建构了不同形式的长期护理保险制度，促进了本国养老服务业的持续健康发展。

随着我国人口结构老龄化、家庭规模小型化等社会问题日趋凸显，传统的"养儿防老"、家庭护理功能逐渐减弱，长期护理服务的社会需求日益增加。建立长期护理保险制度可以满足社会日益增长的养老服务需求，促进养老服务业的发展，进而推动经济结构调整与产业结构升级。2016 年 7 月，人力资源和社会保障部发布的《人力资源和社会保障部办公厅关于开展长期护理保险制度试点的指导意见》明确指出，从 2016 年起在上海、广州等全国 15 个城市启动首批长期护理保险制度试点工作①，力争通过 1～2 年试点，探索建立以社会互助共济方式筹集资金、为长期失能人员的基本生活照料和与基本生活密切相关的医疗护理提供资金或服务保障的社会保险制度。2017 年 7 月，民政部、国家发展改革委员会联合印发的《民政事业发展第十三个五年规划》进一步对"十三五"期间的养老发展规划进行了详尽的阐述，提出鼓励各地探索长期照护险和建立长期照护保障体系。

---

① 首批 15 个试点城市分别为：河北省承德市、吉林省长春市、黑龙江省齐齐哈尔市、上海市、江苏省南通市和苏州市、浙江省宁波市、安徽省安庆市、江西省上饶市、山东省青岛市、湖北省荆门市、广东省广州市、重庆市、四川省成都市、新疆生产建设兵团石河子市。

时至今日，长期护理保险试点城市在实践中基本建立起了长期护理保险制度的主要框架，取得了显著成绩，为制度的全国性普及提供了可以借鉴的宝贵经验。但与此同时，制度相关立法缺失、护理资源配置不均、资金筹集公平性不足、专业护理人才紧缺、保险经办服务管理水平较低等问题仍旧比较突出。例如，长期护理分级标准不明确，欠缺科学性。医疗服务与养老服务欠缺有效衔接，护理服务分散，不能有效满足失能、半失能老人的护理需求。其中，长期护理保险经办服务质量不高、效率较差等问题尤为突出。从目前护理保险试点情况来看，我国长期护理保险经办主要分为由社保经办以及社保主办、商保承办两种方式。商保参与经办的方式以及内容在各试点地区又有所不同和侧重。由于试点时间较短，各试点地区起步水平和探索阶段的差异，尚未提炼出可复制的长期护理保险经办模式。长期护理保险经办服务管理体制是一种综合工作机制，是政策执行的载体，是制度良性运转的保障。因此，未来如何完善保险经办服务管理体制是我国探索建立长期护理保险制度的重要一环。

在日本，长期护理保险被称之为“介护保险”，是社会保障制度的核心内容之一，亦是社会公共服务的重要组成部分。日本是世界上较早以社会保险形式实施长期护理保险的国家之一，其运行机制是其他人口老龄化严重的国家建立长期护理保险制度的典范，也是各国研究长期护理保险最典型的样本。其经办服务管理以业务精简、提升效率为目标，以追求“高质量·便利性·信赖性”为理念。因此，本书对日本长期护理保险经办服务管理体系及特点进行总结分析，以期对我国长期护理保险经办服务质量和效率的提升带来启示。

第二节 日本长期护理保险的运行机制

随着人口高龄化的日趋加速，高龄失能或半失能的老年人越来越多，而女性劳动参与率的上升、妇女生育率的下降和家庭规模的缩小，导致传统的主要由女性家庭成员承担护理老年人责任的护理方式渐渐无法满足老年护理需求。因此，为解决日益严峻的老年人护理问题，日本于1997年12月颁布了长期护理保险法，并于2000年4月开始实施。长期护理保险制度的建立成为日本社会保障体系的重要转折点，它将护理从医疗中分离出来，并以立法的形式进行确立，完善了日本的社会保障体系。

经过10多年运行，日本长期护理保险取得显著成就，其成就的取得在于在制度的改革发展过程中形成的具有可持续性的筹资机制、严格的给付条件和优质便捷的服务体系。

（一）保险筹资机制

日本长期护理保险的保险人是基层地方政府市、町、村，被保险人为40岁以上日本人，并按年龄分为第1类被保险人和第2类被保险人。第1类被保险人是65岁以上的老年人，第2类被保险人是40~64岁社会医疗保险参保人。日本长期护理保险的保险基金一半来自税收，一半来自保险金。税费由中央政府、都道府县和市町村三个层级的政府行政单位共同负担，其中机构护理服务的负担比例为中央政府20%、都道府县17.5%、市町村12.5%，除机构护理服务外，居家和社区护理服务的税费负担比例均为中央政府25%、都道府县12.5%、市町村12.5%。保险金负担比例为第1类被保险人22%，第2类被保险人28%。第1类被保险人的保险缴费金额直接从养老金中扣除，第2类被保险人的保险缴费金额与医疗保险一同上缴。

（二）保险给付内容

日本长期护理保险给付内容是提供服务，现有的服务种类大体上分为护理服务和护理预防服务两大类。护理服务包括居家护理服务、机构护理服务和社区护理服务，其中各服务项目又包含多种子服务。日本政府为鼓励老年人在自己家里接受护理，大力发展居家护理服务。居家护理的护理服务内容十分广泛，不仅包括上门护理、上门洗浴护理、上门看护、上门康复训练、居家疗养管理指导，还将老年护理中心提供的服务纳入居家护理服务体系中来，包括在护理中心的日间护理、康复训练，短期入住护理中心的生活护理、短期入住护理中心的疗养护理、对痴呆症患者护理等服务。

社区护理服务以社区为载体，利用社区内的护理设施为需要护理者提供护理服务，包括小规模多功能集体家庭式护理、夜间上门护理、痴呆症患者集体家庭式护理等服务。机构护理服务包括特别养护老人院（没有严重医疗或精神问题的老人疗养院）、老人护理保健机构（需要医护人员护理的护理机构）、护理型疗养院（痴呆症及其他慢性疾病老人疗养院）。护理预防服务目的是加强护理预防，包括居家护理预防服务和社区护理预防服务。其中，居家护理预防服务包括上门看护预防服务、日间护理预防服务，社区护理预防服务包括小规模多功能居家护理预防服务、痴呆症患者日间护理预防服务。此外，日本长期护理保险的给付范围还包括福利用具（坐便器、助步车、轮椅等）的租赁和购买、住宅的适老化装修（安装扶手、去除台阶）等。

（三）保险给付标准

日本长期护理保险的给付标准较为严格，只有当申请人被鉴定为需要支援1~2级和需要护理1~5级，才能获得相应的保险给付。被鉴定为需要支援1~2级时的保险给付是护理预防服务，被鉴定为需要护理1~5级时的保险给付是护理服务。第2类被保险人只有在患有晚期癌症、帕金森综合征、糖尿病综合征等16种疾病时才能获得护理或支援服务，但对第1类被保险人没有此限定，只要被鉴定为需要支援或需要护理便可获得保险给付。护理费用的具体报销办法为护理保险基金报销80%—90%，个人自付10%—20%，此外，护理费用超过保险最高支付限额时，个人还需负担超额部分。

第三节 日本长期护理保险改革内容及方向

2014年护理保险改革同样是为应对“团块世代”到达75岁的2025年，即“大护理时代”的到来而进行的改革，“构建社区综合护理体系”和“费用负担公平化”是此次改革的两条主线。以下是改革的主要内容。

（一）加强医疗和护理的结合

为帮助有医疗和护理需求的老年人能够在所住社区继续生活，在市町村带领下，加强居家疗养诊疗所、牙科诊疗所等医疗机构和对吃饭、洗浴、如厕等进行援助的护理机构之间的合作，共同为社区老年人提供医疗和护理为一体的服务。

（二）组建早期痴呆症社区援助队伍

组建早期痴呆症社区援助队伍的目的是对疑患有痴呆症患者及其家属进行上门访问，由治疗痴呆症的专业医生进行观察和评估，对患者及其家属进行初期的综合、集中援助，帮助患者独立生活；根据社区实际情况，为痴呆症患者及其家人提供有关提供痴呆症患者护理的医疗机构、护理机构及社区援助机构的相关信息。

（三）推进社区护理会议

社区护理会议由社区服务中心主持，参会人员有医师、护工以及护理机构、自治会、NPO 等的成员。会议宗旨是发现社区护理事业存在的问题，充分利用社区各种资源找到解决问题的对策，以便协助市町村制订护理事业计划。

（四）充实生活服务、护理预防服务以及鼓励老年人参加社会活动

为了帮助高龄老年人更好地居家生活，鼓励 NPO、民间团体参与老年人生活服务和护理预防服务，提供包括外出援助、购物、做饭、扫除等多种服务，通过举办兴趣活动来鼓励老年人积极参与社会活动。

（五）削减预防给付、充实综合服务

在 2015 年末之前，将护理预防给付中的上门护理和养护中心护理服务转移到社区综合服务事业，由市町村进行管理，市町村可以依据自身的财政状况来决定服务内容和使用费用。

（六）护理级别 3 级以上者才能入住特别养护老人院

2015 年 4 月后，只有护理级别 3 级以上者才能入住特别养护老人院。虽然出了新的规定，但之前入住者中需要护理 1 级和 2 级的人员可以继续入住。此外，护理级别为 1~2 级者在新规定下如有以下特殊情况也可入住特别养护老人院，如生活困难者、痴呆症患者、有精神疾病或受家人虐待者等。

（七）减轻第 1 类被保险人中低收入者的保险负担

对于第 1 类被保险人中的低收入者，按照收入高低设置了不同的缴费档次，具体为生活受保护者、不缴纳市町村税且年金收入在 80 万日元以下者，保险负担系数由 0.45 下调至 0.3；不缴纳市町村税且年金收入在 80 万~120 万日元者负担系数由 0.75 下调至 0.5；不缴纳市町村税且年金收入 120 万日元以上者负担系数由 0.75 下调至 0.7。

（八）第 1 类被保险人中高收入者个人自付比例上调至 20%

护理保险制度实施以来，保险的个人自付比例均为 10%，为确保费用负担的公平，从 2015 年 8 月开始，个人总收入在 160 万日元以上者，个人自付部分上调至 20%。

（九）机构护理给付改革

2005 年护理保险改革后，住宿费和膳食费由个人负担，但对低收入者有相应的费用减轻措施，但此次改革将对申请费用减轻者进行严格鉴定，即将个人

资产也考虑在内。

截至 2016 年底，日本 65 岁以上老年人口数量为 3467 万，占人口总数的 27.3%。伴随着护理需求的扩大，护理保险支出费用也在膨胀。护理保险给付费 2000 年为 3.2 兆日元，而 2016 年已达到 9.9 兆日元。基于以上背景，日本于 2017 年进行了改革，此次改革的重点仍然是强化社区护理体系和调整费用负担，目的是为帮助高龄老年人自理、防止其护理状态重度化、实现社区和谐社会以及护理保险制度的可持续发展。2017 年日本再次加大了改革力度，主要内容如下。

（一）发挥保险人作用，加强老年人自理援助和防止老年人护理重度化

作为保险人的市町村应当及时分析社区存在的问题，并实施相关对策帮助老年人日常生活能够自理、能够独立生活。不仅要将老年人自理援助、护理预防、护理给付费用等相关政策及其目标写入市町村护理保险事业计划中，还要将都道府县对这些相关政策的援助政策及目标写入计划中。待厚生劳动省发布保险给付额等信息后，市町村将依据公示信息及护理保险实施状况制订护理保险事业计划，并对计划实施状况及目标完成状况进行跟踪调查和绩效评估，最后将实施结果进行公示。国家将会依据市町村计划完成状况进行财政奖励，即发放预算范围内的补助金。

（二）创建护理医疗院

护理医疗院主要以重度护理者为对象，提供治疗、看护、护理、身体机能训练及日常生活照料的医疗、护理相结合的服务。护理医疗院不仅设有治疗室、医疗处理室、身体机能训练室，还设有都道府县规定的相关功能设施，而且拥有满足厚生劳动省及都道府县规定的医师、护理师等从业人数，护理医疗院的开设机构是地方公共团体、医疗机构及社会福利机构等非营利法人。另外将医院和诊疗所改为护理医疗院的情况下，可以继续使用医院或诊疗所的名称。现行的护理疗养病床的整改期限延长至 2023 年。

（三）创设老年人护理服务与残疾儿童福利服务相结合的共同服务

为老年人、残疾儿童提供福利服务的机构由都道府县和市町村指定，该类机构除了要具备提供各制度（护理保险制度和残疾人福利制度）所要求提供的老年人护理服务和残疾人福利服务外，还要求提供日间服务、家政服务等老年

人和残疾儿童的共同福利服务。没有被指定为残疾人提供福利服务但被指定为老年人提供护理服务的机构经过市町村的调查和同意后，可以提供残疾人福利服务。即服务机构不仅为老年人提供护理服务，还为残疾儿童提供福利服务。

（四）第1类被保险人中的高收入者个人自付比例提升至30%

为了确保保险先加入者和后加入者之间、同期保险人之间的公平，以及确保制度的可持续性，对当期第1类被保险人中高收入者个人自付部分由20%提升至30%。具体为养老金等总收入为340万日元者，个人自付部分由20%提升至30%，总收入为280万日元者，个人自付部分为20%，总收入不到280万日元者，个人自付部分为10%，此项措施从2018年8月份开始实施。

（五）第2类被保险人缴费由按参保人数比例征收改为按总工资比例征收

现行的第2类被保险人缴费是按第2类被保险人人数比例进行缴纳的，即保险人所缴纳的护理保险金额是相同的，这就导致工资收入低者负担过重，而工资收入高者负担较轻的不公平现象，为此而进行按总工资比例征收的改革。在计算出总的保险缴纳金额的基础上，各保险人按照标准工资额比例征收保险金。

日本护理保险制度自实施以来，为确保制度的可持续发展，进行了5次重大改革。通过分析，可发现2005年的改革重点是新增护理预防和社区护理服务；2008年的改革要点是加强对护理服务提供机构的监督和管理；2011年的改革重点是发展社区护理服务即新增24小时定期巡回随时对应型服务和复合型服务；2014年的改革要点为继续构建社区综合护理体系和调整护理费用负担；2017年的改革要点为强化社区综合护理体系即创建护理医疗院、鼓励护理机构同时提供老人护理服务和残疾儿童福利服务、调整被保险人的保险费用负担和自付比例。虽然历次改革的内容都不尽相同，但改革的主要动因和措施是相同的。改革的主要动因是为应对人口快速老龄化所带来的护理需求压力以及不断上升的护理支出成本；改革的主要措施是通过调整保险缴费比例和个人自付比例来增加保险收入，通过增加预防性保健服务、发展成本较低的社区护理服务和抑制成本较高的机构护理服务来抑制保险给付，以达到控制成本，确保保险收支平衡，以便实现制度的可持续发展。长期护理保险制度的可持续发展根本就在于护理保险的收入能否持续地满足保险支出的需要。梳理5次改革措施可得出以下特点。

（一）增加保险收入

1. 上调保险缴费率

市町村自 2000 年制度实施以来，将 3 年作为 1 期制订护理保险事业计划，并且每隔 3 年进行修改，其中的保险缴费率按照保险计划支出额进行修改，以便确保费用负担的公平及保险收支均衡。由于第 1 类被保险人是最主要的保险给付对象，其缴费率是重点调整对象。第 1 类被保险人的保险缴费率由 2000 年的 17% 上调至 2017 年的 22%，实际缴费额（全国平均水平）由第 1 期（2000—2003 年）的每月 2911 日元增至第 6 期（2015—2017 年）的 5514 日元。相反，第 2 类被保险人的保险缴费率由 33% 下调至 28%，虽然缴费率有所下调，但 2017 年护理保险改革将第 2 类被保险人缴费由按参保人数比例征收改为按总工资比例征收改革，这意味着大企业职工、公务员及私立学校教职工等工资收入较高的参保人保险缴费额将被提升，而收入较低的小企业员工、自由职业者等的缴费负担将得到减轻。

2. 增加个人自付比例

日本护理保险中的个人自付比例自 2000 年制度实施以来一律为 10%，2014 年改革后部分高收入者的保险利用负担由 10% 上升至 20%，即从 2015 年 8 月开始，个人养老金等年收入在 160 万日元以上者，个人自付比例上调至 20%。而 2017 年改革后，第 1 类被保险人中高收入者的个人自付比例由 20% 提升至 30%，具体为：养老金等总收入为 340 万日元者，个人自付部分由 20% 上升至 30%；总收入为 280 万日元者，个人自付部分为 20%；总收入不到 280 万日元者，个人自付部分为 10%。该措施从 2018 年 8 月份开始实施。

（二）控制保险支出

1. 优先发展居家服务，抑制机构服务

与居家护理服务相比，机构护理服务的成本更高。2000 年日本居家护理服务的给付费用为 996 亿日元，占总给付费用的 33.9%；机构护理服务的给付费用为 1940 亿日元，占总给付费用的比例高达 66.1%。为此，制度实施以来日本政府就积极发展居家护理服务，抑制机构护理服务的发展。2000 年居家护理服务的利用人数为 124 万，占利用者总人数的 67.2%；2015 年居家护理服务利用人数已达到 389 万，占利用者总人数的 74.7%。相反，机构护理服务的利用人数 2000 年为 60 万，占利用者总人数的 32.8%；到 2015 年时机构护理服务的利用人数为 91 万，仅占利用者总人数的 17.5%。2005 年护理保险改革将机构护理中的膳食费和住宿费排除在保险给付范围外，由服务使用者个人负担。另外，护理保险创建之初，机构护理服务中的“护理疗养型医疗机构”中设有部分疗养病床，因疗养型机构中老年人重在护理而不在医疗，于是将护理疗养型医疗机构中的这部分病床转移至老人保健机构，并在2011年护理保险改革中撤销护理疗养型医疗机构中的病床。改革后，疗养型病床数由2006年的12.2万张减至2014年的6.3万张。同时，2014年护理保险改革后规定，只有被鉴定为护理级别3级以上者才能入住特别养护老人院。

2. 构建护理预防服务

2005年日本护理保险改革新增了护理预防服务，护理预防是指防止进入需要护理状态以及预防护理的重度化。护理预防不是停留于改善老年人身体机能和营养状况，而是要通过改善身心机能来提高老年人的生活自理能力和社会参与能力，提高老年人的生命质量并帮助其实现人生价值，从而真正实现健康老龄化。2011年护理保险改革将社区服务事业中的护理预防事业的服务对象分为以65岁以上老年人为主的“一次预防事业”和可能成为需要支援或需要护理的虚弱老年人为主的“二次预防事业”。而2014年护理保险改革则将护理预防事业命名为新的护理预防、日常生活服务综合事业，并将护理预防给付中的上门服务护理预防、到养护中心的护理预防纳入其综合服务事业中来，即减少了护理预防给付范围。加强护理预防胜于治疗，护理预防能够从源头上最大限度地降低患病率和失能发生率，从而提高老人的健康水平和生活质量，最终减轻人口老龄化给社会护理带来的负担。

3. 大力发展社区护理服务

2000年日本长期护理保险制度的实施将老年人护理由家庭护理向社会护理转变，而2005年护理保险法改革后新增的社区护理服务则推动社会护理向社区护理转变。社区综合护理体系的建立，强调了社区在老年护理中的重要作用，以社区为依托，来解决社区老年人的护理问题。2011年护理保险改革新增了24小时定期巡回随时对应型服务和小规模多功能型居家护理和上门看护相结合的复合型服务，丰富和发展了社区护理服务体系。2014年护理保险改革仍然是继续构建社区综合护理体系。社区综合护理服务不仅仅是要满足老年人的护理需求，而且以社区为依托，通过加强护理与医疗的结合，充分利用志愿者等资源向社区老年人提供护理预防服务、医疗、看护、维权、公寓租赁、日常生活服务等一系列24小时365天不间断服务。2017年护理保险改革提出了共同推进和谐社区建设的理念，创设了老年人护理服务与残疾儿童福利服务相结合的共融服务，并创建了以重度护理者为对象，提供融治疗、看护、护理、身体机能训练以及日常生活照料为一体的医疗和护理相结合的护理医疗院。历次改革充分体现了日本将社会福利体系以社区为依托，把医疗、老年人福利乃至残疾儿童福利有效结合起来，将其转化为廉价且高效的综合服务体系，社区综合护理体系的构建是日本在高龄少子化背景下，维持长期护理保险制度可持续发展的一次重要尝试。

第四节 日本长期护理保险经办服务管理体系

一、经办服务管理机构——国民健康保险团体联合会

日本在 1997 年 12 月颁布了长期护理保险法（介护保险法），并于 2000 年 4 月开始实施。长期护理保险制度的建立使得日本社会保障体系越加完善，它以立法的形式将护理从医疗体系中分离出来，是日本社会保障体系发展进程中的重要转折点。20 多年间历经多次深度改革，日本长期护理保险的运行取得显著成就，形成了具有可持续性的筹资机制、严格的给付条件和优质便捷的服务体系。

在日本，各类社会保险由不同的经办机构分别管理。为规范护理服务行为，控制护理费用不合理增长，长期护理保险制度经办服务委托专业、独立的第三方机构国民健康保险团体联合会对护理报酬进行审核与支付。国民健康保险团体联合会是日本政府根据国民健康保险法第 83 条设立的经办各种保险相关业务的公共法人，又称“国保联合会”“国保联”。国民健康保险团体联合会不受理个人加入，只有作为保险人的市町村、国民健康保险组合等才能成为其会员。该联合会在全国各都道府县各设立一个地方团体，总计 47 个。管辖区域内三分之二的保险人加入该联合会后，其余没有加入的保险人自动成为会员。国民健康保险团体联合会受保险人（市町村）委托经办护理报酬的审核与支付，另外，还有护理保险利用者的投诉处理、护理预防与日常生活支援综合业务费用的支付等其他业务。

国民健康保险联合会设立护理报酬支付费审查委员会，对必要的护理报酬

支付进行审核。受理护理服务事业者及护理设施利用者的投诉，对护理服务事业者及设施进行调查、指导并提供整改建议（见图5-1）。

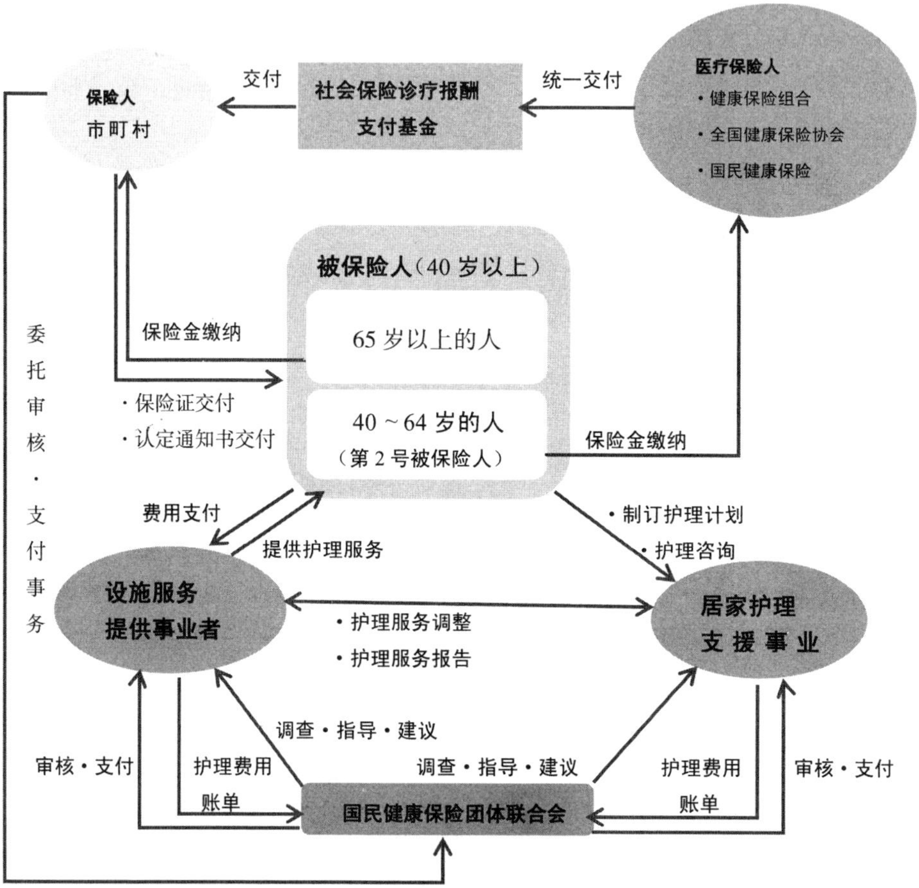

图5-1 日本长期护理保险经办服务管理体系图

二、日本护理保险经办服务管理体系中各级政府的职责范围

（一）中央政府的职责范围

在日本长期护理保险制度中，中央政府、都道府县、市町村等职责范围不同，各自发挥不同的作用。中央政府主要负责进行护理保险制度的框架设计，确定制度整体发展的方向性。具体职责范围及业务内容如下：

1. 护理保险制度运营基本准则的制定。护理保险制度的运营基本准则制定包含日常运营必要的基本准则、保险制度利用人资格及服务提供事业者的规定和基准的制定。厚生劳动省设置社会保障审议会（审议会），由专家任命的委员构成。厚生劳动省大臣在制定护理服务设施从业人员配置、设备和护理报酬的基准时，必须事先征询社会保障审议会的意见。

2. 保险支付、都道府县的财政稳定基金等财政管理。具体指的是对保险人资金来源的一定比例负担、调整交付金的缴纳、财政稳定化基金的支出等财政方面职责。

3. 护理服务基础设施配备相关事务。指的是整顿特别养护老人之家·老人保健设施·老年集体之家·小规模多功能事业所等护理网点、扩充市町村运营的地区密集型服务所需的补助金的资金来源等业务。

另外，中央政府为确保护理保险事业的可持续健康运营，对市町村和都道府县进行指导、监督、提供建议。

（二）都道府县的职责范围

长期护理保险制度中，都道府县主要职责是对作为保险人的市町村进行支援。例如：

1. 护理等级认定相关支援业务。护理等级认定时，需要开放受理认证申请的窗口，在调查员上门调查时进行必要的信息合作。

2. 负担保险人资金来源的一定比例、运营财政稳定化基金等财政支援。通过对保险人资金来源的一定比例的负担、运营财政稳定化基金等财政支援给予护理保险利用者经济上的援助。

3. 与从业人员、设施相关的业务。如，指定护理服务从业人员，制定护理服务从业人员所要遵循的基本准则。

4. 护理服务信息公开相关业务。利用护理服务老年人在选择护理服务人员或设施时需要参考的相关信息要在都道府县管辖区域内公开。

5. 护理服务专业人员相关业务。包括护理服务专业人员的注册、资格考试、证书发放、资格认证及更新。另外还包括筹备支援计划、向市町村提出建议，制定护理服务设施运营基本准则。

（三）市町村的职责范围

在护理保险制度中，市町村作为保险人实际运营护理保险并开展各项业务。例如：

1. 被保险人资格管理相关业务。护理保险的被保险人在申请利用护理保险时，市町村会对其是否符合利用条件进行判断。被保险人资格管理相关的业务具体包括判断居住在市町村的人是否满足条件加入护理保险、现住所管理、护理保险缴费、被保险人类型管理等。

2. 护理等级认定相关业务

针对护理保险服务利用者进行要护理、要支援的等级认定业务。市町村在被保险人申请利用护理保险时，设立护理等级认定审查会，对其是否需要护理、需要哪种程度的护理进行调查，并根据认定调查来判定被保险人利用服务内容及保险支付的金额。

三、日本长期护理保险经办服务管理流程

（一）保险申请

申请利用护理保险时，被保险人需要向本人居住地所在的经办窗口提出认定申请。一般申请地点为市町村的“介护・高龄福祉课”和“地区市民中心”等。申请时所需材料为申请表、护理保险被保险人证明、健康保险保险证（申请人为第 2 号被保险人）①。

申请提交之后就会进入认定调查程序。认定调查过程中，访问调查员会进入被保险人住宅或利用设施，用护理等级认定核验表来记录利用者的身心状态、生活情况及医疗服务需求状况等信息内容（见表 5-1）。为了作出准确的认定，调查时要记录申请人平时的状况，为避免信息遗漏，在认定调查时家属也需要在场。

在申请使用护理保险时，护理认定调查中的主治医师意见书至关重要。市町村向护理保险利用申请中记载的主治医师发放意见书专用纸，该意见书对护理保险利用申请者来说是免费的。如果没有主治医师的情况下，市町村会在征求意见后介绍指定医师。将来更新信息时也需要接受主治医生的诊断，因此平时身体健康不需要看医生的申请人也需要接受一年一次的健康检查，以确认其身体状况。

① 2016 年 1 月起，申请表中需要填入个人编号，在填写申请表时需要随身携带个人编号通知表。另外，因住院等原因本人无法自行申请的情况下，可由家属代为申请。无代理人申请时可由地域综合援助中心、居家护理支援从业人员、护理保险指定设施等代为申请。

市町村的护理等级认定审查会通过计算机判定、调查员的意见书及主治医师的意见书对调查结果进行审核和判定，基于不同等级确定护理保险服务利用额度。市区町村将访问调查的结果和主治医师的意见书的部分项目输入电脑中，进行第一次判定（计算机判定）。根据第一次判定、主治医师的意见书及认证调查中的特别记录事项，由保险、医疗和福祉的专家来进行第二次判定（护理等级认定审查会）。根据护理等级认定审查会的审查结果，将会通知申请人需要护理的程度（见图 5-2）。

一般情况下，从申请护理认定到收到结果通知需要 30 天左右。申请人将被认定为要护理等级 1~5 级、要支援等级 1~2 级或不符合条件的其中之一。被认定为需要护理等级 1~5 级时，表示可以利用护理保险服务；被认定为需要支援 1~2 级时，表明可以利用护理预防服务；被认定为不符合条件时，可以利用地区的支援事业服务。

如申请人对认定结果不认同，可向护理等级认定审查会申述异议。认定结果具备有效期，新发放的认定结果具有 6 个月的有效期，更新认定的结果具有 12 个月的有效期。过了有效期后如果还想继续利用护理服务，需要在有效期到期前至少 60 天以上提出申请。要护理程度即使没有大的变化也需要办理更新手续。更新时也和最初的护理等级认定一样，需要对申请人进行访问调查并判定护理等级。此外，身体情况发生较大变化的情况下，需要申请变更认定。

表 5-1　护理等级认定调查主要项目（全国通用）

概况调查	现在使用的服务（住宅/设施）状况 居住环境、家庭、过往病史等状况
基本调查	1. 身体能力・起居能力 2. 生活能力 3. 认知能力 4. 精神・行动障碍 5. 社会性能力 6. 过去 14 天内接受的特别治疗
特别记录事项	基本调查项目中需要详细了解的项目，了解护理程度和频率
访问认定调查内容	
主要的基本调查项目	

续表

身体能力·起居能力	·有无麻痹情况 ·有无关节活动的限制 ·能否翻身、能否坐起 ·能否坐下、能否站立 ·视力、听力等
生活能力	·出行的交通选择 ·饮食情况 ·排尿、排便情况 ·磨牙、洗发、洗脸 ·穿脱衣服 ·外出频率
认知能力	·意思表达 ·能否说出自己的出生年月和年龄 ·自己的名字 ·短期记忆 ·能否描述外出所在地
精神·行动障碍	·哭笑等情绪不稳定 ·昼夜颠倒 ·收集东西能力 ·是否需要时刻监视
社会性能力	·吃药 ·管理钱财 ·是否适应集体生活 ·购物 ·简单烹饪
过去 14 天内接受的特别治疗	·打点滴 ·透析 ·管饲饮食

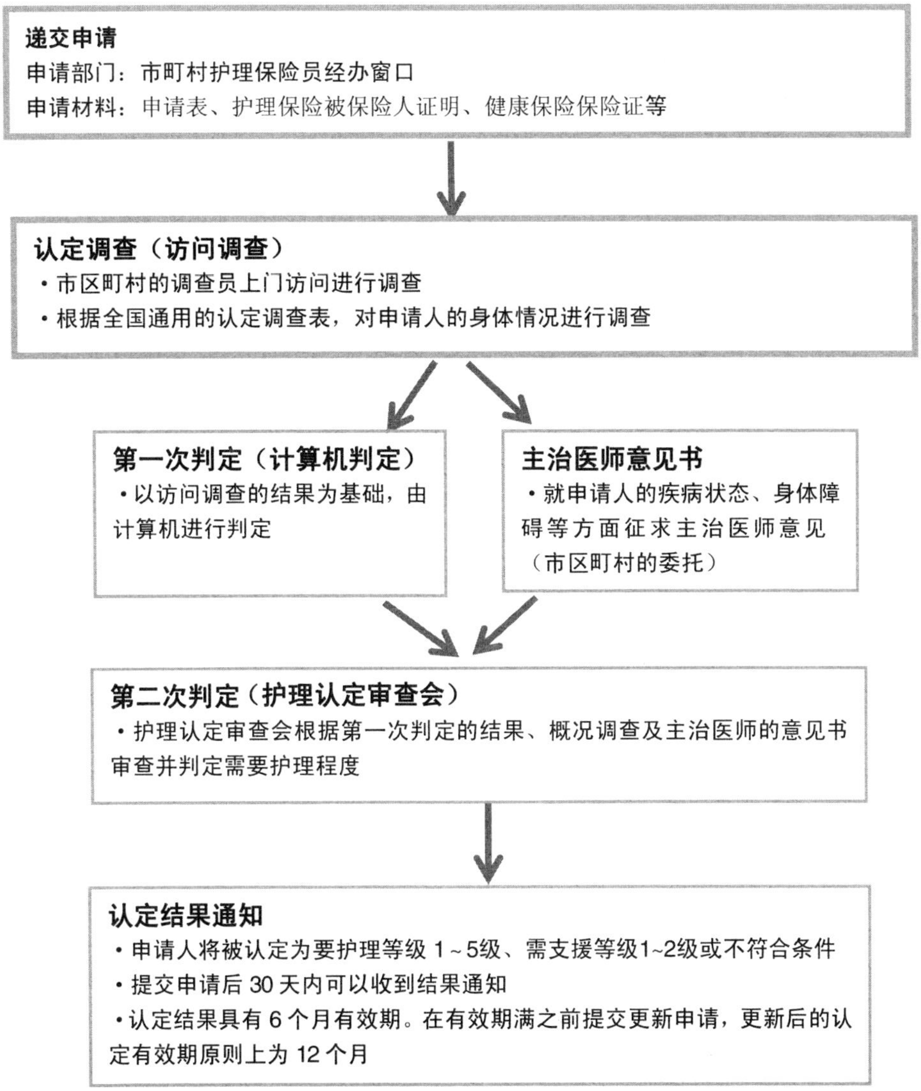

图 5-2 护理等级认定流程

（二）护理经理的职责范围与保险支付

制订护理方案是护理需求评估之后的一个重要环节。护理方案主要由护理经理（care manager）和申请者及其家属共同协商制定。日本法律赋予了被保险人自主选择服务项目的权利，但受专业知识的限制，申请人往往难以确定最优的护理服务方案。所以，市町村规定护理保险机构必须委派一名专业的、具备一定资质的护理经理协助和指导申请人制订和选取适合的护理服务方案，并协助护理方案的实施、检测与评估。护理经理大多是护理机构的成员，被保险人及其家属有权自由选择护理经理，当他们对护理经理不满意时，可申请更换。为保障护理服务效率，市町村要求护理机构必须保证每 50 个病人至少要配备 1 名护理经理。

要成为护理经理，必须通过护理专业人员实务技能培训考试。考试合格后，即获得实务技能培训的资格。考试合格者在“护理支援专业人员技能培训”结束后即可获得护理经理从业资格。护理经理的主要职责范围如下（业务）：

○护理认定业务

· 代申请

· 认定调查（受市町村的委托，前往申请人的住处进行认证调查）

○护理支援服务

· 课题分析（评估）

· 护理服务计划（护理计划）的制订

· 服务中介和实施管理

· 服务提供状况的持续监督及评估

○支付管理业务

· 支付限额的确定和利用者负担额的计算

· 服务利用凭证和服务提供凭证的编制

· 支付管理凭证的制定和提交

其中，保险支付管理业务指的是具体地对护理保险的被保险人进行实际支付业务，包括护理报酬（现物支付）审核与支付（委托国民健康保险团体联合会）、市町村特别支付的实施、保险金偿还支付等。保险金偿还是指利用服务的被保险人全额支付护理服务费，之后可以通过申请要求市町村偿还被保险人应负担的 9 成保险金的制度。

护理经理以月为单位制作用于护理保险服务的“服务利用凭证”、支付限额和使用者负担费用的“服务利用凭证附表”，并提交给利用者。“服务利用凭证”的内容在征得利用者的确认和同意后，需要在“同意署名栏”上签名并按手印，一份提交给利用者，一份作为备份保管。

为了管理“服务利用凭证”和支付限额，需要把“服务利用凭证”上与各服务从业人员相关的部分转记到“服务提供凭证附表”，并提交给从业人员。从业人员根据“服务提供凭证”提供服务，把提供服务的实际情况记录在服务提供凭证的“实际情况”一栏中。当月服务提供完毕后，因为记录了实际情况的

“服务提供凭证”和“服务提供凭证附表”要提交给护理经理，所以要把记录的实际情况作为备份转记到保管的“服务利用凭证（副本）”中，并确认“服务利用凭证（副本）”的预计情况与“服务提供凭证”中的实际情况有无出入。假如因为利用者的原因没有按照计划接受服务时，要与利用者确认服务从业人员一方记录的实际情况无误，填写在“服务利用凭证（副本）”中的“实际情况”一栏。“服务利用凭证（副本）”完成后，转记其中的内容制成“支付管理凭证”，“支付管理凭证”需要在每个月10日之前提交到国保联（见图5-3）。

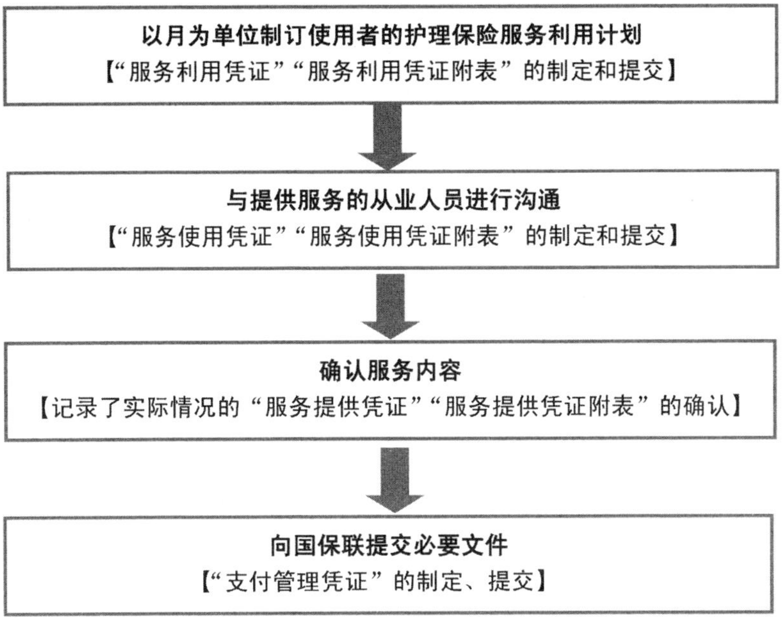

图5-3　支付管理业务流程

第五节　日本长期护理保险经办服务管理的特点

一、职责明确、经办服务管理具有高度的独立性

长期护理保险经办服务管理体系构建的首要问题是厘清经办机构、承办机构及护理机构三者之间的关系，特别是确保经办机构与承办机构两者之间的有

效工作衔接机制。明确职责分工与功能定位，强化责任意识。

日本长期护理保险制度可持续发展的关键是实现了政府指导与市场运营有效结合。中央政府主导制订推行统一的保险计划、护理评估及认定标准、护理服务价格等。合理的评估体系与分级标准是失能及半失能人员获得相应服务的依据，同时也是护理服务资源得到有效配置的重要一环。评估体系包括对老年群体的一系列评定流程、指标体系及专业评估人员，有效的评估体系能够准确地反映出老年人状况。另外，其他各级政府职责范围明确、分工合理清晰、紧密合作，为确保护理保险制度的实施保驾护航。市町村在制度政策落地实施、监督指导等方面发挥着积极的作用。国民健康保险团体联合会作为独立的第三方经办机构在日本长期护理保险经办服务管理体系中发挥关键作用，承担护理报酬审核与支付工作，体现了日本护理保险制度具有的高度独立性和效率性的特点。

二、程序严谨，经办服务管理具有系统规范性

如上文所述，日本在护理保险申请及等级认定方面，程序十分严谨，具有高度的系统规范性。利用服务产生的相关护理服务费用中，除了利用者负担部分之外，保险部分需要向国民健康保险团体联合会提出申请。在申请时，需要结合利用者的服务计划，并与从业人员协调，以确认实际提供的服务，计算所需费用并制作相关文件（凭证）。这是护理经理的重要业务内容之一。不同服务利用者的保险支付经办手续有所不同，具体流程参见图 5-4、图 5-5、图 5-6。

目前，我国试点的长期护理保险制度中，也在申请程序与等级认定方面试行被保险人申请服务的程序、失能等级认定等，这是长期护理保险制度中最关键的技术环节，处于基础地位。我国应参照日本的实践经验，尽快编制适合我国老年人的护理等级认定的官方统一调查表（凭证），尽快细化各种护理服务申请程序。

三、推进信息化，经办服务管理具有高度效率性

日本长期护理保险制度落地实施过程中十分重视信息化管理，以提高服务质量及经办管理服务的效率。政府通过向市场购买、定制护理保险制度服务经办管理系统，支持各级政府管理业务的有效运营。服务管理系统支持设施护理、

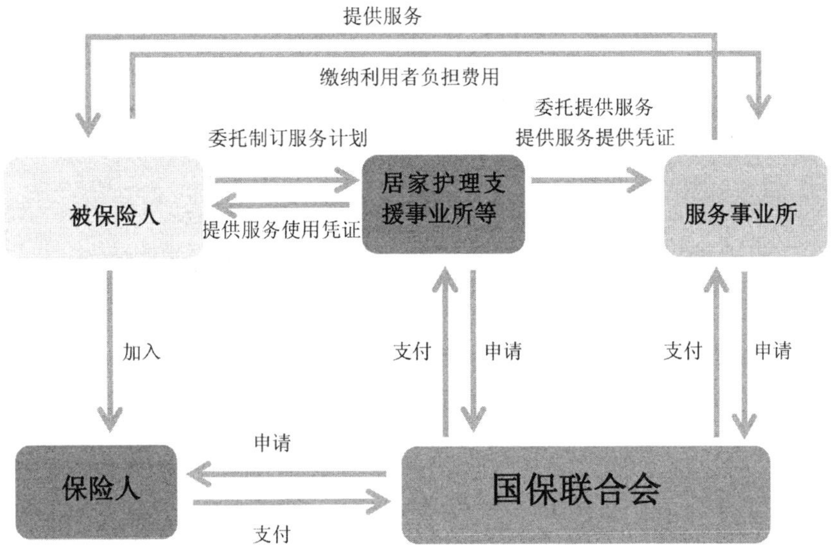

图 5-4 居家服务的保险支付

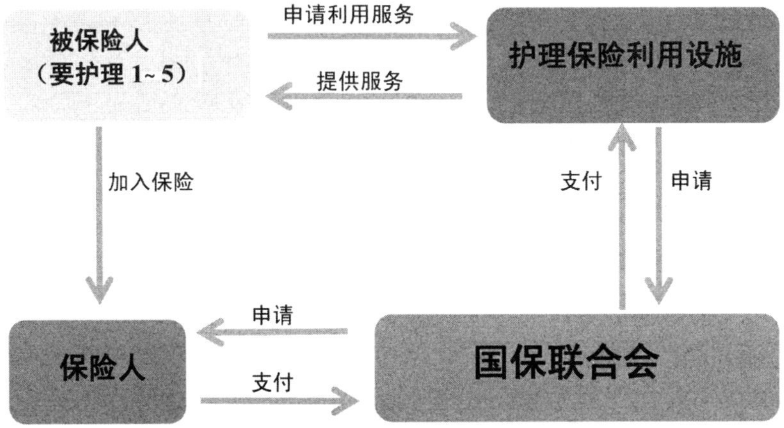

图 5-5 设施护理服务的保险支付

护理预防、日常生活支援综合业务，地域密集型设施护理、居家护理支援服务等业务的管理。通过台账管理系统（数据库）的建立，基本实现了都道府县—市町村（保险人）之间的事业所信息共享，同时确保了市町村（保险人）⇔县⇒国民健康保险团体联合会之间的数据交换、业务管理的良性运营（见图 5-7）。

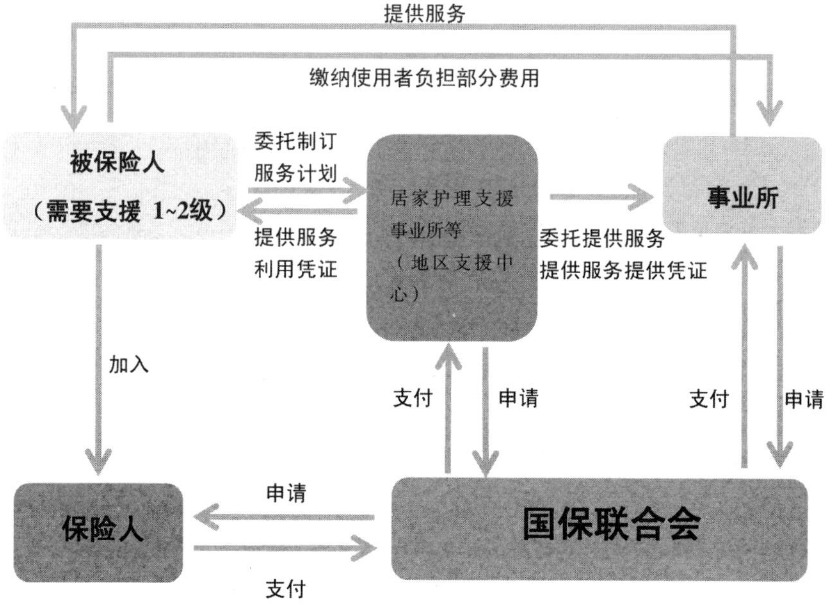

图 5-6　护理预防服务的保险支付

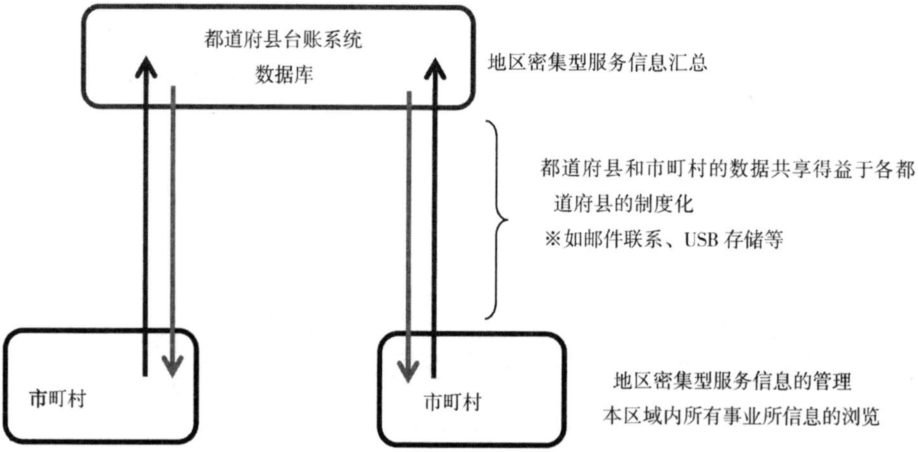

图 5-7　长期护理保险经办服务台账系统

第六章

日本养老服务业发展的现状

截至2016年底，我国60周岁以上老年人口已达2.31亿，约占总人口的16.7%，65周岁以上老年人1.5亿，约占总人口的10.8%。全国65岁以上的老龄人口，预计在2030年，将达到2.8亿人，占比为20.2%。2055年，中国老龄人口数量将达到峰值，届时全国的4亿老年人，将占总人口的27.2%。

伴随着如此严峻的势态，养老服务的供给和需求越发成为社会核心课题。养老问题日益成为影响国计民生的重大战略问题，养老服务需求急剧增长。养老服务业已经成为涉及面广、产业链长、潜力巨大的新兴朝阳产业。加快发展养老服务业，不断满足老年人持续增长的养老服务需求，是全面建成小康社会的一项紧迫任务，也是稳增长、调结构、促改革、惠民生，促进经济社会协调发展的现实需要。“十三五”期间，养老服务业基本建立了以《中华人民共和国老年人权益保障法》为总依据，以法规、规范性文件、配套政策和规划标准为支撑的制度体系；初步形成了以居家为基础、社区为依托、机构为补充、医养相结合的养老服务体系。但与老年人日益紧迫和多样化的养老需求相比仍有较大差距，广大老年人对当前养老服务的满意度和获得感还不高，还存在供给结构不合理、市场潜力未充分释放、各方资源投入产出效率不高、服务质量有待提升等问题。

日本在养老事业上与我国相似处颇多，发展初期片面追求养老床位数量，导致各种大型养老机构被废弃，浪费了重要的社会资源，也走了一些弯路。之后，日本为解决养老服务供需失衡等问题，通过制度创新提升老年人服务购买能力，改善老年人生活质量，对社会养老服务体系的良性运行起到重要作用。因此，对于日本养老服务业的发展趋势、问题及经验进行总结分析，对实现我国养老服务业的可持续发展有着深远的意义。

第一节 日本养老市场的现状和环境变化

一、日本对老龄市场的定义

日本养老服务市场是指以由 65 岁以上老龄人的家庭消费支出和社会保障给付（即公共支出）构成的需求市场的总称。在日本构成养老服务市场的产业可大致分为医疗医药、介护和生活产业三大领域（见图 6-1）。

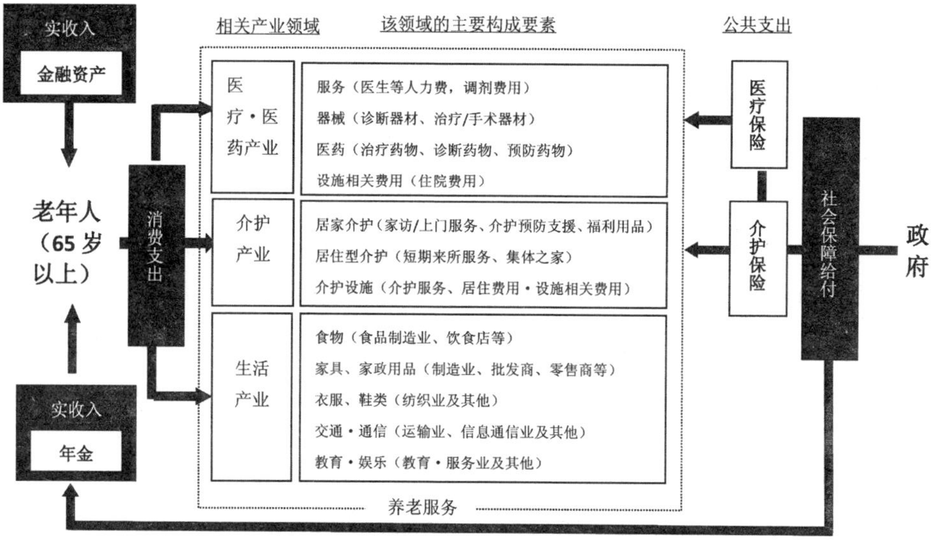

图 6-1 养老服务市场的对象范围

二、伴随着老龄化进程的加剧，公共支出也不可避免地增加

日本的老龄化问题在世界范围内实属罕见，亟待解决。日本的老龄人口会在 2025 年达到高峰值，超过总人口的 30%。从 2025 年开始所谓的“团块世代”也将进入后期老龄者时代，其老龄化将会以每 5 年大约增长 200 万～300 万人的惊人速度进行着。老龄人口的增加会直接影响到社会保障给付费的增加。在如上所述的人口动态背景下，预计 2030 年进入要介护状态的老龄者约占总老龄者人数的 20%。实际上，社会保障给付费一直保持着增长的趋势，且占比超过一

般会计的30%。即使财源结构和制度改革中都涉及关于抑制给付的讨论，但是公共支出的增加仍然是不可避免的（见图6-2）。

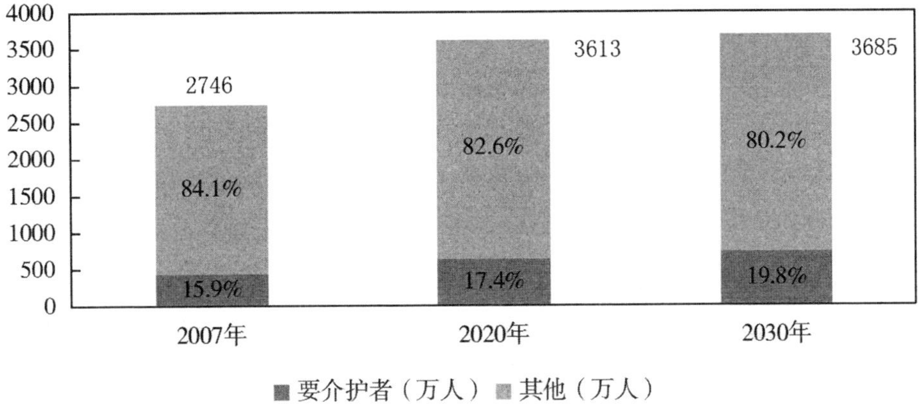

图6-2 要介护高龄者人数推算

资料来源：根据日本国立社会保障·人口问题研究所资料制作。

三、老龄者是拉动国内消费的主力

现在将视点转向消费支出，根据人口动态的变化，老龄者的增加也就意味着消费支出中老龄者的比率在增加。社会保障给付中除了包含作为主要收入的年金，还包括老龄者们的储蓄金融资产，因此老龄者被视为国内消费的主力（见图6-3）。

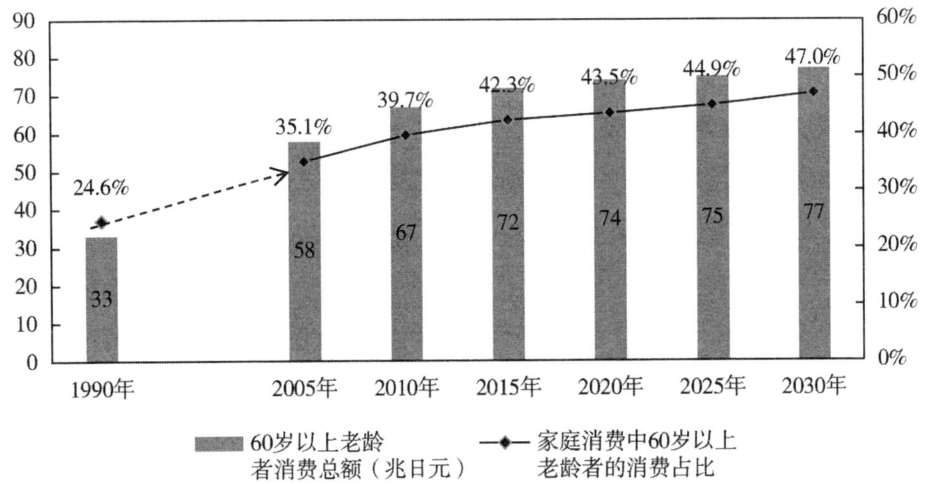

图6-3 老龄者的消费变化

资料来源：根据老龄者服务振兴会资料制作。

第二节　2025 年老龄产业的预测

一、2025 年老龄产业的市场规模将达 100 兆日元

如上节所述，根据人口动态的变化，预计消费支出以及社会保障给付会随之增加，在这一背景下，面向老龄市场的产业将会有急剧的扩大。随着老龄人口增加，其需求也会相应增加，预计 2025 年老龄者市场规模将达到 101. 3 兆日元（对比 2007 年上升 161%），会极大地拉动国内市场。详细地说，支撑老龄者的健康 · 生活的医疗 · 医药和介护产业共计约 50. 2 兆日元，是 2007 年（22. 6 兆日元）的 2 倍多，生活产业也将会扩大到 51. 1 兆日元，与 2007 年的 40. 3 兆日元相比大约增加 27%。虽然生活产业和医疗 · 医药以及介护产业是几乎同等规模，但它不仅会涉及食品、家具 · 家政、服装等产业，还会涉及关系到人民生活水平的教育、娱乐等领域，也会受到批发商 · 零售商和运输 · 广告等领域的间接影响（见图 6-4）。

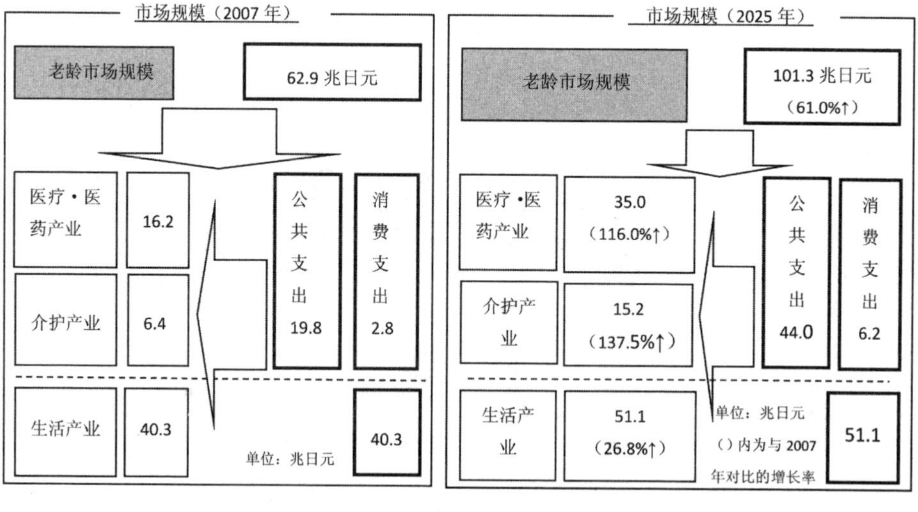

图 6-4　未来老龄市场规模的推算

资料来源：根据瑞穗银行产业调查部预测数据制作。

二、老龄市场持续扩大的意义

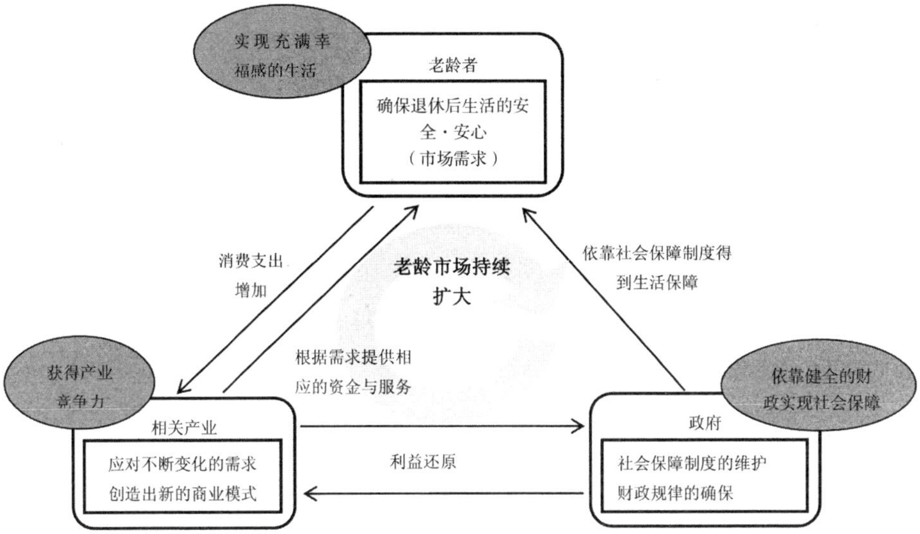

图 6-5　老龄市场持续扩大的构想

老龄市场的扩大由家庭消费支出和公共支出两方面的扩大而构成，市场的健全且持续地扩大，不仅有利于实现产业振兴和内需扩大，还直接关系到日本社会的可持续发展。因此，必须对老龄市场持续扩大的课题引起重视（见图 6-5）。接下来探讨的是老龄市场中有前景的领域，和各领域企业应对老龄者市场面临的课题。

第三节　日本养老服务业的课题

一、医疗相关产业

（一）老龄化进程导致医疗费用不断攀升

因老龄化程度不断加深，今后医疗领域的重要性将会越来越高。2007 年日本老龄人口（65 岁以上）占全国人口的 20%，与此相对应的面向老龄者的医疗费用占全体的 50%，由此看来，医疗的主要受益人是老龄者。老龄化的进程自然会导致医疗费用压力的增加，据厚生劳动省调查，2007—2025 年的医疗费用将会从约 34 兆日元增长到约 52 兆日元。

（二）财政问题是最大的悬案

日本的医疗体系面临的最大悬案是财政问题。从医疗保险的收支来看，主要由大企业集团职员为对象加入的组合管掌健康保险在 2010 年 90%呈赤字状态，以中小企业职员为对象的国民健康保险和以自营业者为对象的国民健康保险的收支赤字则更为严重。可以说支撑日本的医疗体系的医疗保险即将走上崩溃的边缘。当前日本关于医疗改革的讨论都偏向于控制医疗费用方面，抱怨医疗体系效率低，浪费率高的呼声也越来越高。

（三）与其他许多国家相比日本的医疗费用水准相对较低

但实际上，从国民医疗费用在 GDP 中的比重来看，日本的医疗费用与 OECD 诸国的平均水平相比相对较低。因此，可以说在老龄化进程显著的背景下，至今为止的日本医疗制度仍非常缺乏活力。

（四）医疗费用对成长产业也是一种投资

另外，医疗费用的明细如图 6-6 所示，包括人力费等服务费用、设施相关费用、药物费用和医疗器械费用等。换个角度来看，这些支出也是对医疗服务、制药和医疗器械等产业的一种投资，而这些产业在 2010 年经济产业省总结的产业构造前景中作为下一代的成长产业被纳入。

（五）投资未被合理利用

如果医疗相关产业是日本下一代人的成长支柱，那就应该不惜代价对成长产业进行投资。从培育这一产业的观点出发来看医疗的话，就不是投资太大的问题，而是不能合理利用投资的问题。也就是说，医药品和医疗器械等长期大幅进口，导致医疗费用支出的投资资金外流。另外，医疗服务产业对雇佣的贡献虽然值得期待，但从医疗、福利相关的劳动环境和工资水准来看，未必可以提供更多有诱惑力的雇佣机会。

（六）医疗制度滞后的原因

在投资没有被合理利用的背景下，当前的医疗制度已经产生制度疲劳，从某种程度上来说甚至是“制度堵塞”。而且，医疗费用的抑制导致医疗机构的疲

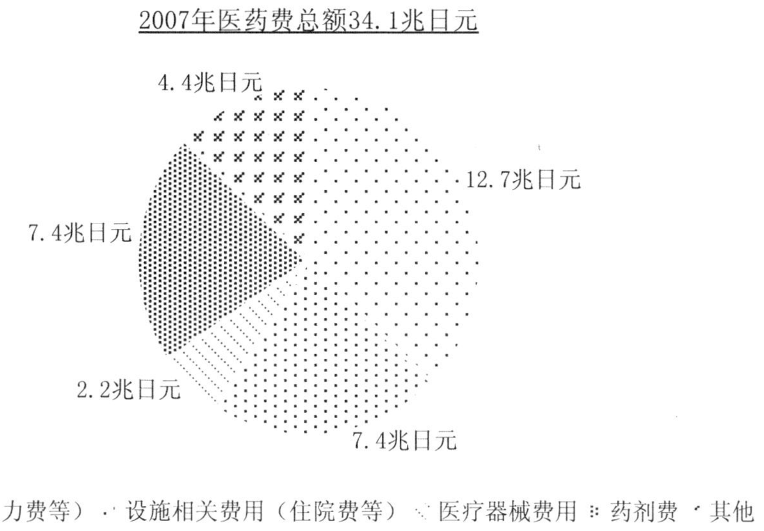

图 6-6 医药费用明细

资料来源：根据日本厚生劳动省、财务省、总务省数据资料整理制作。

软，甚至弱化了医疗相关产业，使之陷入恶性循环之中。只有消除这种“堵塞”，必要的医疗费用支出作为成长产业的投资才能被合理利用。下文就基于这种假说来考察日本的医疗制度堵塞的原因。

（七）全世界备受称赞的“自由通道”的弊病开始凸显

日本医疗制度最大的特征就是国民可以自由选择医疗机构。在全民皆保险制度的背景下，国民无论何时何地都能接受必要的诊断和治疗。承担高级医疗的医疗机关分散在全国各地，对于全体国民来说从真正意义上确保了这条自由通道，这是日本医疗制度值得骄傲的地方。但是另外，医疗在先进化、专门化进程中，一些问题也在逐渐显露。例如，专家们的临床经验和技术水平参差不齐，难以保证先进医疗的质量、医药品等临床试验的效率不高、材料机器的进购价格上升等经济方面的不合理性正在凸显。

（八）“社会奉献型”的医疗提供体制即将终结

上述的自由通道之所以能够较低成本地实现并发挥极大的作用，是因为“社会奉献型”的医疗提供体系在起着巨大作用。不管是公共的还是民间的，医疗机构都是非营利法人，若有医疗需要，医疗机构和医生都以“社会奉献型”的劳动无条件接收病人，这就是日本医疗供给体制。虽然日本的医生数量少，但在医院和病床数量上和其他国家相比占压倒性优势（即医疗次数多）。但这样的“社会奉献型”医疗供给体系迟早会面临崩溃。例如，拿 1996 年和 2008 年的医生数量相比较，整体数量有所增加，但承担先进医疗的外科和妇产科的医生数量有所减少。这一背景下，医生劳动强度加大，被投诉的风险也有所增加，可以说日本的先进医疗和急救医疗的实际应对能力在减退。随着今后老龄化的发展，医疗需求激增，医生不得不更高强度地工作，因而这种“社会奉献型”的医疗模式也将崩溃。

（九）药品、医疗器械的落后直接关系到医疗的质量降低

医药品和医疗器械是支撑医疗质量的必要条件。但现在在其他很多国家已经得到承认的医药品和医疗器械在日本却很晚才得以采用。以往只是比欧美国家滞后，但近年来，相对于中国和韩国的滞后也在逐渐凸显，从这一事实来看，已经不能说日本是医疗先进国了。

（十）制度疲劳引起诸多问题

在社会构造的变化中，为了给国民提供更好的医疗而构建的各种制度正在出现制度疲劳的问题（见图 6-7）。日本已经实现的较低成本的“全民皆保险”“医疗自由通道”的医疗制度在全世界堪称第一，但是伴随着由老龄化引起的社会构造变化和财政等问题的产生，应该坚持什么、改变什么是日本全社会必须考虑的问题。

（十一）先进医疗和初期治疗的机能分化

在探讨超老龄化社会医疗的理想状态时，首先应该考虑到先进医疗和初期治疗两者的大不相同。先进医疗追求的是为各种不同的专业领域提供世界最高水准的医疗和提高紧急救护应对的能力，而初期治疗注重的是有效率地提供质量均等的医疗，促进福利和周边服务的一体运用。如果从这一观点出发，明确高度医疗和初期治疗的机能分化并加以区别考虑，应会更有效果。

（十二）先进医疗的方案之一——建立医疗群

形成以大规模医院为中心的医疗群被作为高度医疗的供给体制的方案之一，也就是说，为了提供专门的和综合的医疗服务，在集群内设立复合领域的大规模专门医院以及综合型医院。以同上述医院合作的形式，学术界或者研究所实施各种临床研究，将研究成果数据库化并加以活用。因研究开发的成果一定程度上会还原给医疗机构，所以在医疗群内还需构建使资金循环流通的机构。这

		以自由利用为前提的医疗机构配置	"社会奉献型"医疗供给	严格的医药品·医疗器械的承认审查制度
优点		•无论何时何地都是一样的医疗质量	•与其他许多国家相比，医疗费用水平低 •维持赤字领域	•副作用·药害等最小化
缺点在不断地显现	医疗质量的观点	•分散先进医疗的技术 •不保存病例	•超过医生能承受的负担界限，部分领域的医生数量不足情况严重 •尖端研究的余力不足	•无法使用先进医药·医疗器械（药品·设备落后）
	产业的观点	•低效率的临床研究体制 •低效率的流通构造	•缺乏创新的诊疗报酬制度	•临床开发成本上升 •对产品的资金·人力投入迟缓

图 6-7 日本医疗制度的优缺点

样一来，医疗群不仅能成为日本提供先进医疗的据点，同时，还能承担起革新性医药品和医疗器械研发和使用的功能。另外，通过改善居住环境，还可使之发展成为以老龄者为中心的可持续型城市和医疗观光业据点。

（十三）初期治疗的方案之一——健康管理提供商

另外，作为初期治疗的供给体制，福利和周边服务的一体化可以促进住宅医疗的发展。被称作健康管理提供商的企业，关注家中老龄者的健康状况，掌握其医疗介护的需求状况，根据需要，采取与相关专门机关合作的形式进行医疗介护服务，实现全局的协调发展。通过分析服务中积累的医疗介护信息，来寻求建立更高效率的医疗介护体制的方案。这样的服务不仅可以提高老龄者的便利性，还能够实现医疗·介护服务的高效运作，由此创造出前所未有的新型产业。另外如果要保持先进医疗和初期治疗之间的紧密协作，还必须重视信息和通信技术的重要性。

无论是上述的医疗集群还是健康管理提供商，都是大胆的制度革新和规制缓和。拿医疗集群来说，要实现医疗机关的集约和大规模化，就必须进行环境整顿，而且为了提供世界最高水准的医疗，还有必要探讨扩大集群内的先进高端医疗的适用范围。另外，因为承担着新型产业的培育机能，医药品和医疗器械的承认审查的顺利进行也是不可缺少的。同样地，如果要实现健康管理提供商制度，还需探讨医疗从事人员的业务范围规制和诊断报酬制度的激励制度。以上是对2020年理想的医疗状况进行的考察，但还有重要的一点，是提供怎样的医疗供给体制，应该由国民决定。现在正是全体国民探讨的必要时刻。

二、介护关联产业

（一）老龄者人数增加，介护市场扩大

介护关联产业除了包含设施、上（下）所、家访等介护之外，还有福利用品的借贷服务、送货上门服务以及其他生活支援服务和介护预防等，覆盖范围非常之广。从2000年介护保险制度实施开始，以介护保险的给付对象为中心的服务市场规模逐渐扩大，预测从2010年到2025年，将从约8兆日元约倍增到15兆日元。另外，2008年的社会保障国民会议中，推算出介护职员人数从2007年的约117万人到2025年大约增长到212万人，每年约有5万人的新雇佣（见图6-8）。

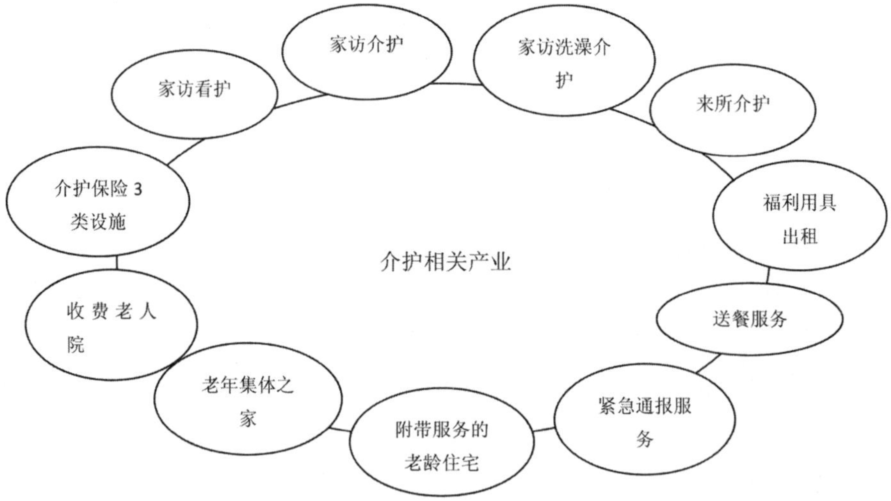

图6-8　介护相关产业

（二）现阶段介护提供体制面临的课题

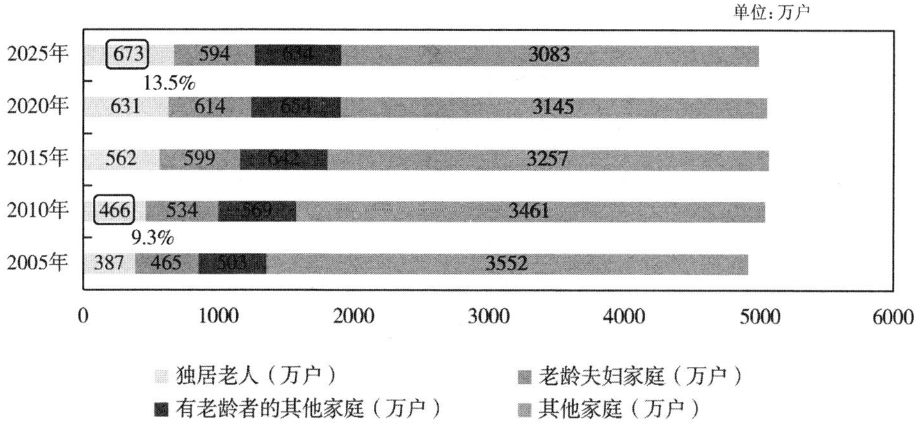

图 6-9 人口构成比例的变化

资料来源：根据国立社会保障·人口问题研究所“日本家庭户数的推算”数据制作。

一方面期待介护市场的成长，但另一方面介护提供体制又存在问题。从主要的介护者构成比例来看，介护提供主体为一同生活的配偶或者子女，对家族介护的依存度较高。但在今后增加的老龄者中，预计独居老龄者的比例会增加，关于对独居老龄者的介护提供，一定要考虑到建立与完善家族介护以外的接收单位（见图 6-9、6-10）。另外，还应重视介护职员不足的问题。有关人士提出劳动力不足与介护职员的工资标准和劳动环境有关。因此要确保劳动力就有必要改善介护职员的工资标准和工作环境，除此之外还需要探讨一下合理利用老龄劳动力的问题。但是，日本介护保险财政已经出现危机，三年一度的制度改革，每次都在上调介护保险费。为了应对不断增长的介护需求，为老龄者提供完善的住所，建立更有效率的介护服务提供体制才是当务之急。

（三）与介护设施和养老院相比，老年住宅的供给量相对较少

要实现高效的介护提供体制，首先就应解决老龄者的住所问题。但从日本的实际状况来看，现阶段的老龄者住所的总量中（见图 6-11），介护保险的三类设施（特别护理养老院、介护老人保健设施、介护疗养型医疗设施）、收费养老院和设施以及居住型服务占大半，而面向老龄者的住宅供给量却很少。另外，特别护理养老院的预计入住人数和可容纳人数差不多，而且日本正在进行废止介护疗养病床的相关讨论，因此老年住宅潜藏着非常大的需求。实际上日本面

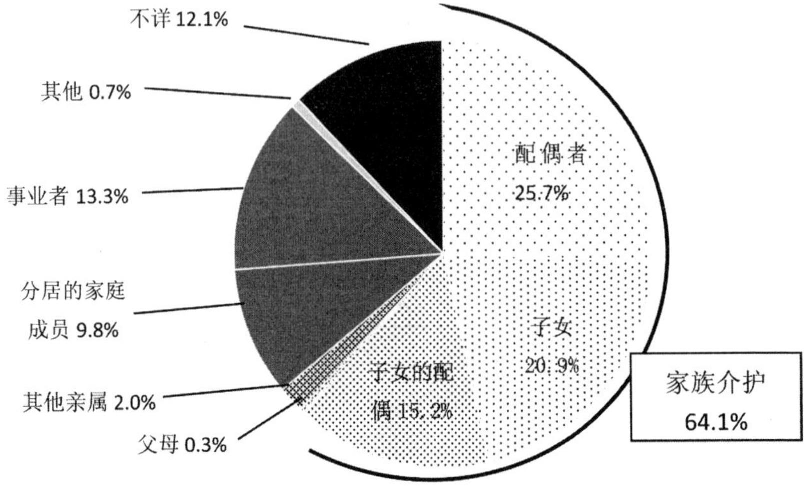

图 6-10　主要的介护者的构成比例

资料来源：根据厚生劳动省"国民生活基础调查"数据整理制作。

向老龄者的住宅供给量相比其他很多国家都少，特别是面向即将到达介护状态的老年住宅数量远远不足。日本政府在 2010 年的新成长战略中表明，要使老年住宅量的比例从 2008 年的 1.5%扩大到 2020 年的 3%~5%。要实现这一目标，预计须新建 65 万~130 万户的老年住宅（见图 6-12）。

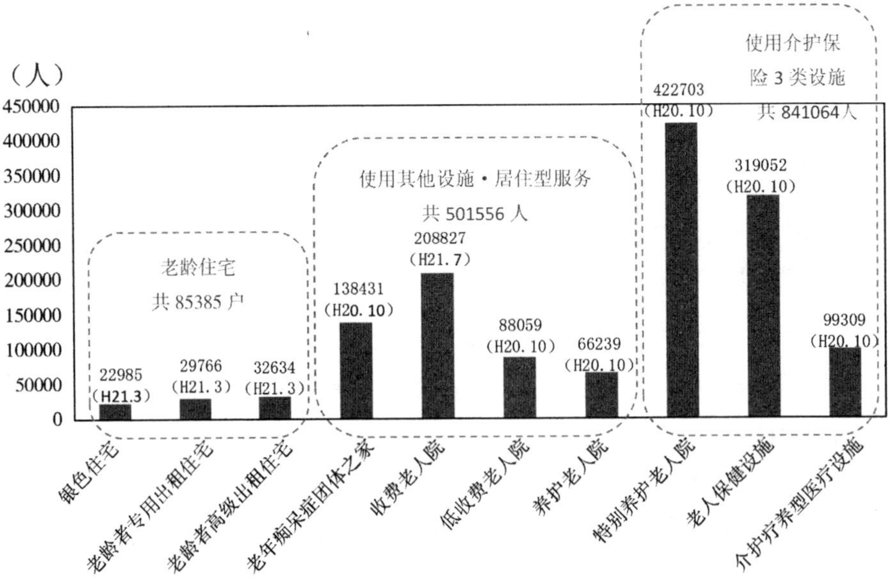

图 6-11　各类型老龄住宅数量

资料来源：根据厚生劳动省、国土交通省资料整理制作。

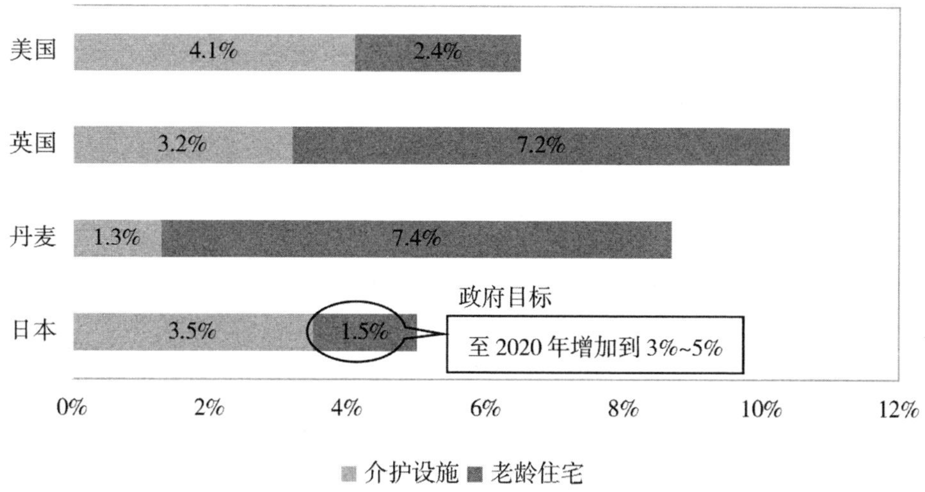

图 6-12　2008 年各国政府供给老龄住宅的目标

资料来源：根据厚生劳动省、国土交通省资料制作。

（四）老年住宅的完善不仅指硬件，还包括软件

充足的老年住宅供给，高效的医疗介护服务的提供体制和完善的设备都非常重要。2006 年由于介护保险财政的困境而导入特定设施的总量限制制度之后，为自费养老院的入住需求增加做准备的老年专用出租房的供给量也在增加。老年专用出租房是老龄者达到需介护状态时，将生活支援和家访介护等护理服务委托给外部事业者的一种居住形态，同时为了增加入住，又必须提供充分的后援，以便介护相关的服务的事业所能为入住者们提供不定时的、间隙的介护。因此今后的老年住宅的完善成为高龄者进入要介护状态时的护理体制的必要条件。另外，日本的住宅量慢慢地偏向供给过剩，粗而快的老年住宅的新建反而会加快住宅量过剩的现状，所以应该合理利用现有的住宅，慎重考虑老年住宅的完善方式。

（五）介护政策由设施介护转变为居家介护

日本关于介护保险事业讨论的方向大都是将提供介护的场所从养老设施转向老年住宅，并完善老年住宅，另外还要致力于实现地区内所有的要介护者都能得到护理的综合体系。这一动向表明，日本的介护正在从当前的特别护理老人院的设施型介护向充实日间服务或者家访介护等居家介护的方向迈进，这也有利于改善介护保险财政（见图 6-13）。

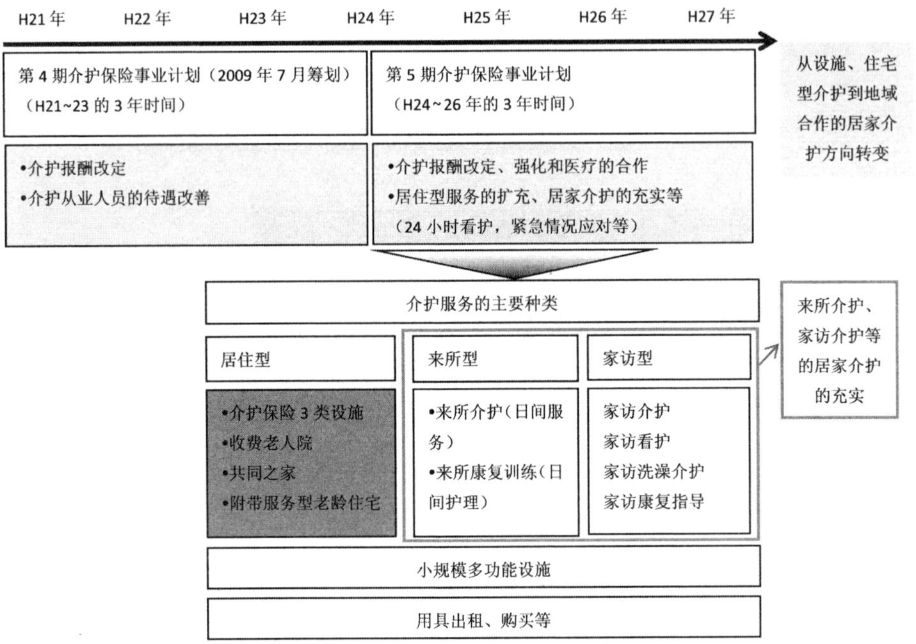

图6-13　介护保险事业计划的方向

资料来源：根据厚生劳动省资料制作。

（六）今后的老年住宅事业

包含地区综合体系在内的居家介护的发展，应该以让老龄者在住惯了的地方继续生活下去为基本前提，因此日本政府还面临着完善为重度要介护者提供护理或者紧急医疗的服务体制的课题。根据政府方针，为今后能够提供高效的介护，决定以原住宅和老年住宅为核心，医疗机构和介护设施以及其他生活支援服务为周边，来加强其网络化，提高医疗·介护需要的应对能力。通过共享医疗信息和老人看护服务等医疗和介护的运营一体化来实现硬件和软件两方面的改善（见图6-14）。

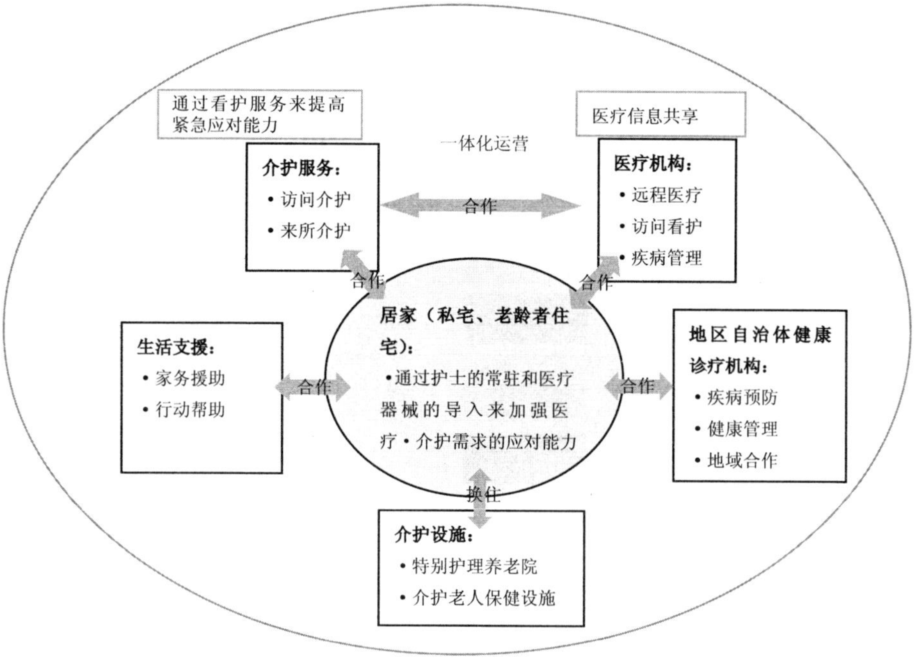

图 6-14　老龄住宅事业的理想模式

三、生活产业

（一）至 2020 年面向老龄者的支出额将持续增加

据预测，面向老龄者的生活产业市场规模将从 2007 年的 40.3 兆日元上升到 2025 年的 51.1 兆日元，增加 26.8%，因此医疗・医药产业和介护产业被认为在老龄市场中会得到高度的发展，但从市场规模的观点来看，生活产业才是老龄市场中最大的一部分。

从未来生活产业的市场规模的支出项目来看，无论是哪个领域，至 2020 年都会有超过 20% 的增长。但是伴随着“团块世代”的老龄化和人口变动，至 2025 年又会呈现横向波动甚至减少的趋势。因前期老龄者（65~74 岁）比后期老龄者（75 岁及以上）的消费支出要高，至 2020 年为止，“团块世代”基本上为前期老龄者，因此面向老龄者的生活产业的市场规模将会大幅增长，而在成为后期高龄者的 2020 年到 2025 年之间将会走下坡路（见图 6-15）。

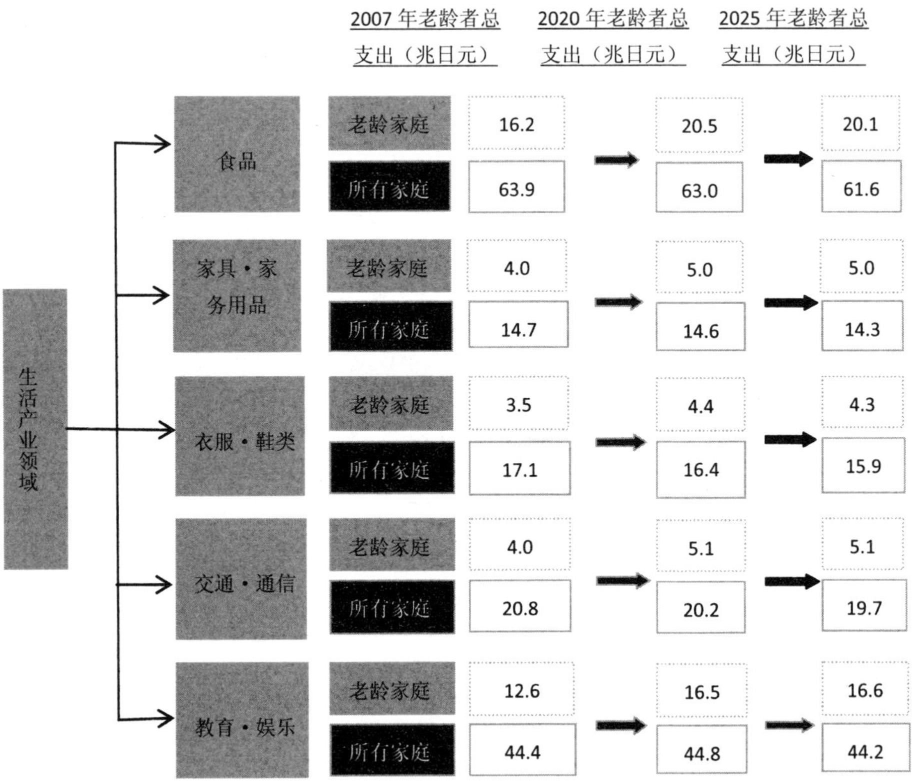

图 6-15 生活产业中不同支出项目的市场

资料来源：根据日本总务省“家计调查”等统计资料数据整理制作。

老龄者生活产业市场规模的扩大将会带来新的商机，但其扩大只有从 2012 到 2020 年的 8 年时间，生活产业的相关各企业如果想要获得老龄者市场份额，必须在接下来的两三年时间内尽快打好事业基础。实际上老龄者食品、送餐、家务代理、看护服务、老龄者健身运动等新的商品和服务已经开始进入市场，并将正式普及。

（二）老龄者需要解决的是如何度过当前的每一天和消除对未来的不安

生活产业中，总人口减少，为了阻止国内市场规模缩小，至 2020 年将老龄市场扩大到最大是重要策略之一。但是，老龄者商品·服务事业还处于黎明期，为促进老龄者消费，其最重要的课题还是要明确老龄者究竟有哪些需求。

老龄者的需求主要有以下 4 点。

1. 大约80%的老龄者拥有充沛的精力，丰富他们的闲暇生活。

2. 及时提出适应老龄人健康状况变化的“新商品·服务”的方案。

3. 在熟悉习惯的地方继续居住。

4. “健康的现在”和“对将来健康的担忧”的应对体制面向老龄者的政策有如下两点：

（1）减少老龄人对“面向老龄者商品·服务”的抵触心理。

（2）分散设立个别商品·服务的提供者·办理窗口。

（三）各企业共同合作，构建老龄化产业链

为了缓解老龄者的抵触心理，消除个别分散的不利之处，“老龄化产业链”应该具备以下条件才有利于完善商品·服务提供体制（见图6-16、6-17）。

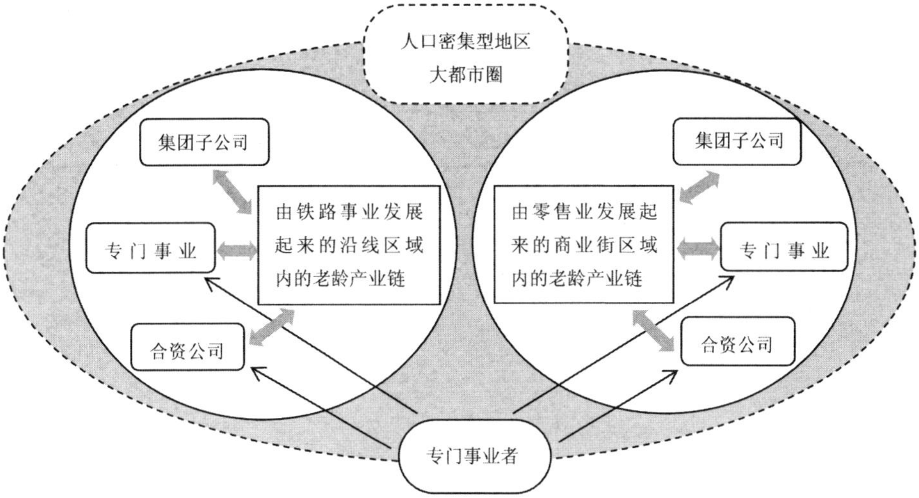

图6-16 大都市圈内老龄化产业链的构想

注：建在大都市圈的意图

协调事业者：圈定商业街内的顾客

扩大盈利机会

专门事业者：通过与协调事业者的合作来获得新规客户

通过扩大事业规模，提高业务效率

1. 让获得一定信赖和喜爱的企业作为协调人。

2. 从老龄者的日常生活圈内的据点和切点来提供商品·服务。

3. 根据健康状态的变化来提供无缝衔接的商品·服务。

例如，将保健食品和运动项目等组合起来，提供给每天都去食品超市，或者已办理会员的体育俱乐部中的精力充沛的老龄人，挖掘更深层的消费需求。另外根据健康状况的变化，对来店频率降低的客户提供送货上门和送餐服务，受理家务代理和住宅改造翻新等服务办理。这样以老年人的日常生活为切入点，将各种商品和服务无缝连接，提高老龄者的认同感，将商品和服务组合成老龄利用者所追求的形式，并使之成熟化。

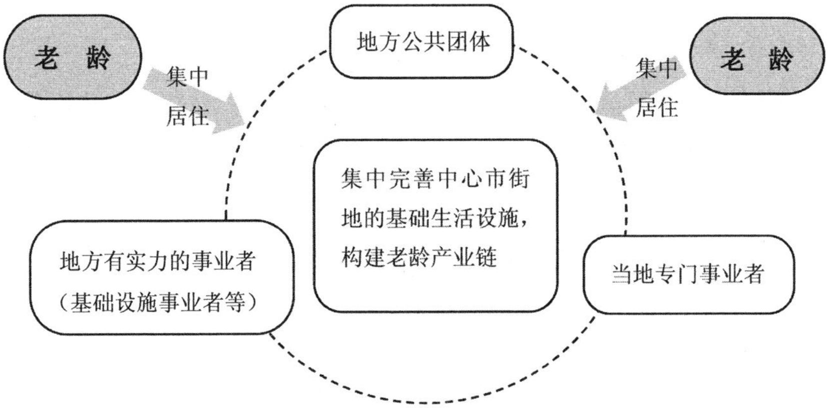

图 6-17　地方老龄化产业链的构想

注：建在地方的意图

地方公共团体：丰厚的行政服务供给

行政运营效率化

专门事业者：获得新规客户

地方有实力的事业者（基础设施事业者等）：事业效率化

地方经济持续有活力的发展

提高基础设施的利用率

（四）重视顾客信息共享和地域设定，与地方公共团体的合作成为一大课题

所有的商品和服务的交易不可能由一家公司完成，因此构筑“老龄产业链”，与其他事业者的合作是不可或缺的。老龄产业链中根据地域设定的不同构筑条件也不同，因此在构建和其他公司的合作关系时，要考虑到顾客数量和成本的问题。也就是说，在人口密集度高的都市圈，如果基本上已经拥有顾客基础的领导型企业同某个专门领域企业合作，就有可能拥有大量固定的老龄人客

源。相反，在人口密集度低的地区，需要与其他企业共建信息合作体系和送货上门运输网，但若要使顾客数量满足相对应的成本并非易事。因此，要努力通过地方公共团体、实力企业和当地从事专门服务企业间的合作，实现老龄者集中居住的软件与硬件设施两方面的完善。

第四节 应对措施

一、寻求服务提供方面的合作

上文对老龄市场医疗、介护和生活产业中潜在的各种商机、面临的课题、理想的发展状态和应采取的相关措施作了相关总结（见表6-1）。对不同的领域应采取不同的措施，但另外服务提供应以提高服务水准和效率为目的，所以医疗·医药、介护和生活产业领域的企业之间的合作十分重要。

在老龄市场中，企业在寻求个体发展最优化的同时，加强各企业间服务供给方面的合作才有利于全体的发展最优化。

因此，厘清老龄市场的现状和课题之后，应该能够设想出未来能够激发市场活力的老龄市场的相关企业模型及其构造。本书将提出包含：（1）促进老龄者的健康和削减社会保障；（2）在服务提供方面实现各领域事业者间的合作，提高服务效率和服务水准；（3）活用老龄者个人金融资产，创造资金流等内容的创意型假想企业模型。

表6-1 老龄市场中各领域面临的课题

	医疗·医药	介护	生活产业
商机	·随着老龄化市场扩大	·随着老龄化市场扩大	·随着老龄化市场扩大 ·为维持健康，社会需求增加

续表

	医疗·医药	介护	生活产业
课题	·医疗保险财政恶化 ·产业投资流向国外 ·医院经营困难 ·急救医疗的应对能力下降	·介护保险财政的困境 ·劳动力不足 ·对家族介护的依存	·事业者和老龄者之间关系的强化 ·以单独经营的小规模事业者为中心
理想状态	·基于国民的讨论意见进行取舍 ·改善供给体制	·高效的介护提供体制 ·财源的确保 ·确保劳动力的组织构建	·迎合老龄者的生活方式，提供无缝连接的服务 ·根据老龄者的需要提供相应的服务·商品 ·改善老龄者的利用渠道
需要采取的措施	·设置国民讨论场所 ·初期治疗·先进医疗两方面的事业合作	·以老龄住宅为核心的医疗·介护的合作 ·增进健康，减少要介护者的产生 ·老龄者·国外劳动力的活用	·加强与周边产业的合作 ·根据老龄者的需要开发相应的产品·服务 ·针对不方便外出购物的老龄者，开发网上购物服务等

资料来源：根据各资料整理制作。

二、第一个假想模型——“健康管理积分特区”

第一个假想模型（见图6-18）作为社会实验的“特区”，在面向健康的老龄人特区中通过向消费的顾客发行健康管理积分，来增强老龄者的健康意识，同时，还能对当地的经济发展作出一定贡献。在“三、日本企业应该进入的有前景的领域及其面临的课题”这一部分内容中已经提及，要加强以医疗·介护产业为起点的“健康管理供应商”和以生活产业为起点的“老龄化产业链”之间的相互合作，提供更高效率的服务，同时，使老龄者的个人资产顺利地流通，创造资金链。

下面简单说一下经营的流程。首先针对在特区内的“健康事业”、“健康增进事业”和“生活支援事业”进行消费的身心健全的老龄者，政府向他们发行积分。因为老龄人需要自己承担一部分费用，这样就可以用积分以更便宜的价格购买服务和商品，促进他们在这三个领域内的消费。但是接受服务有利于增进老龄者的健康，反而又抑制了一部分介护服务的需求，因此需要将这些浮动财源当作还原积分的原始资金，构建资金循环流通的框架。另外，健康管理积分的发行额度是由老龄人的健康程度而定的，但可以通过接受定期的老龄健康诊断，然后由地方政府向健康的老龄者发行积分得到弥补。

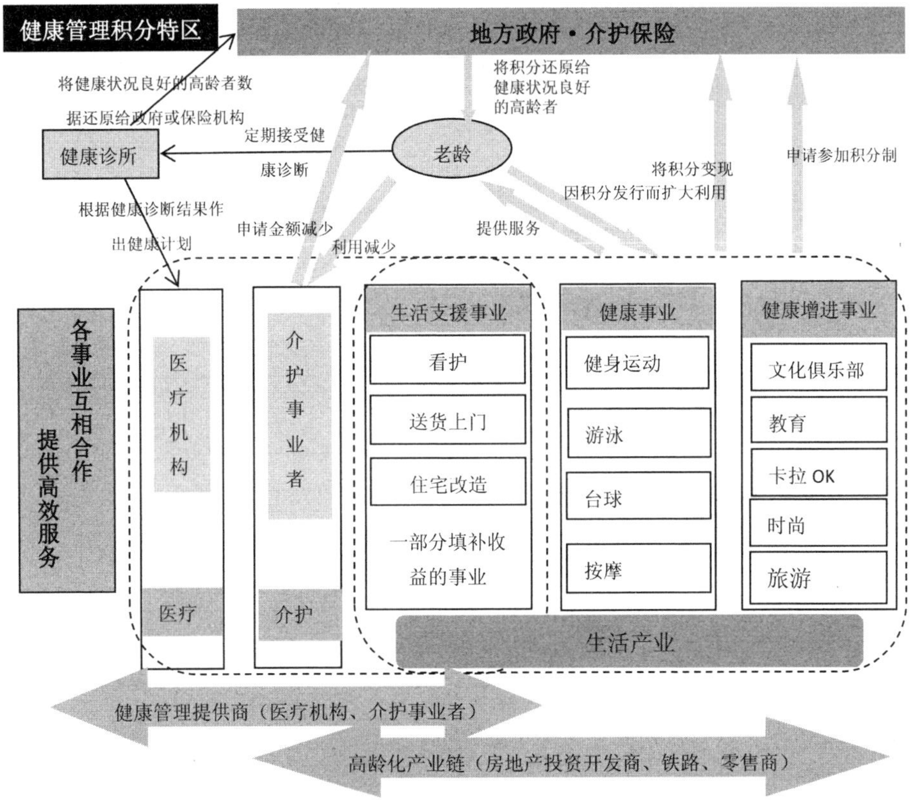

图 6-18 健康管理积分特区模型

三、第二种假想模型——一次性预付款特区

这种假想模型（见图 6-19）主要以富裕阶层的老龄者为对象，将老龄者今后的生活费用以资金管理的方式来一次性预付款，然后资金管理者向老龄者发行积分，老龄者可以凭积分来抵扣“健康事业”、“健康增进事业”和“生活支

援事业”等方面的消费。考虑到老年人移居的问题，因此也可以说这是一种“面向富裕阶层的老年人的保险”。健康管理积分特区模型的实现难度很大，但如果能消除富裕老年人对未来的不安，会是一个很好的能激发更多消费的方案。

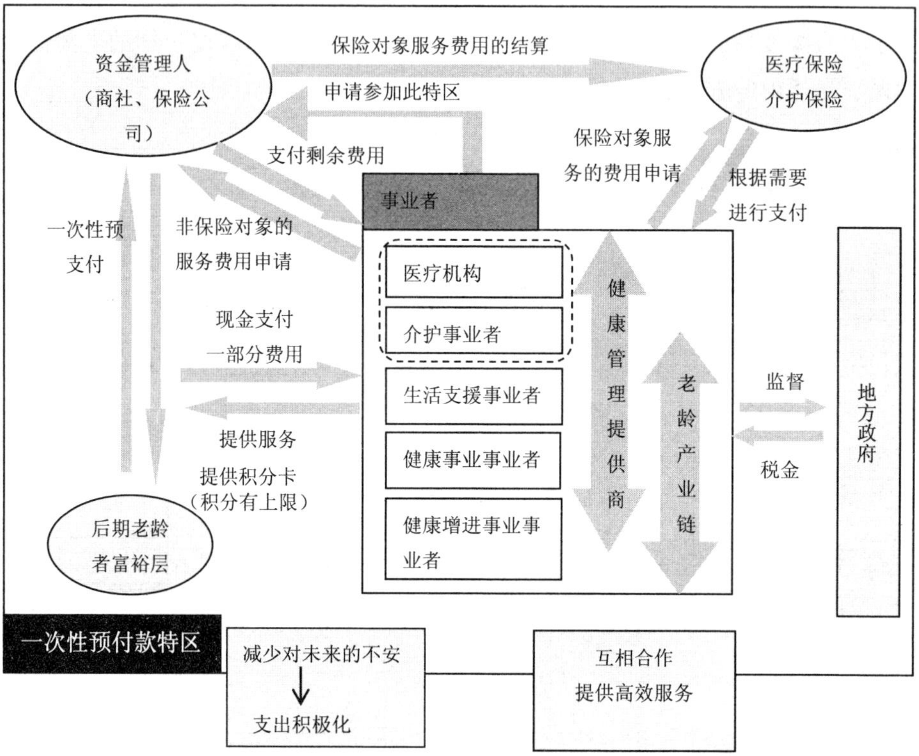

图 6-19　一次性预付款特区

四、两种假想模型的问题点

在弄清现状和问题的过程中，上文列举了两个假想的为激活老龄市场而建立的创意型企业模型，但要实现还需要克服很多困难（见表 6-2）。例如，“健康管理积分特区”模型中，增进老年人的健康和削减介护保险费并没有直接联系，所以有可能出现财源不足的问题。而“一次性预付款特区”模型中，会出现一次性预付金额能否估算、根据老年人拥有的资产的规模来区分会不会产生不平等等问题，因此要实现这一模型就必须从多角度探讨对策的好坏。另外还要从新的切入点来重新审视老龄市场越来越严重的财政问题。

表 6–2　假想事业模型的问题点

问题点	①健康管理·积分特区	②一次性预付清特区
老龄人市场扩大的规模	·通过发行积分来唤起消费，但要依积分发行的水准而定 ·通过利用服务来改善健康状态，并进一步促进服务的利用	·与①同样，预付款资金为基础的消费唤起政策依积分发行的水准而定 ·实施对象有所限制，利用老龄者消除不安和希望用完积分的心理来扩大消费
财源问题、事业者的收益性问题	·介护保险给付的抑制即财源（老龄人的个人资产是增进健康的润滑油） ·针对生活支援等事业为低核算盈利事业，因此政府的收益补贴很重要	·老龄者的个人金融资产即财源，但为了防止道德风险，预想一部分由现金支付 ·针对生活支援事业这些低盈利的事业者，采取减税等支援政策
框架问题	·“活用积分，利用服务→增进健康→削减介护保险给付费→削减部分作为原始资本，发行积分”这一流程并不是环环相扣→导致财源不足	·老龄者之间的不平等性（所有资产的差别） ·老龄者移住特区无法顺利进行的风险 ·老龄者死后剩余金额的处理 ·由长寿化引起的资金枯竭的风险

资料来源：根据各资料整理制作。

第七章

日本养老服务业的供需问题与服务供给机制

第一节 潜在需求及有效需求

近年来，我国初步形成了以居家养老为基础、社区服务为依托、机构养老为支撑的服务体系，让老年人安度晚年生活。但我国养老服务业在产业分类管理、行业标准、体系建设等方面存在明显不足，特别是养老服务供需失衡问题尤为突出。譬如，养老机构供需方面存在的公办养老设施床位严重不足与民办养老机构闲置率偏高的矛盾；服务供需方面存在的服务项目单一、日常生活照顾服务居多，老年人急需的医疗健康、文化娱乐、精神慰藉等服务供应不足的矛盾。唐钧（2014）指出："我们在讨论养老服务的需求时，没有区分需求、潜在需求和有效需求，而且在大多数情况下，有效需求被忽略。提高老年人支付能力，创造有效需求才是治本之举。"①

作为亚洲邻国的日本，在养老问题上与我国有很多相似之处。日本在社会养老事业发展初期阶段也走了一些弯路，片面追求老人养老床位的数量，导致各种大型养老机构被废弃，大量的社会资源被浪费。之后，日本为解决养老服务供需失衡问题，通过设立介护保险等充实社会保障制度，提升老年人服务购买能力，并把社会养老服务体系建设的重心转移到构建地区养老支援中心，这对日本养老服务体系持续健康发展起到了至关重要的作用。因此，对于日本养老服务业的发展进行总结分析并借鉴其经验，对实现我国养老服务业的健康、可持续发展有着重大的意义。

① 唐钧．养老服务怪圈、有效需求和政府补贴［J］．中国人力资源社会保障，2014（5）：56.

目前国内的相关研究在取得较大成果和进展的同时，也存在着问题发掘不够全面、对策措施较宏观笼统等问题，尤其是对养老服务业供需失衡问题的研究较少，诸多研究皆一味强调通过增加财政支出等手段来加大对养老服务业的支持力度，而忽略了创造“有效需求”，实现可持续发展的研究视角。有鉴于此，本研究通过对日本养老服务业发展经验进行分析总结，并借鉴其经验，从“提升老年人支付能力，创造有效需求”的视角，对解决我国养老服务业供需失衡问题，实现可持续发展的路径进行探索。

第二节 日本老年人的经济状况及支付能力

2015 年日本人口总数为 12771 万，65 岁以上老年人 3392 万，占人口总数的 26.7%，日本已经步入超老龄社会。但是，日本内阁府的“关于老年人经济生活的调查”显示（以下称该调查），60 岁以上的老年人中，约 77.5%的人表示对老年生活并不担忧，80 岁以上的老年人中这个比例达到 80%。同时，88.3%的老年人对目前的老年生活表示满意，这主要归因于日本老年人可以通过较高的经济收入来购买养老服务，安度晚年生活。

如表 7-1 数据所示，日本老年人家庭平均年收入 309.1 万日元，虽然低于家庭平均收入的 537.2 万日元，但老年人家庭成员平均年收入为 197.6 万日元，与全部家庭成员平均年收入的 203.7 万日元没有太大的区别。老年人收入主要来源于公共年金（占比 68.5%）、劳动收入（占比 18.0%）、财产收入（占比 7.2%）三部分，年金以外的社会保障给付金和子女资助及其他部分占比较小，分别为 0.8%、5.4%。

该调查的另一项数据显示，2 人以上的老年无业者家庭中，平均每个家庭的月实际收入为 217412 日元，其中，公共年金等社会保障给付金是 190813 日元，达到总收入的 90%，其他来源于房屋租金收入及子女资助。平均每月消费支出为 246085 日元，多出收入 58986 日元，差额部分消费来源于持有的金融资产作为补充。日本 65 岁以上老年人家庭储蓄额要高于其他年龄段家庭储蓄额，65 岁以上老年人家庭的平均储蓄额为 2377 万日元，是全部家庭平均储蓄额 1739 万日元的 1.4 倍。62.3%的老年人把家庭储蓄用于就医、护理方面的支出。

表 7-1 老年人家庭收入状况（2015 年）

区分	平均收入金额（万日元）			
	家庭平均收入			家庭成员平均收入
老年人家庭	总收入	309.1	(100%)	197.6
	工作收入	55.7	(18.0%)	-
	公共年金	211.9	(68.5%)	-
	财产收入	22.2	(7.2%)	-
	年金以外的社会保障给付金	2.5	1.10%	-
	子女资助及其他收入	16.8	5.30%	-
全部家庭	总收入	537.2	-	203.7

资料来源：根据日本内阁府数据制作。

另外，根据厚生劳动省的统计，2015 年日本接受护理预防及护理服务的老年人达到 605 万 1100 人，同比增长 2.9%，首次突破 600 万人。其中，接受护理预防服务的为 155 万 9500 人，同比增长 3.2%；接受护理服务的为 484 万人，同比增加 2.8%。日本老年人养老所需资金主要是自有资金与介护保险为主的社会保障资金。如表 7-2 为日本长野县介护保险使用情况，现行日本介护保险的自己负担额度为每月 3 万~5 万日元。以“要介护 2”等级为例，介护保险全额使用后，个人负担约为 2 万日元。另外，日本居家护理与入住养老设施所需费用没有太大差距，除介护费用之外，居住费、伙食费、理发费、兴趣小组活动费、洗衣费、尿不湿等其他费用需要自己负担，包含介护保险自己负担额度在内的月平均费用为 7.7 万日元。除此之外，接受护理服务时发生的购买轮椅、住房改造、特殊床位等一次性费用平均约为 91 万日元。按照公式计算（7.7 万日元×12 个月）+91 万日元（初期费用）= 183.4 万日元，可知，年度人均护理费用为 183.4 万日元左右。根据入住设施种类来看，每月的合计费用为 10 万日元到几十万日元不等，大多数人的平均月费用为 20 万日元左右。其中，介护预防服务费用为 38800 日元，介护服务费用为 199000 日元，平均 157000 日元。

表 7-2 日本介护保险等级分类及使用额度（2015 年）

区分	身体状态	访问·通所等		特定设施入住者生活护理	认知症患者集体生活护理
		介护保险限度额（每月；单位：日元）	自己负担额度（每月；单位：日元）	自己负担额度（日算 30 天合计；单位：日元）	
要支援 1	日常生活能自理，家务等部分活动需支援	4 万 9700	4970	6090	使用不可
要支援 2	站立、行走不便，通过使用服务可以预防进入要护理状态	10 万 4000	1 万 400	1 万 4070	2 万 4930
要介护 1	站立、行走不便，排泄、洗浴等虽可自理，需要部分帮助	16 万 5800	1 万 6580	1 万 7130	2 万 4930
要介护 2	站立、行走需支撑，排泄、洗浴等需要部分帮助	19 万 4800	1 万 9480	1 万 9230	2 万 5440
要介护 3	不能站立、行走，排泄、洗浴等需要全面帮助	26 万 7500	2 万 6750	2 万 1330	2 万 5950
要介护 4	排泄、洗浴、脱衣等诸多日常行为需要全面帮助	30 万 6000	3 万 600	2 万 3400	2 万 6460
要介护 5	全部生活行为需要全面帮助	35 万 8300	3 万 5830	2 万 5530	2 万 7000

综上所述，日本 65 岁以上老年人经济收入充裕，且个人储蓄额较高，再辅以介护保险等制度保障，基本上养老服务费用可以自理。高水平的支付能力促使有效需求得以释放。形成较高支付能力的原因有以下两个方面。

一、完善的社会保障制度："养老金+介护保险"模式

日本早在20世纪60年代就已初步实现了国民皆保险，70年代基本建成了较为成熟的社会保障制度。通过以国民年金为基础的日本老年津贴制度来增加收入、提升生活品质。老年津贴由国民年金、遗属津贴和残障津贴构成，其目标在于老年人或残障人士在丧失劳动能力之后获得稳定的收入来源。另外，日本积极推行"养老金+介护保险"模式，从制度上保障老年人的晚年生活。日本政府于2000年推出了"介护保险制度"，40岁以上的被保险人都被纳入了长期护理保险的范围之内。介护保险为日本老年人提供了基于每个人的健康状况量身定制的护理计划，大幅度减小了家庭及个人的支付压力。政府负担介护保险费的50%（其中，中央政府25%、都道府县12.5%、市町村12.5%），40%来源于各地上缴的介护保险费，被保险人自付10%。为确保收入和投保水平达到均衡，日本政府把个人缴费按个人收入分为5个等级，另外，根据各地区老龄人口比率和照顾需求情况，上缴的保险费被分配到各地方政府调配。

另外，厚生劳动省在2014年2月向国会提出了涵盖医疗和介护服务体制的"医疗与介护综合推进法案"。该法案利用增加消费税所获得的收入在都道府县设立基金来完善医疗供给体制，充实介护服务，减轻老年人负担。同年2月21日，日本设置了社会保障制度改革，推进本部加大改革力度。本轮改革的最大特点是为了确保社会保障制度稳定财源和推进财政健全化，社保基金的筹集实现从"社会保险方式"向"税方式"的转变①。社会保障制度与税制一体化改革的总体方向就是，通过充实社会保障资金，实现给付的重点化和效率化，提高制度的可持续性，把财源用于育儿支援来惠泽年轻人，使之获得安心感，向"全世代型"的社会保障制度转变。

二、健全的老年人雇佣政策体系："劳动转移支援型"的劳动政策

日本大型公司的职员通常会在定年退休之后从事新工作5年以上，日本政府会对雇佣老年人的企业发放"持续雇佣奖金"，即每雇佣一名老年人每年补贴

① 张军涛，泉田真里．日本社会保障制度改革的新动向及其对我国的启示［J］．中国劳动，2015（6）：78.

15 万日元。除给予补贴外，还额外向这些企业发放贷款。日本的《鼓励中年和老年职工就业的特别措施法》要求企业必须雇佣 55~60 岁的退休人员，且比例要达到就业职员的 6%以上。2013 年 4 月实施的改正“高龄者雇佣安定法”要求企事业单位有义务阶段性放宽雇佣年龄限制（至 65 岁），防止退休后无法取得工资、年金收入的老年人增加。同年 6 月，推出“日本复兴战略”，强调人才是国家的最大资源，确保就业和劳动生产性的提升至关重要。特别是要增加年轻人、女性、高龄者的就业机会，提高人才素质，构建全员参与的经济社会。该复兴战略的提出积极推进了日本的劳动政策从“雇佣维持型”向“劳动转移支援型”的转变，强化对所有世代的就业支援，结合产业构造调整以实现无失业的劳动力转移。

人口减少、少子老龄化导致的劳动力人口数量下降，有可能降低日本经济潜在成长率。创造能够保持劳动者工作积极性、发挥个人能力的劳动环境，在量和质方面都达到充分雇佣至关重要。要激发劳动者就业意愿，就要摆脱旧有的狭义的雇佣政策，从税制、社会保障制度方面进行变革，改变对失业者发放高额失业津贴、对高龄者给付高额年金等具有事后性质的收入保障为中心的模式，对想要自立的人提供丰富的能力开发支援和顾问咨询等服务①。

2015 年末，日本劳动力人口为 6598 万，65 岁以上老年人比例是 11.3%，从 1980 年以来一直保持上升的趋势。其中，60~64 岁的老年人 438 万，65 岁以上的老年人 458 万，65 岁以上的老年人劳动力人数首次超过 60~64 岁的老年人劳动力。65 岁以上劳动力占 65 岁以上人口的比例从 2013 年、2014 年的 11.8%和 12.5%上升到 13.5%。从实施 60 岁退休制度的企业的雇佣状况来看，2015 年 6 月 1 日，过去一年间达到退休年龄老年人中的 82.1%都被持续雇佣。另外，据内阁府调查，员工数 31 人以上的企业有 15 万家，实施老年人雇佣确保措施的企业比例高达 99.2%（147740 家），可以确保有意愿工作到 65 岁以上的老年人 100%就业的企业比例高达 73.5%（108086 家）。

① 周扬．日本的社会保障制度改革与劳动政策转型［J］．中国劳动，2016（22）：75.

第三节 日本养老服务供给机制

日本养老服务产业的发展与老年人口的增加成比例关系，其发展经历了以下几个阶段：(1) 萌芽期：1970 年日本正式进入老龄化社会，养老服务产业开始萌芽产生，政府大力鼓励养老服务产业发展；(2) 形成期：20 世纪 80 年代逐渐形成一定的产业规模，处于逐步探索时期；(3) 成熟期：20 世纪 90 年代其养老产业已经形成了一个成熟的市场，拥有一整套行业标准；(4) 扩张期：21 世纪之后，日本的养老产业随着国外逐渐进入老年化社会开始向外扩张。

20 世纪 70 年代末期，由于家庭养老为主的传统价值回归，日本政府开始尝试围绕居家养老服务，建立居家养老服务的社会支援体系。政府通过提供财政补助要求社会福利养老设施面向社会上的老年人开放，鼓励公立养老机构开办"日托"和"短期托老"业务。

1981 年，政府将补助对象扩大到"访问服务"，由养老机构的"家访介护员"定期访问服务社区里的卧床不起老人，上门为老人提供沐浴、饮食等护理服务。"介护"是在维护老人尊严的基础上对其进行生活照顾、医学护理、康复保健的综合概念，它是为养老注入专业化与科技化内涵的全新用语。到 20 世纪 80 年代中期，日本政府创建了介于医疗服务和养老服务之间的"中间设施"，如"日托设施"、"短期托老设施"和"老人保健设施"。

2010 年日本进入超老龄社会发展阶段，人口平均寿命的延长和高龄期的长期化，导致日本家庭中出现"老老介护"的现象，即家庭中许多 60 多岁的老年人赡养仍然在世的 80 多岁的父母。为了增加对居家养老的支援力度，日本法律规定，地方政府在每 10 万人口的生活空间必须设立一个"基干型居家养老支援中心"，主要负责收集和掌握社区中居家高龄者的养老信息，并为社区型居家养老支援中心提供信息和技术支持。20 世纪 90 年代末期，为了扭转政府包办养老服务供给低效的局面，日本效仿德国开始尝试"公助、互助与自助"相结合的介护保险模式。此后，日本政府正式向民间开放养老服务市场，试图通过公办和民营企业的相互竞争，促进养老服务创新，进而提高养老服务质量。由此，日本养老服务提供主体逐渐出现了"官退民进"的新格局，根据 2009 年日本经济普查资料显示，95% 以上的养老服务机构为民营机构。为了促进和引导市场有序竞争，政府建立了养老服务机构准入制度、质量评价标准体系和介护服务信息公开制度，通过合理有效的管理和监督，有效规范了养老服务市场的竞争环境，净化了养老服务市场。

此外，1963 年，日本颁布了最早的应对人口老龄化的法律制度——《老人福利法》，为后续“特别养护老人之家”“介护保险”等建立实施奠定了法律基础，此后，日本还陆续制订实施了“卧床不起老人零作战”计划、“痴呆老人”对策、“居家养老服务战略”和“介护休假或介护休业”政策。1983 年，为促进国民保健事业的发展和提高老年人的福祉水平，日本颁布实施了《老年人保健法》。为了合理分担日益膨胀的介护服务费用开支，1997 年，日本出台了《介护保险法》。此后，日本政府还陆续制订了旨在提高高龄者保健福祉的一系列“黄金计划”。

从日本社会养老服务体系项目构成来看，社会养老服务体系主要由居家养老和机构养老构成，其中居家养老是核心。该方式符合日本多数老年人的意愿选择。为了促进居家养老服务体系更好地为老年人服务，日本政府逐渐建立了健全的居家养老服务社会支援体系，这包括建立针对卧床不起老人和痴呆老人的对应窗口，建立家访看护制度，设立日间托老服务设施和临时托老服务设施，建立“基干型居家养老支援中心”和“社区型居家养老支援中心”等。

从社会养老服务体系覆盖对象来看，社会养老服务体系经历了从贫困老年人逐步扩展到所有老年人的发展路径：老龄化前期囿于财政经费紧缺和公办收容机构容纳能力有限，养老服务只面向贫困家庭的老年人；随着老龄化程度的逐步深入和日本经济实力的大幅度提升，社会养老服务设施逐步面向全体老年人开放；经过“推进老龄福利服务中长期”计划的实施，一个兼具公平性、普遍性、综合性、可及性、社区化的社会养老服务体系构建完成。

从社会养老服务体系责任分担来看，社会养老服务体系经历了政府主办、“官退民进”、责任共担的演变过程。制度构建初期主要由地方公共机构或社会福利法人机构为特定对象提供有限的养老服务。之后，为了逐步减轻养老公共支出的财政负担，政府相继放权让利，将养老服务市场向社会陆续开放，企业和非营利组织快速进入，从而一个家庭、政府、企业和非营利组织责任共担的多元化供给格局逐渐形成。

第四节　合理的社会养老服务体系：地域综合护理服务体系

合理完善的养老服务体系是实现养老服务业可持续发展的根本。20世纪80年代后半期，日本老年人口及其购买力不断增长，但相关产品及服务供给不足，无法满足日益多样化的老年人需求。这一背景之下，日本政府及产业界视开发适老产品、适老服务，创造老年人的潜在需求，扩大市场规模，刺激经济增长为重要课题。1989年，日本政府下放部分权限给市、町、村（区、街道），即俗称的日本养老“黄金计划”。该计划把养老责任下放到社区和家庭，以居家养老、居所看护为发展导向，积极推行社区居家养老服务模式。坚持政府主导的同时，鼓励和支持社会力量广泛参与养老事业，以政府主导下的市场运营模式，大力推广嵌入社区中的就近服务，推动了养老服务全面进入家庭，确保了介护保险政策的落地。同时，日本政府通过“地域综合护理体系”的构建（见图7-1）来确保老年人可以在自己熟悉的地域生活。该体系注重在日常生活圈中加强医疗与介护的紧密合作，延长健康寿命；为了避免因健康恶化陷入要介护状态而加强介护预防；充实高龄者居住和生活服务。另外，日本发达的医疗技术及国民皆保险的保障制度确保了国民在任何时间、任何地点都能使用保险在任何医疗机构就诊，实现了“医院完结型”向在宅医疗、地域治病的“地域完结型”模式的转变。

地域综合护理体系具有小规模、近距离、一站式、专业化、多样化等特点，由政府主导，资助社会福祉法人（社会福利民间组织），推进了老年护理服务社会化。老人根据自身需求可以选择接受不同等级的居家护理服务，也可入住疗养院、托老所、护理院等来享受设施服务。市场化运营引导促使大量社会组织积极参与养老事业，护理服务市场中出现了大批的民间营利与非营利性养老机构，很大程度上解决了社会养老问题。

地域护理体系的构建促使日本养老由“公助”“自助”模式向“互助”模式的转变。人的一生要面对育儿、教育、医疗、介护等种种难题，在少子高龄化日益严重、家庭结构发生巨大变化的背景下，仅凭自身的努力（自助）和政府的社会保障给付（公助）很难解决一生中所要面对的这些问题。不同时期，人与人之间都在互相影响下生活，因此，国家社会保障无法涵盖的各种各样的生活援助，只有在地域中互相支持、互相援助才能得以实现。增强人与人之间的联系与互助有利于缓解人们对未来的不稳定情绪，有利于地域社会良性发展，实现地域的“互助”模式显得尤为重要。

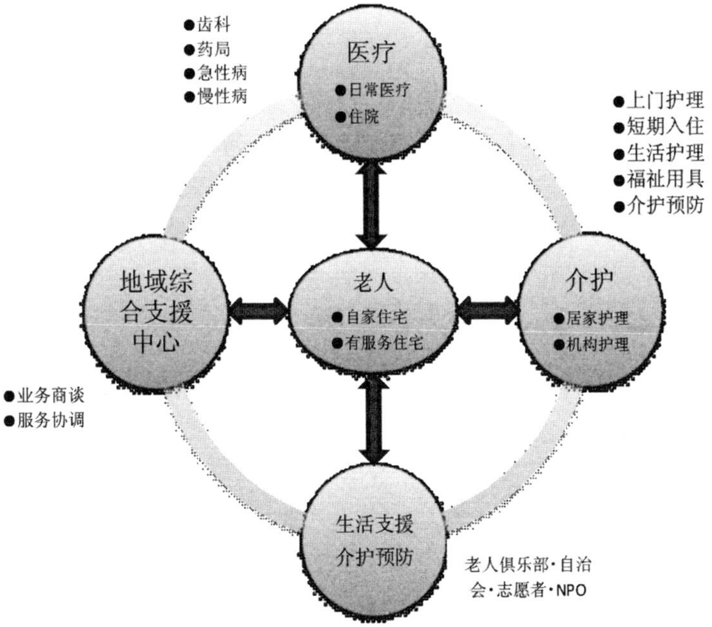

图 7-1　日本地域综合护理体系

第八章

日本养老服务业的对华投资

第一节　日本养老服务业的发展及优势

一、日本养老服务业的发展现状

众所周知，日本拥有高度发达的养老产业，从养老护理服务到专门针对老年朋友研发的各种生活用品和时尚产品等应有尽有，养老产业在日本被称为“银色产业”。其中，日本的介护服务更是世界一流水准。近些年，日本政府将该国医疗和护理业视为“战略发展”领域，希望让自家的护理服务走进亚洲其他国家和地区，同时促进相关护理设备的输出。

根据日本官方数据，目前至少有约50家涉及护理业务的日本企业正在或计划向海外发展。在此背景下，本章就日本养老服务业的发展现状和优势特点进行深入分析，并以中国市场为例，揭示日本养老服务业“走出去”的背景原因、特点及面临的问题。

按照联合国的标准，日本从20世纪70年代开始65岁以上人口超过7%，1994年超过14%而进入老龄社会。2007年老龄化率超过20%，日本迈入“超老龄化社会”。2015年，日本总人口1.27亿，其中65岁以上老年人占比达到26%，已成为全球老龄化率最高的国家。预计到2030年，这一比例将超过30%。日本是全球老龄化速度最快的国家之一，主要是受经济长期低迷、社会伦理家庭观念、医疗技术先进等因素的影响，日本的人口结构逐渐向低出生、低死亡、低增长趋势过渡。

随着日本人口老龄化的快速增长，传统的家庭养老和政府养老的模式已经不能满足老年人日益增长的多层次需求。日本政府通过一系列的养老政策与制度构建，促进了养老产业的社会化、市场化、产业化发展，并逐渐形成以养老服务为核心的“银发产业”，涵盖老年住宅、老年金融、家政服务、福利用具、生活旅游服务、生活用品等各个方面，以满足老年人生活多样化、更高层次的需求。

国家对于养老产业的大力扶持促进了日本养老服务业的快速发展。日本先后制订了《国民年金法》、《老人福利法》和《老人保健法》、《介护保险法》等重要的法律制度，完善社会保障体系，保证了日本养老产业持续运转并不断完善。其中，《介护保险法》是最重要的社会保障制度之一，它通过市场化、社会化的运作，支撑着日本养老服务业健康快速发展。日本现已形成居家护理和设施护理两类介护模式，通过实现“医养护融合”，为老年人提供专业性老年服务。

日本的养老服务产业持续稳定成长，预计2025年的市场规模将达到155兆日元。其中的护理产业2015年的市场规模约为9.8兆日元，2025年预计会扩大到15.2兆日元。日本的养老服务种类繁多，可以分为居家型、地域密集型、老人福祉机构三大类（详见表8-1、8-2、8-3）。其中，访问护理、日间照护服务最受推崇，投资小、回报高是其重要特点。

表8-1 居家类

服务类型	内容
访问护理	护理员上门照顾老人的饮食起居，陪同老人外出看病或散步等
访问入浴	护理员自带设备上门为老人洗澡
访问医护	护士或者保健师上门为老人测量身体状况，对日常饮食和康复方法进行指导等
日照护理	陪同老人去日间照料中心进行饮食、洗浴等，并提供头脑技能训练、身心娱乐等服务
日照康复	类似日照护理，提供康复服务
短期托老	接收30天以内的短期入住，提供护理、康复等服务
居家疗养管理指导	由医生、护士、营养师等专业人士上门服务，进行医疗疗养方面的咨询和指导
对机构的居家护理	向一些不自带服务的养老设施提供居家护理服务
福祉用品的租赁	由专业人士提供咨询及福祉用品的出租维护等服务

表 8-2 地域密集型

服务类型	内容
小规模多机能	提供居家、日照、短期托老等综合性日常服务。包月制收费，规模较小（25 人之内）
聚居之家	对失能老人进行护理以及延迟病状的恶化，一般 10 人为一个单位
居家护理支援事业	护理员根据老人的状况配置各种资源、制订护理计划

表 8-3 老人福祉机构

服务类型	内容
特殊养护老人之家	传统意义上的养老院，以失能程度较高的老人为对象，政府补贴较高
老人介护保健设施	康复为主的过渡型设施
介护疗养医疗设施	以病后需要长期医疗护理和疗养的老人为对象

养老服务产业的劳动密集型、地域性、科学性等特点决定了它分散性的产业结构形态，很难出现几家大公司垄断市场的产业结构。2014 年，日本护理服务产业总规模为 7503 亿日元，经常收益 2043 亿日元，过去 5 年的成长率平均为 9.9%。2014 年度介护服务企业的销售额排名中，日医学馆、倍乐生、Message 形成了自己的特色服务，在养老服务产业中占据前三名，销售额分别为 2714 亿日元、795 亿日元、742 亿日元（见表 8-4）。

表 8-4 2014 年度介护服务企业销售额排名（亿日元）

顺序	企业名	销售额
1	日医学馆（Nichiigakkan）	2714
2	倍乐生（Benesse）	795
3	Message	742
4	Tsukui	574
5	西科姆（SECOM）	538
6	Unimat-soyokaze	406
7	和民介护	350
8	Saint-Care	314

续表

顺序	企业名	销售额
9	Ship Health Care Holdings	188
10	Care21	158
11	Care Supply	108
12	长乐（LONGLIFE）	104
13	Cedar-web	104
14	Uchiyama Holdings	103
15	Care Service	73
16	Human Holdings	72
17	Charm Care Corporation	58
18	Yamane Medical	52
19	Varus	32
20	Nfield	18

资料来源：根据资料制作。

二、日本养老服务业的优势

（一）完备的制度保障

各种法律制度的实施促进了养老服务产业健康发展。日本厚生省出台的《收费养老院设置运营指导方针》（1974 年），建立了市场规范及行业标准。该方针对养老机构的属性、设施标准、人员配置、服务标准等进行了详尽的规定。《老人保健法》（1982 年）和“黄金计划”（1989 年）推动了专业护理人员的培育以及养老意识的普及。《社会福利师和介护福利士法》（1987 年）设定了社会福利师和介护福利士两项国家资格考试。另外，具有划时期意义的《护理保险法》（1997 年）提出建立护理保险制度，该制度把 40 岁以上的被保险人都纳入长期护理保险的范围，完善了日本的社会保障体系，确保了老年人有足够的支付能力。

随着护理保险制度的实施及社会保障体系的完善，许多民间企业着眼于养老产业，开始进入老年护理服务市场，设立并运营各类养老机构。个性化的商业养老设施层出不穷，养老服务质量不断提高，社会养老服务的专业人才不断增加。为了进一步改善介护员工的待遇，日本政府制定了“有关确保介护服务的人才，改善介护服务员工待遇的法律”（2008年），加大对养老产业的投资力度，确保更多的专业化人才以应对日益增加的社会养老需求。

（二）多样化的养老模式和养老设施

日本有着多种多样的养老模式和各种个性化的养老设施，这使得传统的居家养老向社会养老转变，民间企业开始承担老年人赡养的责任。小规模多功能的社区养老辅以高质量的访问护理服务，使得社会养老成为一种发展趋势。根据《老人福祉法》（1963年），日本的养老设施有短期居住、长期居住、疗养、健康恢复等十几种类型。65岁以上老人可使用介护保险入住这些设施，真正实现了“按需养老、按需护理”的目标。日本已经形成了以居家养老为基础，以社区养老为依托，以机构养老为补充的多元化养老方式。另外，养老服务日趋专业化，除了引入高端医疗技术以外，在各类养老设施设计和建设、养老用具、饮食等方面注重细节、煞费苦心。不具备专业护理资源的养老设施也可以通过服务外包来完善入住人员的护理服务。日本的养老机构主要分为以下三种（见表8-5）。

表8-5 养老院类型及服务对象

类型	服务对象
健康型	宾馆式服务，主要完成老年人的日常家务
住宅型	身体健康的老人入住，养老院联系介护企业提供临时看护服务
看护型	身体不便和患病老人入住，养老院与医疗机构合作提供看护服务

（三）“小规模+连锁化”的经营模式

日本的养老服务企业多采用小规模、连锁化经营模式，如上所述，这是由其产业特点所决定的。倍乐生集团（Benesse）是日本最大的教育企业集团，致力于教育、外国语培训、母婴生活、养老服务领域。该公司1995年开始介护事业，运营近300家养老设施，产值规模已达867亿日元。该公司养老院多建在市中心的住宅区，备受当地居民青睐。日医学馆（Nichiigakkan）创立于1968年，集团横跨医药、看护、健康保健、教育等行业。其中看护部门提供包括家庭护理、失智护理在内的各式护理服务。运营800余家机构，开设护理学校、销售养老用具等。该公司主营业务收入稳步增长，超过2700亿日元，净利润也达到了接近40亿日元。西科姆（SECOM）是日本最早的安保公司，自1962年开始发展安防、医疗、房地产和保险等业务，一定程度上为后续拓展的养老业务打下了基础。由于西科姆传统的安保产业优势，它提供了生活救援、24小时紧急通报、室内对外应急求救设施以及高科技监护老人身体状况的装置，在高端养老机构市场占有重要地位。

第二节 日本养老服务业“走出去”的背景及现状

一、日本养老服务业“走出去”背景原因

20世纪90年代开始，受泡沫经济崩溃的影响，日本经济长期低迷，需求不振，企业经营困难，收入降低。另外，老年人口快速增长，养老服务需求剧增。在这样的背景下，大力助推养老服务业的发展，满足社会需求，推动经济发展是日本政府无法回避的重要课题。官方预测，日本国内的介护服务业市场规模会持续扩大，但是2045年之后将会停滞，所以早期实施日本养老事业“走出去”战略在日本国内已经达成共识。

另外，亚洲各国经济虽然保持着持续快速增长，实际上许多国家已经进入老龄化社会。包括曾实行“独生子女”政策的中国、中国香港特别行政区以及韩国、新加坡、泰国等国的老龄化率都达到7%~14%，越南、马来西亚、缅甸、印度尼西亚、柬埔寨等其他国家预计在2025年将进入老龄化社会，这些国家都把如何应对老龄化问题视为重要课题。其中，中国作为世界第二大经济体，因其市场规模巨大，许多国外企业都把中国视为有潜力的市场，希望能够在中国养老服务业中占有一席之地。据推测，从2016年到2020年，中国养老市场消费将超10万亿元，年均增长幅度将达17%。未来20年，中国养老产业规模有望达到20万亿元以上。

逐渐进入老龄化社会的亚洲各国所处发展阶段不同，收入水平低于日本，所以市场潜在性也有所不同。表8-6对中国、日本、东南亚6国的高收入老龄人口数量进行了推算。其中高收入老龄人口是指年收入在3.5万美元（可支配收入）以上家庭的老龄人口的数量。亚洲很多国家没有介护保险，所以民间养老服务的潜在客户多是有较高支付能力的群体。统计结果显示，中国的高收入老龄人口数量明显高于其他亚洲国家，到2020年约为4100万人，是日本的1.3

倍。东南亚各国与中国相比数量较少，其中泰国最多为 216 万人。之后是印度尼西亚的 175 万人，马来西亚的 137 万人（见表 8-6）。

表 8-6　亚洲各国高收入老龄人口数量

国家	老龄人口数量（千人）		高收入家庭比例		高收入家庭老龄人口数量（千人）		成长率（2012—2020）
	2012 年	2020 年	2012 年	2020 年	2012 年	2020 年	
中国	119492	167692	9.8%	24.8%	11710	41588	17%
泰国	6280	8805	12.6%	24.6%	791	2166	13%
印尼	12696	17005	3.7%	10.3%	470	1752	18%
马来西亚	1512	2253	42.0%	60.8%	635	1370	10%
越南	5947	7965	3.3%	13.7%	196	1091	24%
菲律宾	3715	5365	8.1%	17.8%	301	955	16%
新加坡	516	844	78.4%	84.1%	405	710	7%
日本	30973	35877	71.1%	77.4%	22022	27769	3%

二、日本养老服务业"走出去"的现状

亚洲各国与日本一样，存在着夫妇同时工作的家庭剧增、家庭小规模化、老人护理难的社会现状。虽然护理服务还没有像日本那样在各国得到普及渗透，这主要是由于"介护即保姆""养儿防老"等传统意识仍然存在。但是，对于失能人士的生活援助和老年痴呆症患者护理的服务却备受各国瞩目，这也给日本养老服务的"走出去"提供了大好的机遇。表 8-7 汇总了部分日本企业在海外开展养老服务事业的情况。

表 8-7　日本护理企业的海外事业

企业名	中国	韩国	泰国	印度尼西亚
贝乐生（Benesse）	访问护理 人才教育 养老设施			访问护理 养老设施

续表

企业名	中国	韩国	泰国	印度尼西亚
里爱	访问护理 养老设施		访问护理 养老设施	
长乐（LONG LIFE）	养老设施			养老设施
日医学馆（Nichiigakkan）	福祉用具			
France Bed	福祉用具			
Hitachi-systems.	系统			
Medical Care	人才教育等			
和民介护	养老设施			
HCM	访问护理			
FB-kaigo Service	养老设施			
日本介护福祉集团	访问护理			
Bridge		访问护理		

第三节 日本养老服务业在中国的投资及问题

一、日本养老服务业在中国的投资现状

在日本排名前20的养老服务企业很多已经进入中国市场。比如，行业领头羊日医学馆于2012年4月在上海设立日医福利器具贸易（上海）有限公司，开展护理服务及护理人才教育事业。并与丰田通商达成资本合作，强化其产品在中国的销售。在日本首都圈运营约30家收费老人院的里爱在北京和上海分别设立企业管理咨询有限公司，提供小规模多功能的服务。另外，经营上门护理、老人院等事业的维斯福祉（WIS-NET）、Medical Care Service、西科姆（SECOM）、长乐（LONG LIFE）等众多日本企业也已在中国开设养老设施，提供护理服务。日本的养老企业在中国投资呈现出两大特点。

（一）小规模多功能+资本合作的投资形式

2013年7月开始，中国虽然允许外资在本国设立独资企业，但是仅限于非营利性质的企业，而且税制优惠政策、服务价格设定等受到一定的限制。所以很多日本企业多采用与当地企业签署战略合作框架协议共同开展，单独开展介护服务的企业较少。

一般来说，日本企业与当地的地产开发商等进行资本合作，设立合资企业进行养老设施的管理和运营。中方企业确保设施建设、员工雇佣、服务销售与服务宣传等。日方企业对设施及服务进行设计、培训护理人员、派遣教育运营管理者等。另外，除了当地制度性原因之外，日本的养老服务行业虽然发达，但其企业还处于成长期，不具备雄厚的资金实力和丰富的海外投资经验，这决定了日本企业目前还无法独立在海外开展大规模的事业，现阶段资本合作的方式才是最合适的投资行为。

长乐（LONG LIFE）于2012年11月与中国新华锦集团成立合资公司，开始运营161家以上的高级养老院，大力拓展日间照护服务、在宅护理、护理用具等。2016年1月与新华锦、青岛市社会保险事业局、青岛市社会保障协会共同签署了《关于养老护理专业人才培养战略合作框架协议》，在青岛市开展养老护理专业人员的教育培养。根据协议，筹划建设青岛市养老护理国际专科学校，包括引进具有国际领先水平的日本养老护理理念、技术和知识；引进与消化日本专业院校和专业机构的养老护理课程、教材、师资力量和教学体系。与日本具有影响力的养老护理专业院校、机构进行合作，前期开办养老护理专业职业技能培训，建设非学历教育的职业技术专业学校；后期逐步实现职业教育与学历教育相结合，建设具有国际化、高水平、适应中国养老需求的养老护理专科学校。维斯福祉（WIS-NET）于2010年4月与大连造船集团共同设立合资公司开始提供上门护理、护理人员培训、收费养老院运营等服务。另外，该公司开始运营130床位的养老院。

（二）以高收入群体为目标

目前在中国使用介乎服务的仅限一小部分富裕阶层的家庭。在中国“家庭养老”“养儿防老”等传统观念依然根深蒂固，对于把老人送入养老院等设施进行照顾还有不小的抵触。相对于此，很多家庭更愿意雇佣保姆来做家务，保姆肩负起一部分老年人的介护功能。由于这种意识的存在，日本企业更多的是把客户群体锁定在那些高收入家庭的老人，向其提供中高端价位的护理服务等。

比如，长乐（LONG LIFE）于2011年11月在青岛与当地企业合资开发了高端老年公寓。该高级公寓靠山临海，周边环境优美，共有27层，161个房间，设有医院、温室和游泳池等专用设施，入住者需一次性交纳2000万日元（约合人民币151万元）的费用。理爱（北京）在上海开设有一家拥有200多个床位的养老设施。该公司的养老设施在接纳服务对象时，会根据其身体机能的情况进行评级，每个月的入住费用从8000元到10000元出头不等。

日本养老产业专家鞠川阳子指出，同日本相比，中国的养老市场有诸多不同之处，主要是中国的养老市场地区差异大、养老模式和习惯差异大、老人消费能力差异大等。比如，以上海、北京为代表的一线和部分沿海城市的老人消费能力高、养老观念开放，很容易接受去机构养老、候鸟养老等养老方式；而在二三线城市，老人的消费能力相对较低，多数还是愿意养儿防老、终老自宅等。这就要求机构决策者要对不同的地区使用不同的投资开发策略和方案，充分了解当地老人的需求。特别是养老项目的“本地化”，即入乡随俗的能力对项目开发能否成功很关键。

二、日本养老服务业在中国投资存在的问题

日本企业虽然迎来了亚洲各国对介护服务的需求在迅速扩大这一大好机遇，但是日本养老服务企业的“走出去”还是面临着诸多问题。

（一）缺少有效的盈利模式

在日本因为有完善的介护报酬和介护保险制度，介护事业才得以发展得如火如荼。没有各种完善制度的保障，即使在国外建立日本式的养老院等设施，介护事业也很难形成合理有效的商业模式和盈利模式。

中国养老产业起步晚，国家没有全国统一的制度设计。有些投资必须与当地政府、社区等主管单位进行协商。另外，公立的养老机构价位较低，挤压了民营养老设施的利润。再就是在现有的社会资产中，适合养老机构的物业并不多，想要自己投资新建物业用于养老机构，经营场地的高昂租金就是压在企业头上的一座大山。目前中国养老产业是微利产业，养老机构的盈利能力十分有限，想培植养老机构长久发展，充裕的资金输入、可供使用的物业储备是必不可少的前提条件，具有强大市场竞争力的医疗资源也是稳健运营的基础。养老机构输出的归根结底是服务，一套成熟、高效的管理体系才能提供高质量的服

务。各种条件的限制使得日本企业经营的养老设施规模相对较小，一般是100人以下的规模。对日本企业来说，如何克服诸多困难，摸索出有效的商业模式和运营模式是当务之急。

（二）专业化人才短缺

在养老机构运营要素中，首先是人的因素。一类是具有专业特长、为养老机构提供医疗保障的专家。另一类是决心致力养老行业、拥有一定专业素质的从业人员。如何确保养老设施服务人才并进行培养对日本养老企业来说也是个重要课题。

在亚洲没有哪个国家像日本这样拥有大量高质量的专业护理人才。在中国虽有“养老护理员”的认定资格制度，但拥有资格人数严重不足。另外，护理人员的薪金水平较低、离职率较高，供需矛盾十分突出，且素质亟待提高。养老护理服务人才数量短缺和质量不高越来越成为制约养老事业可持续发展的重要因素。目前，日本企业主要通过两种方式来进行护理人才培养：一是让在日本学习护理技术的中国人回到当地进行护理人员的技术指导；二是请日本护理专家去当地进行教育培训。

第九章

日本养老服务业发展经验对我国的启示

目前，我国老年人的养老服务需求的多样化、多层次与日俱增，但是养老服务供给侧却存在着严重短板。我国养老服务产业还处于发展初期，养老产业尚未形成，养老服务和产品供给不足的问题非常突出，局限的服务模式，忽略农村老年人的养老服务，对失能失智老年人的照顾养老短缺，养老服务人才奇缺。要解决目前我国养老服务供给侧的短板，应对老龄化的到来，就应当以老年人的需求为宗旨推动养老服务供给侧改革。

经济学理论中存在“需求”、“有效需求”与“潜在需求”这三个概念。马尔萨斯最早提出了“有效需求”的概念：“商品的有效需求就是一种能满足商品供给的自然和必要条件的需求。”凯恩斯则对“有效需求”给出了更明确的定义，即指市场上有支付能力的总需求。另外，从消费经济学的角度看，商品或服务的消费需求可以分为潜在需求与有效需求。消费者具有购买欲望而无支付能力时的需求为潜在需求，而既具有购买欲望又具有支付能力的需求则为有效需求。唐钧（2014）指出，我们在讨论养老服务的需求时，没有区分需求、潜在需求和有效需求，而且在大多数情况下，有效需求被忽略，因此造成了我国养老服务领域的这个怪圈：一方面，潜在的养老服务需求使民政部门不断增加养老机构的床位；另一方面，有效需求不足则使养老机构的床位难以得到充分利用。目前，有服务照护需要的老人没有支付能力进不了老年服务机构，老年服务机构的床位空闲经营亏损缺乏可持续的后劲。

日本在养老问题上与我国有很多相似之处。日本在社会养老事业发展初期阶段也走了一些弯路，片面追求养老床位的数量，导致各种大型养老机构被废弃，大量的社会资源被浪费。日本为解决养老服务供需失衡问题，通过设立介护保险等充实社会保障制度，提升老年人服务购买能力，并把社会养老服务体系建设的重心转移到构建地区养老支援中心，这对日本养老服务体系持续健康发展起到了至关重要的作用。通过以上对日本养老服务业发展经验的分析可见，提升老年人支付能力，创造有效需求，对解决我国养老服务业供需失衡问题，实现养老服务业可持续发展至关重要。

第一节　日本社会保障制度的启示

一、加快社会保障制度的法制化建设

日本的社会保障制度从一开始就比较注重法制化建设，这对于其社会保障制度的建设与完善起到了非常重要的作用。而在我国，由于社会保障法制体系尚不健全，立法空白较多，内容相对粗疏，实践中主要依靠少量效力层次较低的法律规范和大量的行政命令、政策规定办事，这种社会保障“无法可依”“有法难依”的状况必须尽快予以改变。要把社会保障立法作为建立我国社会主义市场经济法律体系的重要组成部分，放在突出的位置上，抓紧制定社会保障制度的基本法律。在制定《中华人民共和国社会保险法》《中华人民共和国社会救助法》等框架性基本法的基础上，要清理、整合、重塑相关的配套法规、规章和规范性文件，保证整个社会保障制度体系的完整、协调和有效。同时，进一步完善社会保障依法行政的制度，基本形成覆盖城乡的劳动保障监察执法网络；通过强化普法工作，使广大劳动者和用人单位的维权意识和守法意识明显增强，使我国的社会保障制度真正走上法制化轨道。

在加快社会保障制度法制化建设的过程中，必须从战略层面特别注重以下两点：一是要尽快统一思想，统筹考虑，制定一个各方都可以接受的、科学合理的整体规划，尽量避免制度的碎片化，消除制度之间的不和谐。二是要处理好改革和立法之间的关系，立法既要总结、反映、固定改革实践证明的有效经验，又要在制度设计上为改革的深化留有余地。

二、加快建立和完善多层次的社会保障体系

日本通过建立多层次、多元化的社会保障制度，实现了以“全民皆年金、皆医疗”为代表的社会保障广覆盖。社会保障是社会安定的重要保证，我国应

当抓住目前和今后一段时期经济增长较快、财政状况较好的有利条件，加快建立和完善多层次的社会保障体系，不断扩大社会保障覆盖面，保障人民基本生活，增强人民福祉。要以社会保险、社会救助、社会福利为基础，以基本养老、基本医疗、最低生活保障制度为重点，以慈善事业、商业保险为补充，加快完善社会保障体系。促进企业、机关、事业单位基本养老保险制度改革，探索建立农村养老保险制度。全面推进城镇职工基本医疗保险、城镇居民基本医疗保险、新型农村合作医疗制度建设。完善城乡居民最低生活保障制度，逐步提高保障水平。完善失业、工伤、生育保险制度。健全社会救助体系。做好优抚安置工作。在这个过程中，国家要特别注重社会公平，要统一规划、统一决策、统一立法、统一管理，立足国家政治、经济、文化现实状况，适时不断推进社会保障制度覆盖面的同时，不断改变不同形式、不同层次的社会保障具体制度中的不合理结构、不平衡局面和不公正因素。

三、科学地确定社会保障的内容和水平

社会保障事项涉及广大国民的切身利益，具有支出的刚性，一旦国家财力不能有效保证社会保障既有待遇的及时兑现和稳步提高时，就将引发广泛的社会动荡，并倒逼社会保障制度改革。日本从 20 世纪 90 年代以来动荡的政权更迭和艰难的社会保障制度改革，就是必须引以为鉴的明证。

我国必须根据社会保障水平与社会生产力相适应的原则和公平与效率兼顾的原则，来确定社会保障的内容、项目及其水平。目前，我国社会保障的绝对水平较低，在一些给付待遇上确有扩展范围和提高标准的必要。但是，必须要建立在严格测算、充分论证的基础之上，并且充分考虑现实的承受能力和中长期的周期平衡，以便维持社会保障体系的长期、良性运行。社会保障应是法定的基本保障，这一体系也仅是受保障者最基本的保障，不宜期望过高。目前，在指导思路上既要“尽力而为”，又要“量力而为”；在技术层面上，则要积极探索建立科学的社会保障待遇标准与社会经济状况联动调整机制，使社会保障既能促进经济发展，又能够真正起到安全保障作用，并能有效地维护社会的秩序和稳定。

四、建立稳定、可靠、多元的资金筹措机制

日本的社会福利政策正在由过去的行政管理措施转变为个人与福利组织及团体之间的契约履行制度，如护理保险的实行和志愿者活动的有偿化、法人化都是旨在灵活地利用市场机制在福利领域中的调节作用，实现社会保障的产业化。我国目前的社会保障制度改革也要着重建立稳定、可靠、多元的资金筹措机制。首先，要依法扩大社会保险基金的征缴覆盖面，提高基金征缴率。城镇各类企事业单位及其职工都要按照规定参加社会保险，并且依法足额缴纳社会保险费。各级财政要调整财政支出结构，提高社会保障支出的比重。国家还可以采取其他政策措施补充社会保障资金，如建立国家社会保障预算、发行社会保障长期债券、变现部分国有资产、开征社会保障税等。逐步减轻国家和企业的社会保障负担。例如，目前公费医疗仍然是以国家财政拨款为主；劳保医疗以企业支付为主，个人承担为辅。今后，要逐步加大个人支付部分，超出个人承担能力的部分，则通过社会互济，在医疗保险费中支出。中国的社会保障体系应该是开放性的，它鼓励社会成员通过储蓄投保等方式参加社会保障体系之外的个人保险。其次，必须建立一个统一的社会保障管理机构。其主要职能是：管理社会保障档案和个人账号；编制社会保障预算决算报告；及时、足额地发放社会保障金；收缴社会保障费用；保证社会保障基金合法使用和安全运营；收集、分析、处理社会保障制度运行中的各种问题、信息，为政府制定社会保障政策提供咨询服务等。同时，要运用电子技术手段，建立统一的、覆盖全国的社会保障技术支持系统，提升社会保障管理的现代化水平。最后，要建立社会保障基金使用中的监督机制。为了合理、规范、有效地使用社会保障基金，必须建立健全社会保障基金使用过程中的有效监督机制，切实管好、用好人民的“救命钱”，防止社会保障基金被违法挪用和挤占。

五、提高社会福利保障的服务效率

日本近年来通过鼓励国民积极参与社会福利事业，引进“福利经纪人”制度，以期提高社会福利的服务效率。我国的社会保障事业也亟须提高服务效率。首先，鼓励人民积极参与社会福利事业，通过社会各个阶层的相互协助，增强人民对社会福利保障事业的理解、关心和支持。其次，大力发展社区服务，也

鼓励民间团体参与竞争。在建立困难群体的社会支持网络中，要充分发挥第三部门和社会志愿者的支持作用。如鼓励创建各种民间团体，设立基金会，以及发展专为困难群体提供支持、保护和服务的慈善机构。民间团体的参与，则有利于促进提供服务的各种团体之间的相互竞争，提高服务效率。最后，还要真正把社会保险基金的保值和增值作为社会保险基金运营管理的重要目标，积极研究探索社会保险基金保值增值的可行办法和有效措施，从而提高社会福利保障的服务效率。

第二节 日本年金服务经办管理的启示

一、经办机构的独立性和效率性

在2010年之前，日本的年金经办服务由厚生省的社会保险厅负责。但社会保险厅在经办过程中，发生了许多问题。有渎职事件、侵吞年金、贪污受贿、年金冒领事件、个人信息泄露事件、年金记录丢失事件、不正当的年金保险费豁免事件（2006年5月达222587件），随意减少年金滞纳金额度达6800万日元（2007年8月）、年金基金的流用（用于职员宿舍改造，公车更换、接待费、设施费、娱乐活动，以及职工福利待遇改善等），另外，接受地方和民间企业的招待等问题。这些问题的发生，引起了国民的不满和愤怒。国家不得不着手改革年金经办的服务与管理体制，处分了525名社会保险厅的公务员。这些被处分的公务员没有被新设立的日本年金机构采用，成了失业者。公务员失业的事情在日本是很少见的，也引起了轩然大波。在2010年，废除社会保险厅，原社会保险厅的业务分为两大部分，分别由两个新的机构承担。一个是日本年金机构，负责基本养老保险的运营工作，另一个是全国健康保险协会，负责健康保险工作。

年金机构也采用了原社会保险厅的职员，但由于不是公务员，在用人制度上有更大的自由裁量权。年金机构与原社会保险厅相比发生了以下变化：首先是“职工”的变化。日本年金机构的职员已经不是公务员身份，而是一般企业的员工了。职工待遇要基于其能力和实际业绩来决定，所以员工要进行彻彻底底的人事管理意识改革。其次是“服务”的改变。服务中要用亲切而易懂的语言来通知个人，用电话咨询和互联网的信息提供等手段，提高服务质量。最后是“工作方法”的改变。日本年金机构刷新了老式的电脑系统，实施各种各样的确认检查结构、事务处理的集约化、业务外部委托等各种事业的合理化和效率化。

党的十八大报告明确提出了转变政府职能的目标：“要按照建立中国特色社会主义行政体制目标，深化推进政企分开、政资分开、政事分开、政社分开，建设职能科学、结构优化、廉洁高效、人民满意的服务型政府。”我国社会保险是典型的缴费型保障制度，由人力资源和社会保障行政部门制定政策、社会保险经办机构提供管理服务。厘定社会保障行政部门职责和经办职能，推行政社分开和政事分开，加快推进社会保障改革显得尤为重要。将行政化经办机制转型为法人化经办机制，将公立性经办机制升级为竞争性经办机制，打破了社会保险经办服务的公立垄断格局，并推动了社会保险主管部门与经办机构的管办分开，引入竞争机制，将为改革政府公共服务提供方式、创新社会事业管理提供有益探索，也有利于强化社保经办服务意识，改进经办服务质量，提升经办服务水平。

二、经办管理的系统性和规范性

公共年金最重要的是其适用范围、支付标准、参保费用基准、记录的管理、工作人员的教育、信息的公开等内容，需要系统地把这些环节统一并规范起来。日本年金经办管理服务改革过程中，始终贯彻系统和规范性原则。首先，经办机构的体系从中央到地方都有一套完整的功能定位和职能划分，政府、机构和个人之间有一个牢固的网络和纽带相连接。政府随时倾听国民的心声，国民也随时随地可以咨询各种相关信息，反映问题。同时，加强基层工作机制，把工作重心放在“最后一公里”。还加强同其他部门和企业、学校的合作，整合社会力量，借力助推年金事业发展。整个年金事业形成一个良性循环网。整个网络依靠网络平台，电话和街角服务中心等多种手段支撑。

在我国，也应该积极建设全民社保登记平台、全国个人权益记录网上查询服务平台、电话微信客户端平台、移动手机平台、跨省异地服务平台、监督投诉平台以及外国人参保缴费平台。在地方层面，大力推进机构、信息等资源整合，推行多险合一，统一登记、统一申报、统一基数、统一征缴、统一分账、统一稽核，实行按流程配置内部机构。在技术层面，大力推进规范化、标准化、信息化“三化”建设，提高经办能力。信息系统是城乡居民社会年金经办工作规范化、标准化、精细化的技术保障，必须加快信息系统建设，才能为城乡居民提供强有力的技术支撑。标准化建设就是提升管理服务水平的具体方式，我们应在梳理相应业务流程的基础上，制定翔实、明确的操作规范，以保证业务操作结果的一致性、准确性，提高服务水平。

三、经办服务的人性化和便捷化

政府的年金服务能力是指在政策执行过程中，政府拥有的政策执行、传递服务、为政策制定者提供政策建议的永久性行政能力。它通过资源配置、部门监管、公民参与等方式提高养老保险经办机构服务水平，满足年金加入者的需求，加强社会组织的监督，最终保障政策有效实施的行政能力。日本年金经办服务非常人性化和便捷化。比如，定期给每个人邮寄信件，告知每个人的年金信息，以便个人核对，及时纠正错误。另外，在街角和公共场所，设置年金咨询中心，购物的同时，也可以把自己的年金事情问清楚，非常方便老百姓。政府积极主动联系老百姓，递送暖心服务，才能赢得老百姓的信任，同时，也依靠网络，方便查询。还有电话24小时服务热线等，让老百姓感觉到政府很关心他们的老后经济保障问题。年金是老百姓的养命钱，老百姓重视，政府就不能忽视。

我国也建立了社保网，还有各种服务“大”厅。虽然系统很全面，服务也周到，但是手段和途径比较单一。另外，社保经办人员数量有限，与庞大的人口基数相比，社保经办机构“小马拉大车”的情况很严重，截至2012年底，全社会社保覆盖高达26.6亿人次，一个经办人员对应的参保人次，已经从2000年的2757∶1，上升到2012年的9692∶1。2013年该比例超过1万人次比。在参保人数进入快速增长的情况下，由于社保经办人员数量和经费没有跟上，目前社保经办机构人均负荷已经进入极限状态①。有的地方办理年金事务要等几个小时才能办理。为解决人力资源严重不足的问题，一方面要改变观念，在条件允许的情况下尽可能将一些专业性要求比较高的工作服务外包给相关机构；另一

① 肖明．社保经办机构“小马拉大车”，社科院建议升格为管理总局．凤凰网财经，2013-12-13.

方面，建立经办机构内部较为灵活的用人机制，通过合同用工、按项目用工等多种形式解决编制不足的问题，充实经办管理人员力量。

经办机构应以“规范、高效、便民”为目标；以互联网、大数据、移动终端、社交网络等信息技术为手段；在确保基金安全运行的前提下，尽量减少经办环节；将社保服务前移至乡镇、社区、参保单位、银行、网上、掌上办理，为服务对象提供“一站式、一窗口、一条龙”社保经办服务。在农村地区，需要提高农村金融网点覆盖率和服务便利度，使广大农民充分享受安全、便捷、丰富、高效的金融服务，可以做到完善机构网点布局，如在人口密集的乡镇、行政村和中心社区积极尝试通过按照 ATM、Pos 机方式，解决小额现金存取、转账、查询等方面的服务需求。经办机构能否创新管理理念，提高经办服务水平，直接关系到能否为参保人员提供更加优质、便捷的服务，关系到老百姓的满意度，所以应将经办服务放在重要的位置。

四、末端服务的政府购买和市场化运营

日本重视末端“最后一公里”的服务递送，为了提高递送效率，采取政府购买服务的形式，把末端业务外包给各种组织、机构和企业。这些都是直接与老百姓生活对接的地方，方便老百姓。例如与分散在全国的便利店对接，进行宣传和服务。我国农村居民的养老金缴费和领取有很多不便，可以借鉴日本的经验，与便利店等老百姓周围的机构对接，嫁接服务。

五、社会保障和税的一体化改革

为了准确掌握个人的收入信息等，公平公正实施社保，也为了提高行政效率和国民办理事务的便利性，日本从 2016 年开始，实施社会保障和税番号一体化改革。我国在社会保障制度实施过程中，个人收入难以核查等是社保的难题。虽然各地社会保障费的征收在很多地方委托给税务部门，但与业务真正一体化改革还相差甚远。

六、问题处理的及时性和再发生的预防性

日本年金经办也出现了很多问题，日本经办机构能及时应对，不仅设立专

门机构来应对，还出台了一系列法律法规，为问题解决保驾护航。还聘请专家有针对性解决问题。另外，为了防止问题的再次发生，也出台了一系列对策，保证以后不发生同样问题。把事前预防和事后处理做到位。

七、有针对性、系统性的人才培养

日本始终重视社保经办人才的培养。不仅有系统性的人才培养计划，也建立了社会保障事业大学做后盾，来落实人才培养计划。同时，为了提高年金服务经办的效率，还注重专项培训和国民满意度培训。让每个人的服务都能让老百姓满意。

第三节　日本年金积累基金运营管理对我国的启示

通过分析 GPIF 的历史沿革、运营机制、投资收益与策略等情况，可以发现，日本年金积累基金发展趋势逐渐显现市场化运营管理、动态化配置调整、多元化投资方向和专业化投资主体的特征。这些新的发展变化不仅为日本养老金带来了长期稳定的回报收益，实现了基金增值保值的目的，同时养老金的新变化新发展也体现出日本政府推动经济、稳定市场的举措与方向。因此，研究 GPIF 的投资变化对我国社会保险基金的运作、管理、投资等方面具有重要的借鉴意义。

一、建立独立的管理体制，加速养老金运营的市场化和透明化

日本年金早期通过“财政投融资计划”这一政策性金融工具来运作资金，由于缺乏市场化竞争、透明化管理和有效的监督，很大一部分公共年金变成了不良资产。为提高资产的管理效率和投资回报，GPIF 设立之后，建立了合理的运行机制和有效的风险管理机制。GPIF 成立经营委员会，提供投资策略建议，监管基金运营情况。在实际操作中，通过运用有效的风险管理手段来管理市场流动性风险和信用风险。通过对年金积累基金进行统一管理，出台一系列法律法规及投资监管政策，采取市场化的投资方式，委托专业化的金融机构，使得

年金积累基金投资收益得到明显改善。另外，2016 年 7 月 29 日开始，为了履行信息公开义务，GPIF 也将像欧美的公共年金基金一样，向委托人（国民和被保险者等）全面公开所持有的投资品种信息，以此提高透明度，获得国民信任，从而提高海外投资家对日本国内股市和企业的信赖。

在市场经济中，政府并不能直接参与市场经营活动，因此由 GPIF 代表纳税人或缴费者的利益建立一个具备“独立性”的“经营委员会”就成为必然。一般公司治理中的“独立性”是指公平和均衡地代表每个股东利益，而在这里，“独立性”具有特殊的含义，是指尽可能独立于政府决策和政府一般事务之外。这是主权养老基金治理的核心和难点，也是考察主权养老基金治理结构合理与否的一个重要指标①。

当前，我国社会保险基金的发展受到投资管理体制的制约。社会保险基金的理事会是中央政府下设的事业单位，之前隶属于我国国务院，2018 年机构改革后又隶属于财政部。其公共部门属性决定理事会不能成为完全独立的机构投资者②。另外，我国社会保险基金的管理重心仍集中在各地政府，管理较为分散、运营较不透明，这就增加了运营成本，导致效率低下和浪费；投资较不专业，监督和监管体系不完善，社保基金监督力量严重不足③，欠缺信息披露制度，因而难以实施有效投资管理和市场化运作。

因此，我国社会保险的管理可借鉴 GPIF 的管理经验，建立起统一、独立、完善的运营管理模式和法律法规体系，成立专门的养老金投资管理机构负责基金运营管理，以市场化的投资操作实现养老金增值保值的目的。养老金融的发展还离不开监管的创新。另外，在养老金的运营阶段，还要加强监管立法来考核其保值增值的绩效。我国金融监管体系从分业监管向综合监管的过渡，养老金作为横跨各金融领域的综合经营产品，也应成为综合监管的对象④。

---

① 齐传钧．主权养老基金治理难题探析——基于剩余索取权人利益最大化的视角社会［J］．保障研究，2019（2）：25.

② 张盈华．我国主权养老基金的发展、问题与建议——基于对资产配置的分析［J］．社会保障研究，2019（2）：17.

③ 人力资源和社会保障部保险基金监管局．驰而不息防控社保基金管理风险［N］．中国组织人事报，2019-5-13，(004)．

④ 胡继晔．金融服务养老的理论、实践和创新［J］．西南交通大学学报（社会科学版），2017（6）：7.

二、适时调整投资策略，实现养老金主动化管理

GPIF 主要采取被动投资策略，在实际操作中根据市场走势动态调整资产配置比例，达到主动化投资管理效果。为实现资产配置与资本市场联动变化的目的，GPIF 会根据全球金融市场走势与变化定期调整法定资产配置结构和比重。同时，GPIF 给予各大类金融资产较大的投资区间以实时调整投资比例。如日本国内债券投资区间为正负 8%，因此，相对较大的投资区间可以保证投资团队及时调整养老金资产，从而避免因资本市场的波动带来的投资损失，实现养老金长期稳定的投资回报。

我国基本养老金可借鉴 GPIF 的资产配置模式，根据市场趋势定期调整不同资产配置比重，同时给予适度的浮动区间，有助于投资主体及时调整投资配置，从而避免因股票市场突然的暴涨暴跌带来的损失。

三、拓宽资产投资范围，提升养老金投资收益

GPIF 自成立以来，一直投资于不同类型的资产，以达到风险分散化和收益最大化的平衡，最大限度地实现基本养老金的保值增值。GPIF 的投资范围包括固定收益类产品、股票、债券以及海外金融产品等。目前，以日本、法国、挪威、加拿大等国为代表的全球一半以上国家或地区都允许公共养老金投资股票市场。

我国社保基金的投资应当在尽可能广的范围内分散风险，实行多元化的投资策略。长期以来，全国社保基金由于投资范围过窄，主要投资领域围着银行、国债等传统方向打转，且有严格的投资比例限制。公开资料显示，全国社保基金中银行存款和国债这两种看似非常稳妥的投资方式所占比例之和通常不低于 50%，股票、证券投资基金不高于 40%。近几年来，银行存款和债券的收益率不高，股市又长期在低位徘徊。这种现状，不能不影响到社保基金的收益水平。投资渠道窄、投资收益率不高、运营效果不明显成为全国社保基金投资的弊病。长远地看，在确保基金安全的基础上拓宽投资渠道，包括开展海外权益类投资业务、基础设施建设业务等是提高社保基金投资收益的必由之路。

四、加强外部协作，实现养老金投资的多元化、专业化

GPIF 主要资产均委托市场上的金融机构进行投资管理，基金自营投资比重较小。委托投资管理机构不仅有本土著名的瑞穗信托银行、野村资产管理公司、三井住友信托银行等，还有许多外国金融机构，如贝莱德集团、摩根大通、高盛、摩根士丹利、北美信托等。本土与外国机构的独立运营管理不仅实现了多元化、专业化的投资模式，同时海外机构与本土机构投资理念的差异也避免了养老金同质化投资模式，从而达到分散投资风险和操作风险的目的。

我国资本市场建立和发展不够完善，在投资方面欠缺避险工具；专业化的投资运营机构、专业化人才不多；市场管理运营不透明，系统性风险较大。这些因素都会影响全国社保基金的投资收益率。因此，需要更进一步提高养老金资产管理效率，应借鉴国际经验，通过加强与外部金融机构的协作，委托基金投资运营，提升全国社保基金的投资收益率和资产管理效率。

第四节　日本长期护理保险服务经办管理的启示

一、建立具有可持续性的筹资机制

目前各试点长期护理保险资金主要来源于基本医疗保险基金划拨，这就意味着长期护理保险必须依附于医疗保险，缺乏独立的资金体系支撑。日本的经验教训告诉我们必须把护理从医疗保险中分离开来，否则会导致巨额的医疗财政赤字。且从长远看，在我国人口老龄化不断加剧的形势下，医疗护理需求将会快速攀升，这就要求长期护理保险资金必须能够承受巨大的保险支出压力，而依附医疗保险基金的模式必然难以满足快速老龄化趋势带来的护理需求，这对资金的可持续性提出了严重挑战。资金来源是否具有可持续性是长期护理保险制度平稳运行的根本，为此，随着我国长期护理保险制度的发展，应当建立具有可持续性的筹资机制。建议通过建立多渠道筹资方式，即医疗保险基金、政府财政补贴、社会慈善捐助、福利彩票资金、企业和个人缴费等方式来扩充

筹资渠道，确保制度的可持续性。同时，需要明确各方筹资责任，在充分考虑未来老年人口数量、健康状况、预期寿命、通货膨胀等因素方面，厘定缴费率，依据合理比例筹集基金，既要保证个人或企业的可负担性，也要确保政府财政负担的可持续性。

二、严格控制资金给付条件

严格控制资金给付条件是确保制度收支平衡的关键。首先，应当严格划分护理服务等级。日本长期护理保险将护理级别划分需要支援1~2级和需要护理1~5级共7个等级，不同的等级设有不同的给付限额，因保险给付内容非常广泛，而且给付额较高（2016年第1类被保险人人均给付额为22928日元），造成了保险支付压力，所以合理地划分护理等级、确定保险给付范围、实现护理资源的有效配置至关重要；其次，建立一套科学、公正、统一的护理等级评估标准。客观、合理、统一的护理鉴定程序是日本社会护理保险取得的关键。因此，对我国来说，设定严格的护理鉴定程序非常重要；最后，建立完善的监督管理机制。2008年日本护理保险改革的动因就是由于政府监管不到位，在引进竞争机制和大量民营企业涌入长期护理市场时，一些企业为了获取更多利益，出现伪造业绩等不法行为，导致长期护理费用支出失去控制，且老年护理服务的质量难以保障。因此，我国在长期护理保险制度建设过程中，对于服务提供方的资格审查就显得特别重要，应当建立严格的费用控制和报销审查机制，确保不会出现滥用护理保险资金的问题。

三、构建优质便捷的服务体系

长期护理保险是社会保障制度的核心内容之一，亦是社会公共服务的重要组成部分。日本的长期护理保险制度是研究长期护理保险的典型样本。分析日本长期护理保险经办服务管理体系及特点，可以为我国长期护理保险经办服务质量和效率的提升带来启示。日本长期护理保险制度可持续发展的关键是实现了政府指导与市场运营有效结合，职责明确，经办服务管理具有高度的独立性。服务经办程序严谨，具有系统规范性。重视信息化管理，确保了服务质量的提升及经办服务管理的效率性。

我国政府出台的《关于开展长期护理保险制度试点的指导意见》（人社厅发

〔2016〕80号）明确提出“社会保险经办机构可以探索委托管理、购买以及定制护理服务和护理产品等多种实施路径、方法，在确保基金安全和有效监控前提下，积极发挥具有资质的商业保险机构等各类社会力量的作用，提高经办服务能力”。长期护理保险试点以来，在经办服务过程中经办服务规范、服务标准、质量监控标准等尚不统一，信息化系统建设仍然滞后，这都制约了我国长期护理保险制度的落地实施及良性发展。因此，我国应该借鉴日本的发展经验，厘清思路，明确经办方向。积极推进委托独立的第三方开展经办业务，明确经办路径。加强长期护理保险经办服务专业化建设，提升经办能力。加快信息化建设步伐，培育信息化的理念，重视利用信息化平台建设推进经办服务的质量提升效率。

另外，目前，各试点长期护理服务项目更注重机构护理和医院医疗专护的发展，服务种类比较单一。而我国老年人及失能老年人人数众多，又是发展中国家，仅通过医院或养老机构来解决老年人护理问题显然是不现实的。居家护理和社区护理除了可以降低护理服务成本、减轻服务利用者负担外，老年人在自己所熟悉的社区环境里接受护理服务也有利于提高他们的生命质量。为此，应当借鉴日本经验，大力发展居家和社区护理服务。首先，应当丰富和发展居家护理服务内容，为居家老人提供进餐、如厕、洗浴、打扫卫生等生活照料服务；其次，推进社区养老护理服务设施建设和改造。对新建社区，进行配套的养老服务设施建设，发展日间护理、重度护理者夜间上门护理、痴呆症患者小规模多功能机构护理等服务；对旧社区或已建成的社区，进行适老化或无障碍化改造；最后，充分利用民营机构、非营利组织、志愿者等资源建立护理服务机构和网点，逐步建立社区护理服务体系，为社区老年人提供护理、看护、日常生活服务，使老年人不出家门、不出社区就能够享受到专业的护理和生活照料等服务，而且能够获得子女或亲人的精神慰藉。

第五节　日本养老服务供给机制的启示

我国社会养老服务的供需之间无论在数量上还是质量上都存在着明显的失衡，有效供给不足问题严重。造成供需困境的主要原因是政府职责“错位”和

"市场失灵"并存。政府与市场的合作是社会养老服务持续健康发展的必然选择①。当前急需打破部门分割、政策分割的格局，突出居家养老的主体地位，合理配置公共资源，实现公益性与市场性的有机结合②。政府应加强对养老服务体系的建设与监管并制定相关政策、行业规范、服务标准等，承担起"保基本"的公共职责。引导市场主体要为经济条件较好，生活质量要求较高的老年群体提供个性化、多样化、高水平的养老服务。另外，我国目前已有的服务体系中包括机构养老、社区养老和居家养老，但是各项服务之间相对独立，呈碎片化发展。因此，需要统筹发展各项服务模式，并且将医疗卫生保健与社会服务有机结合起来，满足老年人养医结合的需求。

一、推进社会养老服务体系均等化发展

统筹城乡养老服务的协调实施，按照相同的理念，采用协调的标准，遵循普遍性、公平性、可及性的原则，保证城乡均衡的投入，确保人人在需要享有养老服务的时候，都能够按照自己的意愿，公平、可及地享有社会养老服务资源。加强居家养老服务支援体系建设。我国同日本一样深受"孝文化"的影响，老年人更愿意选择居家养老方式。为了有效地提高居家养老服务供给效率，可以效仿日本强化居家养老服务支援体系建设。一是建立针对瘫痪老人和痴呆老人等特殊群体的对应服务；二是向社会老人开放更多的社会福利养老服务设施；三是创新养老服务内容的同时，重点提升居家养老服务的服务质量，加快治理日间照料中心和短期托管存在的问题。推进养老服务设施建设的标准化和服务内容的规范化。按照养老服务标准体系建设的相关法律法规，遵循行业标准和规范，通过养老服务设施的新建、改造和升级，解决社会不适老问题。此外，还要加快社会养老服务设施的研发和改进，特别是城乡公共服务场所设施的改造和老人住宅的无障碍改造。

二、推进家庭、政府、市场和社会组织协同发展，实现资源供给多元化

我国养老服务体系的建设也可遵循公共产品多元供给理论的指导，鼓励企

① 杜鹏，谢立黎．社会可持续发展战略应对人口老龄化［J］．人口学刊，2013（6）：32.
② 章萍．社会养老服务发展的有效路径研究［J］．现代管理科学，2015（9）：76.

业和社会组织积极参与养老服务供给，以公共利益为核心构建多元化的供给机制。在此过程中，政府须充分发挥主导作用，通过“官退民进”的发展路径逐步与其他供给主体建立良好的分工合作关系，实现资源的优势互补，一方面通过信息公开创造公平的竞争环境；另一方面通过税费减免、财政补贴、信息技术供给、舆论导向等手段提供有效的政策支持。加强改变养老服务队伍的专业化人员供给短缺、专业化水平较低、人员离职率高等问题，较好的方法就是双管齐下，一是提高养老服务人员的薪酬待遇，将养老服务人员队伍建设纳入国家人才发展整体规划，加强职业生涯规划指导，在全国范围内建立养老服务人才制度体系；二是建立与之配套的教育培训、资格认证体系，通过科学、专业化的考评机制，加快培育高素质、高标准和专业化的养老服务技术人才队伍，逐步提升服务能力和服务质量。

三、构建“四元”主体养老服务体系

我国应通过政策引导把非养老企业这一市场主体纳入我国养老服务业体系之中，构建“四元”主体的养老服务体系（见图9-1），政策性支持企业设立积极的护理休假制度。比如，职工家中有需护理老人的情况时，可申请一定期限的有薪休假。设立护理支援制度，职工家庭中有需护理老人的情况时，根据需护理等级的不同，对入住护理机构提供一定资金资助。而对于企业增加的负担，中央及地方政府可以从法人税等税种中加以减免。通过制度创新促进老年人就业，推动“自助”和“互助”相结合的模式。

混合性养老服务供给是政府和社会关注的热点问题之一，协同供给机制为解决该问题提供可行思路。我们需要构建政府、市场、社会组织之间协同供给养老服务的机制。在跨部门协同供给养老服务过程中，资源整合是主要特征，合作、竞争与制衡是动力机制，各主体之间合作并相互依赖，共同解决养老服务供给问题，对各方供给资源进行交换与共享，最终实现共同养老利益与目标。

合理完善的养老服务体系是实现养老服务业可持续发展的根本。日本坚持政府主导的同时，鼓励和支持社会力量广泛参与养老事业，以政府主导下的市场运营模式，大力推广嵌入社区中的就近服务，推动了养老服务全面进入家庭，确保了介护保险政策的落地。同时，日本政府通过“地域综合护理体系”的构建来确保老年人可以在自己熟悉的地域生活。地域综合护理体系具有小规模、近距离、一站式、专业化、多样化等特点，由政府主导，资助社会福祉法人，推进了老年护理服务社会化。我国应从制度保障、老年人就业政策、老年人资产增值等方面入手加快促进老年人收入的提升，同时，积极发挥社会组织、社区、企业、家庭的养老机能，构建“四元”主体的养老服务体系，突出“自助”和“互助”相结合的养老模式。

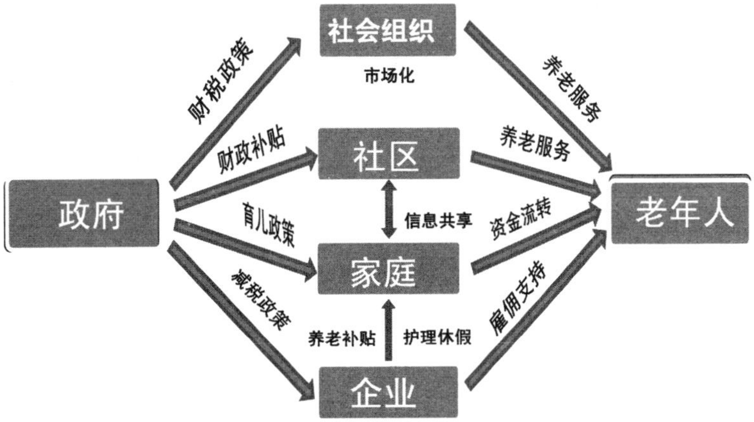

图 9-1 我国“四元”主体养老服务体系构建示意图

第六节 解决我国养老服务业供需失衡问题政策举措

一、加快财税制度创新，充实社会保障制度

在社会保障制度方面，除了统筹城乡居民基本医疗保障制度，实现新农合与居民医保制度并轨，探索建立长期护理保险制度之外，通过财税制度创新改革来完善社会保障制度，提高老年人的支付能力尤为重要。具体如下：一是梳理服务供给端养老机构补助制度的同时，加大对服务需求侧的补助力度，继续逐步提高老年综合津贴水平。希望能通过动态调整不同年龄段老年人津贴水平，着力抬高底部，使不同年龄段津贴水平的差别更加相对合理；二是为了使老年人度过一个健康幸福的晚年生活，从壮年期就进行综合性的疾病预防尤为重要。为此，在医疗制度改革方面，中央通过制定新时期的健康保健法，积极推进健

康教育、健康检查、机能训练、上门指导等健康保健事业，以防止国民过早进入需护理状态，确保其即使进入需护理状态也可自理生活。这就要求地方政府根据地区实情，推进有效合理的护理预防事业项目，中央政府在财税政策上给予强有力的支持。推动医疗制度改革重心向疾病预防的方向转变，从健康和经济两方面对老年人自立进行援助。三是对“上有老，下有小”的三代家庭实施政策性财税倾斜。通过降低育儿成本或选择性直接补贴的形式，促进生活资金向老年人转移。在补贴的同时，对达到一定收入以上的家庭增加其社会保险缴纳成本，实现差异化财税政策。

二、实施积极的劳动政策，鼓励老年人再就业

现实中我国老年人就业面临着许多困难。比如，老年人就业与年轻人就业存在矛盾；劳动力就业市场上的就业年龄限制比较普遍；老年人灵活就业和公益式参与方面的政策不够完善等。因此，国家和有关部门应该积极推进政策与企业制度创新，让老年人实现老有所为，更好地参与社会。建立和完善针对老年人的弹性、灵活的工作制度，鼓励和帮助健康而有能力的老年人参与其中。建立合理的报酬机制，对于参与社会以及就业的老年人基于公平的、按劳分配的原则，按照以生产性为评价标准的薪资体系，防止延迟退休导致的薪资水平的大幅下降。

三、确保老年人财富增值保值

从人口结构上看，当前我国65岁以上老人，以20世纪三四十年代人群为主，这些人大都在90年代左右退休，所以大多数没有经历过改革开放后最重要的财富积累阶段。在发达国家，家庭财富一般会随着户主的年龄增长而增加。但是，2012年的《中国财富管理市场》报告显示，我国高净值人群（家庭可投资资产在600万元及以上）当中，60岁以上高净值人士占比仅为6%，可见，我国老年人的低资产净值是制约中国养老产业发展的一大因素。另外，随着我国近30多年的经济快速增长，50、60、70年代人群通过房产、股权、理财产品等投资方式迅速积累了一定财富。泰康人寿与胡润研究院发布的《2015中国高净值人群医养白皮书》显示，中国高净值人群阶层已经形成，“养儿防老”的传统在这一群体已经逐步改变。他们在养老伴侣选择上，93%的人首选配偶；31%的

人选择朋友，排在第二位；29%的人选择子女。从养老费用来源来看，仅有1%的人表示需要子女资助，90%的人选择使用个人资产。其中，选择个人房产负担的为65%，选择退休金、商业养老保险的为61%。

养老观念深刻影响着养老方式，而且这种观念不仅仅局限于个人养老观念，而是社会整体养老观念的转变。因此，如何使得这些财富增值保值是政府亟待解决的问题。包括日本、美国在内的许多发达国家老年人经济收入的一个重要来源就是股权投资收入及房产收入。老年人因年龄较大、抵御风险的抗压能力较低，所以财务管理方式应以稳健、保本型方式为主，政府和金融机构等应在拓宽老年人理财投资方面通过政策性支持，对老年人的投资进行指导规范，通过降低或免除印花税手段增加其投资收入。

借鉴日本养老服务业发展经验并结合我国实际，从“提升老年人支付能力，创造有效需求”的视角，对我国养老服务业的可持续发展路径进行探索。创新发展理念，厘清老年服务事业发展定位非常重要。解决供需失衡问题的对策建议有利于养老服务成本的降低和服务效率的提高，有利于提升老年人的服务购买能力。对于突破当前养老服务业发展困境，实现可持续发展有着深远意义。党的十八大以来，中国进入以高效率、低成本、可持续的中高速增长为主要特征的新常态阶段，创造养老服务的巨大消费需求既有利于稳增长，又有利于调结构，是重要的经济增长点，加快发展养老服务业，是积极应对经济新常态的有效途径，是全面建成小康社会的重要举措。

附录1　研究课题1

课题名称：失能老人长期照护政策体系构建及服务供给机制优化研究

第一章　课题论证

一、研究背景及研究价值

目前全国有1.5亿老人，其中失能老人和部分失能老人5000万，失能老人的照护问题已经成为一个严峻的亟待解决的社会问题。照护政策作为一项改善老年人健康状况的重要公共政策，对于加快建立和完善城乡统筹协调的长期照护制度乃至健全我国养老政策的顶层设计具有重要意义。然而，现阶段失能老人照护政策面临着政策定位不精准、配套整合性政策滞后、护理保障水平差异大、覆盖群体与责任主体不健全、政策帮扶对象信息不健全等诸多现实挑战。笔者认为，失能老人照护政策的改革重点应从构建完整的失能政策体系、优化服务供给机制、促进供需平衡出发，推动失能老人长期照护政策体系的完善，以增进失能老人的福祉。

（一）理论价值

基于系统论、社会资本理论等理论框架独辟蹊径地提出了“四位一体”的失能老人长期照护政策体系的构建原则及方法，并使用实证方法对其研究，填补了本领域的研究不足，并有利于理论创新。既有研究过于局限于长期护理保险制度这一政策工具，未能着眼于政策体系的构建与完善，本研究则提供了较清晰的理论框架和经验依据。

（二）应用价值

廓清了政策体系影响服务供给的路径和条件，为政府部门更好地制定公共政策提供理论依据和实证证据。公共政策的制定亟须得到基于实证研究的价值规范和理论引导。提出的理论框架及实证证据，将可以解释政策体系构建的原则及方法，据此提出的政策建议有利于政府部门合理使用政策工具改进政府服务。

二、国内外研究综述

（一）政府介入市场的理论研究

新古典经济学派的效率理论从市场失灵的角度解释养老保障体系建立的合理性，认为养老保障体系可以在一定程度上解决市场失灵问题，提高经济效益。Mirrless（1971）强调自由市场产生的收入分配结果可能会造成部分老年人口的贫困。Pampel and Williamson（1989）认为工业化拉大了年青一代与老年一代的收入差距，需要政府加强代际收入再分配的力度。David Bloom（1997）认为老龄化国家应适时调整公共政策，允许老年人继续享有工作的权利和自给自足的机会。

（二）财税政策方面的研究

Okamoto（2007）建议在日趋老龄的社会，为促进资本形成和提升社会福利，应采取增加消费税税率、降低利息收益税的税收组合。Toader（2006）认为老龄社会的长期税制改革十分必要。Hauner（2007）指出财政支出调整时适当考虑老龄人口将有助于在老龄化压力下保持财政的可持续性。

（三）长期护理保险制度研究

Oda（1998）认为长期护理保险制度发挥了减轻家庭负担、推动社会互助的机能。日本横滨经济产业局（2012）强调了医疗、照护、健康产业协同发展的重要性。Alison（2000）指出护理保险法在没有给国家财政增加新负担的情况下，通过增加家庭和社区服务，减少了失能老人对福利的依赖。

三、国内研究综述

（一）失能老人基本状况的研究

我国失能老人的现状和发展趋势的特点：第一，失能老人人口规模较大，且呈逐步增加趋势（潘金洪，2012）。现在全国约7%的家庭有需要长期护理的老人。第二，老年人年龄越大，失能概率就越大，高龄老年人成为失能老人的主要来源。失能老人最多的是在70~74岁组，女性老年人生活不能自理比例高于男性（杜鹏等，2006）。

（二）失能老人照护需求和服务供给的研究

伴随人的衰老，老年人患慢性病的概率逐渐增大，对护理的需求也会呈逐渐上升状态，而且城市老年人病后照料需求高于农村（石人炳，2012）。家庭、社区、政府、服务组织通过整合社会资源来解决失能老人的生活困难和护理需求，促进失能老人福利（熊波，2013）。社会养老服务的供需之间无论在数量上还是质量上都存在着明显的失衡，有效供给不足问题严重。造成供需困境的主要原因是政府职责“错位”，“政府失灵”和“市场失灵”并存（章萍，2015）。当前急需打破部门分割、政策分割的格局，突出居家养老的主体地位，合理配置公共资源（郑功成，2015）。

（三）长期护理保险实现模式选择研究

有的研究呼吁用商业长期护理保险化解失能老人面临的护理风险，商业护理保险可以成为实现老年人生活照料的途径（韩丹等，2006）。有的研究认为我国现在人均收入不能满足自由购买商业长期护理保险的能力需要，应该建立保障水平较低且范围广泛的社会长期护理保险（何林广等，2006）。有的研究提出在经济较发达地区和高收入行业的人群中采用商业护理保险模式，对中等收入地区和行业实行国家、企业、个人共同缴费的社会长期护理保险模式（韩俊江等，2011）。相关研究根据一定的政策情景测算了中国长期护理保险所需缴费率的长期变化趋势，2014—2050年长期护理保险制度所需的缴费率会一直呈上升趋势，但实际所需的缴费水平并不高，可通过调整社会保障制度的结构、划拨国有资产等多种途径来推动长期护理保险制度的建立（林宝，2016）。也有研究显示目前城市老年人购买长期照护保险的意愿并不高，并且存在较高的逆向选择；人口社会因素、经济因素、替代因素、健康因素及意识因素显著影响着城市老年人购买长期护理保险的意愿（丁志宏等，2016）。

（四）老年长期护理保险国际经验的研究

美国、德国、日本等发达国家都实施了老年长期护理保险制度，学术界也将研究的重点放在这些有代表性的国家的制度建设研究上。美国政府为老年人中的弱势群体和贫困人群提供一定的长期护理保障，在保障范围以外的公民则通过商业化的长期护理保险来满足护理需求（唐睿，2002）。有的研究分析了德国护理保险法产生的背景和制度内容及改革动向，指出我国必须坚持“国家负责、多支柱多层次、个人主要承担”的护理保险制度模式（戴卫东，2011）。有的学者对日本护理保险的护理内容、实施方案、筹资模式、保障对象进行了详细的介绍与研究，指出日本护理保险是一项社会保障式家庭护理制度，服务机构采取派遣家庭援助者和提供专业化护理设施相结合的形式，资金运作方式反映了个人自主和适当财政补贴相结合的原则（尹豪，2010；高春兰，2012）。

综上所述，我国针对失能老人照护政策体系的研究还处于建立和完善的关键阶段，还存在顶层设计不完善、政策体系不健全、政策力度不太足、政策落实不到位等问题。因此，1. 本研究侧重失能老人长期照护政策体系的中层理论研究。探讨如何构建基于“照护政策、福利政策、住宅政策、低收入者对策”的“四位一体”长期照护政策体系。由于缺乏社会化养老传统以及对失能老人研究起步较晚，中国关于老年长期护理的研究一直局限于对国外护理保险制度介绍和实施过程经验的介绍，大部分学者关于中国长期护理保险制度的构建都是从国外的理论框架与经验寻求支撑，然而从比较社会政策的视角，系统地分析社会政策环境和长期护理保险制度之间的因果关系，并提出确立这一制度的客观依据的研究尚不多见。

2. 在实证分析的基础上，从“医疗、护理、预防、住宅、生活支援”的角度入手，探讨如何优化养老服务供给路径来确保养老服务的供给机制的高效运行。当前研究仍然侧重人口老龄化、失能老人人口规模和结构的角度，从建设护理保险必要性和制度引入的政策环境的视角来进行宏观的研究，研究结果具有宽泛、抽象的特点。缺乏针对不同失能程度的失能老人和长期护理服务供给的最优配置问题的实证研究，尤其是缺乏在我国目前长期照料服务资源稀缺、竞争激烈的环境下各个供给主体护理服务供给绩效的比较研究，缺乏影响长期护理服务供给要素的系统的实证研究。

四、研究对象及总体框架

本研究探讨如何构建基于“照护政策、福利政策、住宅政策、低收入者对策”的“四位一体”的失能老人长期照护政策体系，从“医疗、护理、预防、住宅、生活支援”角度入手，探讨如何通过优化养老服务供给路径来确保养老服务供给机制的高效运行。

（一）失能老人长期照护政策体系的现状与比较研究

首先，梳理我国养老政策框架及改革开放实践中形成的体系雏形，对现状进行分析。其次，对国内不同地区间照护政策体系进行比较分析，总结经验及教训。最后，与发达国家进行比较分析，借鉴并得出启示。

（二）失能老人护理政策体系构建的理论分析框架研究

基于系统论原理、竞争力理论，社会资本理论的支持体系，提出政策体系构建原则及方法。目前我国相关政策无论是在政府层面上的政策制定，还是在研究领域的理论研究都很欠缺。

（三）失能老人照护政策体系的构建研究

政策导向和扶持是政府治理养老市场失灵的良方。首先，从政府政策层面进行了有力的引导和规范，形成了立法保护、政策扶持、整体规范、社会服务等全方位的政策体系。其次，从“照护政策、福利政策、住宅政策、低收入者对策”四方面出发，对现有政策进行评价，借鉴国外经验，构建具有我国特色的“四位一体”政策体系。

（四）失能老人长期照护服务供给机制的优化研究

从“医疗、护理、预防、住宅、生活支援”角度入手，探讨如何通过优化服务供给路径来确保养老服务供给机制的高效运行。基于社区的生活支援将医疗服务与长期照护服务相结合；建设为失能老人提供无缝对接式的医疗、护理与支援服务的综合支援网络。

五、重点难点

（一）拓展失能老人长期照护政策体系的中层理论研究

将西方的长期护理保险的发展方向作为我国失能老人护理服务社会化供给方向，会遭遇解释力不足的问题，而盲目引入某种社会政策，也容易导致政策的失败。因此，不能将研究只停留在经验研究上，而要上升到中层理论研究，如何真正贡献出本土化中层理论是重点难点之一。

（二）发展失能老人长期照护服务供给的效率和公平的实证研究

我国缺乏针对不同失能程度的失能老人和长期照护服务供给的最优配置问题的实证研究，尤其是缺乏在我国目前长期照料服务资源稀缺、竞争激烈的环境下各个供给主体照护服务供给绩效的比较研究。加强失能老人长期照护供给路径效率的实证研究，加强各种供给路径的比较研究，加强在某一供给路径上的纵深研究是重点难点之一。

六、主要目标

（一）为失能老人长期照护政策体系构建提供较清晰的理论框架和经验依据

基于系统论、竞争力理论、社会资本力量等理论框架，提出“四位一体”失能老人长期照护政策体系的构建原则及方法，突破既有研究的局限，着眼于政策体系的构建与完善。从比较社会政策的视角，系统地分析社会政策环境和长期护理保险制度之间的因果关系，并提出确立这一体系的客观依据研究。

（二）廓清了政策体系影响服务供给的路径和条件，并对其进行优化

公共政策的制定亟须得到基于实证研究的价值规范和理论引导。本项目提出的理论框架及实证证据，将可以解释政策体系构建的原则及方法，据此提出的政策建议有利于政府部门合理使用政策工具改进政府服务，为政府部门更好地制定公共政策提供理论依据和实证证据。

七、基本思路和研究方法

本研究以“系统论、竞争力理论、社会资本理论”等为理论分析框架，综合运用文献研究、调查研究、比较分析、数据归纳分析、图表分析等研究方法，从“照护政策、福利政策、住宅政策、低收入者对策”等方面进行分析和评价。通过与国外照护政策体系的比较和借鉴，独辟蹊径地提出了具有我国特色的政策体系构建原则及方法，从“医疗、护理、预防、住宅、生活支援”方面入手，探讨如何优化照护服务供给机制的一些具体、可操作的办法措施。研究技术线路见图1-1：

（一）实证研究

对不同失能程度的失能老人和长期照护服务供给的最优配置问题进行实证研究。针对各个供给主体开展服务供给绩效的比较研究，开展影响长期照护服

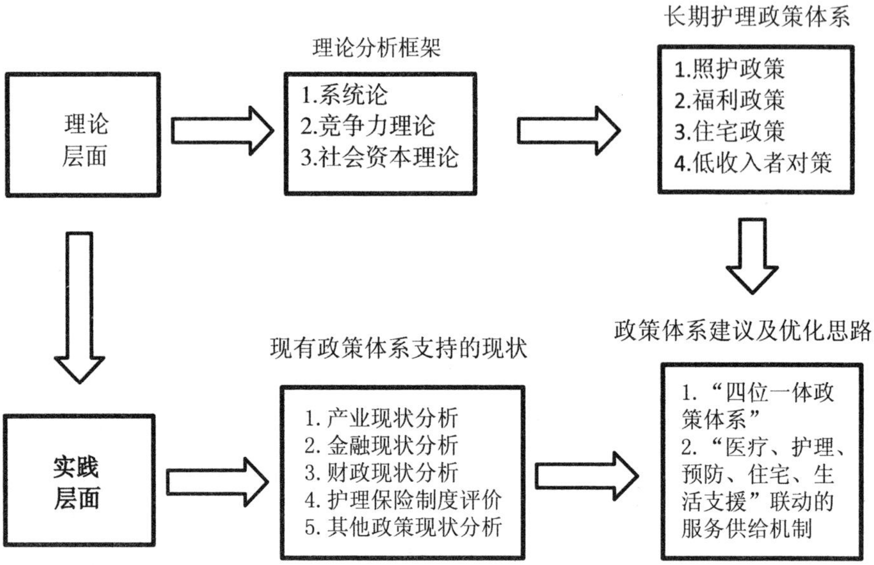

图 1-1　本研究的技术线路

务供给要素的系统的实证研究。

（二）深度访谈

针对不同经济社会发展水平、政府财力状况、公共服务供给程度等方面的因素，选择国内外的样本城市进行深度访谈和案例比较，了解这些政策体系的内涵、特点、现状及效果。

（三）案例研究

选取有代表性的辖区、部门和政策领域，对照护政策体系的特点、问题等开展比较案例研究，提出优化服务供给机制的方法路径。

（四）问卷调查及统计分析

面向政府部门、行业部门、养老服务设施等相关主体开展问卷调查，为统计分析提供基础数据。基于上述研究获取的量化数据，通过相关分析、多元回归分析等多元统计分析技术，开展定量研究，检验本项目提出的理论假设。

八、研究计划

2019 年 9—12 月：召开项目启动会议，明确分工、制订详细的项目研究方案。进行文献评估与理论构建。深入凝练本项目的理论框架，并提出有待检验的研究命题。设计数据收集工具（结构化访谈提纲和面向不同群体的调查问卷），并邀请境外项目组成员访问和交流。此阶段将召开一次小型研讨会，对本项目的开题进行论证，以完善本项目的研究设计。

2020年1—12月：问卷调查和实证研究。面向政府、行业协会等开展问卷调查，收集核心数据，并为统计分析提供基础数据。对数据进行综合分析。本阶段拟组织一次项目组学术研讨会，并邀请境外项目组成员访问和交流。

2021年1月—2022年8月，数据补充与研究总结。对收集的文献、数据和资料等进行汇总，撰写研究报告、论文和政策建议。本阶段将组织一次项目组学术研讨会，邀请国内外专家访问和交流。此阶段拟召开结题研讨会，呈现本项目的主要研究发现与政策启示，并提炼进一步研究的问题。

九、基本观点

（一）政策体系的构建

1. 照护对策

在日本，85岁以下和85岁以上（含85岁）的老人群体在需照护的比例，特别是重度需照护比例上差异很大。同样作为高龄老人，85岁以下老人的需照护比例不足20%。与此相反，85岁以上（含85岁）的老人需照护比例是60%，程度在3级以上的重度需照护比例达到了23.5%。

另外，认知症老人数量快速上升也成了重要问题。随着年龄的上升，认知症的发病率也会上升，75~79岁是11%左右，80~84岁是24.4%。与此相对，85岁以上是55.5%，一半以上的老人是认知症患者。据统计，2015年认知症老人达到525万，之后，每5年将会增加100万人，2030年将达到830万，2040年是953万，2050年将超过1000万。因此，重度需照护和认知症老人的激增是照护问题的重点。

2. 福利对策

日本介护保险实施之前，照护服务是作为老年人福利政策而施行的。直到现在还有部分人把照护和福利两个词语混用，实际上，这是两个根本不同的词语。所谓照护，是对需护理老人提供照护服务，与此对应的策略手段是介护保险。但照护服务和介护保险解决不了虐待老人、拒绝看护（含自我忽视）、独居认知症老人等问题。而老人福利对策则正是应对这些问题。虐待老人现象之后，其实隐藏着的是长期看护疲劳、看护离职、经济贫困、家庭重组等多种问题。未来城市中激增的独居老人、高龄夫妻的邻里关系比农村邻里关系更疏远，被孤立的“需要提供福利政策”的老人及家庭一定会急速增加。

3. 低收入者对策

根据厚生劳动省的调查，2018 年 1 月领取低保金的人有 216 万，非低保家庭有 163 万，其中老龄家庭占全体的一半，独居老人家庭占了老龄家庭的九成。而且，考虑到独居老人的急速增加及养老金未缴比例高等问题，老龄低保户的数量一定会急速上升。现在 85 岁以上的老人在 60 岁退休时间恰好在 1993 年的经济泡沫崩溃之前。这一代受到经济社会快速成长带来的恩惠更多，他们的一生被经济成长支撑，定期涨工资，一直工作到退休，而且从 60 岁就开始领取养老金。然而，现在 85 岁的“团块世代”由于经济泡沫崩溃的重组，不得不在进入高龄期前调整生活计划。几乎没有任何储蓄就突然进入高龄期，领取养老金的年龄也被阶段性提高。经济上十分紧张，如果不工作一旦生病或者进入需看护阶段的话，生活就会很难继续下去。

4. 住宅对策

最后一个是住宅对策。这并不是住宅数量不足的问题。在日本，持有房屋所有权的老人高达 80%，即使是现在，全国闲置房屋仍然有 17%。根据野村综合研究所的推测，到 2033 年闲置率将超过 30%。问题是，已经住习惯了的自家住宅并不适合高龄老人、需要看护的老人居住。

以往日本的自家住宅是采用比例法，木头制成，每一个屋子都很小，出口也很小。因此，经常由于门槛和台阶而跌倒。另外，为了应对高温多湿的气候，住宅中有很多隔间，在大房子中客厅和浴室的温度差距很大，血压升高时洗澡的话心肌梗死和脑梗死概率也会增加。另外，如果不开私家车，出去买东西也很困难。由于郊外大型商场的增加，地区商店街逐渐衰退，店铺逐渐倒闭。“购买难民”问题，并不仅局限于山里或者人口稀少的地区。

综上所列举的照护对策、福利对策、低收入者对策、住宅对策之间有很强的联系。今后，在 85 岁以上高龄老人激增的城市地区，由于工作单位和住宅是分开的，邻里之间的关系很疏远。每个家庭、每个老人都被孤立。另外，所有居民几乎都是老人，高龄老人的村镇在增加。如果人少，将不可能采取适当的对策。特别是“轻度自理看护”和“重度必要看护”二者的商品和服务内容是不同的。即使是在熟悉的自家住宅，由于需要 24 小时的精心照顾，重度需看护者和认知症患者也是无法自己生活下去的。即使是现在，“老老看护”“痴痴看护”、独居认知症老人引发的火灾、垃圾满屋等事件屡有发生，且已经开始爆发性地增长。老人住宅是必需的，其理由并不只是“需求的增加”，如果“居家看护”服务增加的话，看护离职现象确实会急速增加。

因此，为了应对超高龄老年社会，必须要构建包含看护对策、福利对策、住宅对策、低收入者对策在内的政策体系。但是“说来容易，做来难”，这并不是简单的问题。如果保持现行制度不变，随着老龄人口和需看护老人的增加，按比例来增加看护、福利、住宅、低收入群体对策的费用是基本不可能的事情。从政府的社会保障政策来看，“眉毛胡子一把抓”是不合理的，必须坚持选择和集中的原则，公平公正、高效地使用有限的资源和人才。

老人住宅是必要的，但不仅是因为“需求增加”。如果重度需看护老人数量急速增长，对策中不可缺少的就是老人住宅对策。例如，换尿布和帮助排泄，每人只需要10分到20分钟。但是每个人都上门提供服务的话，移动距离和时间就很成问题。由于需要根据个人的护理计划来提供服务，不能良好安排顺序就会产生等待时间。就算每个家庭护理人员每天工作8小时，每天最多也只能访问6~8个老人家庭。与此相对，如果在老人住宅生活中需看护老人增加的话，由于移动不需要花费时间，可以高效地提供看护服务。基于各个护理计划，在帮助排泄的间隙可以进行洗衣、扫除、洗澡准备等其他服务。这样一来，每个看护人员可以创造出3~4倍于上门看护的服务。

老人住宅的优势：

- 没有移动时间和等待时间，可以高效提供服务。
- 介乎保险的有效、灵活运用。
- 改善护理人员的工作环境。
- 改善老人的生活环境。

护理服务的费用以人工费为主，护理报酬也以人工费为基础决定。由于可以高效地提供护理服务，提供等量的护理服务需要的看护员人数减少，这样在财政方面也可以做到高效。工作待遇提高，可以创造出轻松的工作环境。如果需看护老人一起生活在老人住宅的话，无论是资金还是人才都可以高效地运用。

（二）养老服务供给路径的优化

1. 何谓“地域包括护理体系”

“地域综合护理”首次以国家文书出现是2003年6月。介护保险制度开始3

年后，厚生劳动省的“高龄者护理研究会”整理而成的报告书《2015年的高龄者护理》中记述了“社区综合护理系统的确立”一词。

日本为应对日趋严峻的高龄化，减轻政府财政负担，满足国民多层次养老需求，建立了以长期照护保险制度为基础的，通过社区内生活支援中心将医疗服务与长期照护服务相结合的，为国民提供无缝对接式的医疗、护理与支援服务的综合支援网络。此网络服务的对象从建立初期的高龄者，扩大到所有的居民，形成了全世代、全对象型地域综合支援网络。地域综合支援网络形成后不断创新发展，其中长期照护保险制度的不断升级完善，医养结合理念和措施的不断演变，初始阶段密集型支援团队在社区内的运行机制等都是日本特有的经验。这些经验对中国长期照护保险制度的全面铺开，社区养老服务援助网络的进一步完善，医疗卫生机构与养老服务融合发展以及为失智群体及其家庭提供预防、管理与援助服务的养老服务平台搭建有很大的借鉴意义。

随着日本认知症高龄者人数的不断增加，为地域生活的高龄者提供包括居住、医疗、护理、预防、生活支援等一体化服务的护理系统。即使是重度的需要介护的状态，也能够在熟悉的居住地域中按照自我的意识进行生活直到临终，为了达到此目的，日本各市町村的地方行政单位根据其不同地域的高龄者的需求，把握正确的医疗和介护的实际情况，地域居民和医疗、介护相关设施共同联动合作，达成协议，通过活用地域的多样化主体性来给高龄者提供相应的支援服务，使其能够实现丰富且有保障的老年生活。根据日本医疗介护综合确保推进法（有关地域医疗及介护综合性确保及推进的相关法律），提倡市町村为单位建立独自的地域包括护理系统。

2. 地域包括护理体系的实现

日本目前正以极快的速度向着超高龄化社会发展。65岁以上的人口已经达到了3000万人以上（人口中每四个人就有一个老年人），2042年将迎来3900万人的高潮期，之后75岁以上人口的增长速度可想而知。在此状况之下，日本第二次世界大战后出现的第一次婴儿潮时期的人口（约800万人）到了2025年已经达到75岁以上，可以预见日本国民医疗及介护的需求会呈现急速的增长。为此，日本厚生劳动省提出，到2025年，构筑以尊重高龄者尊严和支援其自立生活为目的的，尽可能在原居住地，让高龄者能够按照自己的意识生活，并且能够持续生活至人生的最终期，地域包括性的支援、介护服务的提供体制。

地域包括护理体系的五个构成要素包括居住、医疗、介护、预防、生活支援，同时五个要素之间互相联动关联形成有机的关系。作为地域生活的基础的

"居住""生活支援"可以视为土地，而作为专门的服务的"医疗""介护""预防"则可以比作植物。没有土地就无法孕育植物，同样，地域包括护理体系，在提供充分保护高龄者隐私和尊严的居住之上，提供使其能够安定生活的生活支援、福祉服务为其基本要素。正是由于富含养分的土地的存在，才使得作为专门领域的医疗、看护、介护、康复、保健、预防等因素能够充分发挥其作用。

根据日本政府的规定，各市町村以2025年为目标，每三年进行介护保险事业计划的测定和实施，以地域的自主性和主体性为基础，构建能够适应地域特性的地域包括护理体系。

综上所述，我国针对失能老人照护政策体系的研究还处于建立和完善的关键阶段，还存在顶层设计不完善、政策体系不健全、政策力度不太足、政策落实不到位等问题。因此，本研究在借鉴日本经验的基础上，（1）侧重失能老人长期照护政策体系的中层理论研究。探讨如何构建基于"照护政策、福利政策、住宅政策、低收入者对策"的"四位一体"长期照护政策体系。由于缺乏社会化养老传统以及对失能老人研究起步较晚，中国关于老年长期护理的研究一直局限于对国外护理保险制度介绍和实施过程经验的介绍，大部分学者关于中国长期护理保险制度的构建都是从国外的理论框架与经验寻求支撑，然而从比较社会政策的视角，系统地分析社会政策环境和长期护理保险制度之间的因果关系，并提出确立这一制度的客观依据的研究尚不多见。（2）在实证分析的基础上，从"医疗、护理、预防、住宅、生活支援"角度入手，探讨如何优化养老服务供给路径来确保养老服务的供给机制的高效运行。当前研究仍然侧重人口老龄化、失能老人人口规模和结构的角度，从建设护理保险必要性和制度引入的政策环境的视角来进行宏观的研究，研究结果具有宽泛、抽象的特点。缺乏针对不同失能程度的失能老人和长期护理服务供给的最优配置问题的实证研究，尤其是缺乏在我国目前长期照料服务资源稀缺、竞争激烈的环境下各个供给主体护理服务供给绩效的比较研究，缺乏影响长期护理服务供给要素的系统的实证研究。

附录2　研究课题2

课题：养老机构的运营管理研究

第一章　养老机构进入了“经营”时代

第一节　措置制度

战后日本的社会福祉服务是以国家保障日本国宪法第13条（幸福追求权）和第25条（生存权）等所规定的权利为基础，以国家责任、无差别平等、公私分离、最低生活保障为核心而构建起来的公共福祉制度。

日本国宪法

第13条

尊重所有国民的个人的身份。只要不违反公共福祉精神，在立法及国家政策上对生命、自由及幸福追求的国民权利都应给予最大的尊重。

第25条

所有国民都有权利要求维持健康，确保最低限度的文化生活。

国家应努力实现社会福祉、社会保障和公共卫生的质量提升。

第89条

禁止将公共资金及其他公共财产用于宗教组织或者团体，使其受益。禁止用于不属于政府管理下的慈善、教育或博爱事业。

承认所有国民追求幸福的权利，为了保障所有国民健康且最低限度的文化生活，国家必须努力实现社会福祉、社会保障、公共卫生的不断提升。但社会福祉服务相关的所有设施都由国家建设，设施中提供服务的所有职员作为公务员而雇用是很难的。而且，根据政教分离、防止税金滥用的宪法第89条的规定，政府不能向民间团体提供公共资金。

因此，日本在1951年（昭和26年）制定《社会福祉事业法》（现《社会福祉法》），通过设立“政府支配法人”即社会福祉法人，委托措施权限，扩充了现有制度，这就是所谓的措施制度。

实际上在提供服务时多是采用都道府县、市町村等向社会福祉法人进行服务委托，用委托费用来支撑社会福祉法人运营的形式。对于社会福祉法人，国家制定人员、设施设备及运营相关的最低标准并提供相应的费用。实际服务水准即是公共责任范围内担保额最低标准。

第二节　从“措置”到“契约”

从“措置”向“契约”的转变作为社会福祉基础构造改革的标志被人们多次提及，至今记忆犹新。这种从根本上对日本战后社会福祉制度进行变革的呼声源于改善死板的社会福祉制度和臃肿的财政为目标的财政改革，理解这一点至关重要。

措置制度是基于国家负担二分之一、都道府县和市町村负担四分之一财源的理念而成立的。这就制约了国家、都道府县、市町村的财政状况及财源分配，也就是说，即使服务使用者增加了，政府也无法灵活增加服务供给量。为了增加福祉服务相关预算，市町村、都道府县及国家各级政府都必须在确保财源的基础上来应对。当然，无限制地增加预算也是不可持续的。

所以，在公共福祉服务应对范围及国家财政应对范围被制约的前提下，超出应对范围的需求就不得不委托给其他主体。比如，急速老龄化所导致的公共福祉服务出现供需不平衡的介护领域，对以公共福祉服务为基础的措置制度必须要进行改革以构建一种新的老年人护理体系。

从“措置”向“契约”转变的进程来看，首先，1997年日本修订了《儿童福祉法》，实现了保育所入所方式的措置制度向与市町村签订契约的方式转变。其次，在老年人福祉领域，2000年12月（平成12年）推出了《介护保险法》，相关措置制度实际上也被废除了。最后，1998年（平成10年），中央社会福祉审议会社会福祉基础构造改革分科会公布了《关于社会福祉基础构造改革的中期报告》和《推进社会福祉基础构造会改革的补充意见》，在介护保险制度推出之前，制定了《为增进社会福祉的社会福祉事业法修订法》，把福祉服务提供事业者和服务使用者放在了对等的位置，推动制度向以使用者的选择和契约方式为原则的社会福祉服务制度转变。

第三节　福祉服务属性下的“经营”

一、“运营”而非“经营”

如前文所述，所谓的措置制度就是由成为受托人的社会福祉法人维持国家规定的设施、人员等“运营”相关的最低标准，领受“措置费”的一种制度。具体来说就是国家制定每个使用者的标准单价、支付设施运营必需的人员配置（人员标准）的人工费、设施运营经费及工资待遇的“措置费”。

“措置费”以税金作为资金，当月支付结算。受托事业者将“措置费”进行内部留存，转入次年度、变更法定用途等行为均有所限制。也就是说，作为受托事业者没有必要通过各种手段来削减成本，或将资金转入下期。只要将相应年度的措置费的用途向行政机关进行汇报即可。

另外，属于法定公益法人的社会福祉法人，在这些由公共资金的投入而形成的社会福祉法人的基本财产方面，如果没有监督官厅的承认就无法进行处理和提供担保。监督官厅没有必要对社会福祉法人的财产进行管理监督，社会福祉法人对自己的基本财产的运营管理也没有必要投入更多的精力。综上可见，实际上社会福祉设施是“运营”，而非“经营”。

二、社会福祉基础构造改革下的“经营”

从“措置”到“契约”的转变是日本社会福祉基础构造改革的基本方针，大致可以概括为以下7点：

（一）确立服务使用者和提供者的对等关系。

（二）满足使用者多样化需求的地域综合援助。

（三）多元主体进入市场，满足使用者多方面需求。

（四）提升质量和效率赢得使用者的信任和认可。

（五）通过信息公开等确保事业运营的透明性。

（六）公平且公正的费用负担。

（七）创造国民积极且主动参与的植根于地域的特色福祉文化。

从这一基本方针可见，通过推进地方分权及民营化来引入市场原理，为介护保险制度的实施与推进奠定了坚实的基础。在居家服务提供领域，介护保险制度承认符合厚生劳动省基准且被都道府县认定的事业者的市场准入。服务使用者自由选择服务提供机构并与之签订契约，通过民营企业在内的多元事业主体的参与及竞争来实现服务供给量的扩大及质的提升。

介护保险制度的引入及与之相呼应的社会福祉基础构造改革并不是单纯的社会福祉服系统的变革，措置费的灵活运用、自主财源的确保和收益事业的扩大、单独法人多种设施运营等均是通过变革社会福祉设施、事业的管理运营方式来引入“经营”逻辑的重大变革。对于事业者来说，摆脱了公共资金的束缚，通过提升服务的质量，进入了一个与其他企业和相关机构竞争来吸引客人的时代。

因此，对于介乎保险服务提供者明示了指定看护老人福祉设施等会计处理的指导方针，收支计算书、事业活动计算书（包含损益计算书以及净损益计算书）、资产负债表以及会计账簿都成为企业义务。另外，2000年（平成12年）还出台了社会福祉法人会计基准，2012年（平成24年），参考公益法人会计标准和企业会计原则等，修订了新社会福祉法人会计基准。

第四节　长期护理保险财政下养老机构的经营

一、长期护理保险财政的制约

（一）长期护理保险财政

介护给付费的财源构成是公共费用与保险费用各占50%。保险费用中，65岁以上的第1号被保险者负担约20%，40~64岁的第2号被保险者（医疗保险加入者）负担约30%左右。公共费用部分对应服务不同略有区别，但原则上国家负担25%，都道府县负担12.5%，市町村负担12.5%。另外，在国家负担的25%中，介护给付负担20%，剩下的5%根据市町村之间的财政差距来进行相应的调整。

不管怎么说，介护市场是基于社会保险制度而维持发展的，介护市场规模越大，作为其财源支撑主体的国家、都道府县、市町村和使用者的负担就会越来越重，这一点是无可置疑的。面对目前这个世界罕见的超老年化社会，能够看出介护市场在急速扩大，2000年度（平成12年）总额为2.6兆日元的介护市场，在2011年度（平成23年）倍增到了8.3兆日元。而且，如果维持现在的服务体系并且还有上升的话，在2025年度（平成37年）或许会增加到19兆~23兆日元的巨大规模，介护保险财政将来的窘迫和维持现有的制度也会成为一个很大的问题。

（二）护理报酬

长期护理保险制度下，距离居民最近的行政单位市町村成了保险人，承担决定保险金额、收取保险金和保险给付的管理的同时，推进介护保险制度的规划管理、维护介护保险制度的安定运营。另外，市町村也被赋予了相应的责任，支持介护保险财政，承受了极大的负担。如果在一个严重高龄化且税收很少、财政规模小的农村，介护保险财政将会是很严峻的情况。

在财政安定化基金（市町村的保险金收入和交付支付费用不足或贷款）的利用状况中，随着需要看护的老年人的激增和介护市场的扩大，介护保险财政也在增大。2003（平成15年）—2005年（平成17年）的贷款总额达到了392亿日元，进行贷款的市镇村有423个，约全保险者的25%陷入亏损状态。为了应对这样的状况，介护报酬下调，与此同时，提升第一号被保险者的保险金。另外，根据2005年（平成17年）修订的介护保险法，为了改善介护保险制度享用者总数约四分之一的特别养护老人之家（指定介护老人福祉机构）等的介护保险机构的支付大约占一半保险费用这一局面，以谋求寓所和机构的利用者负担的公正性，在介护保险机构中的居住费和食品费用等由利用者自己支付。

另外，从地方政府白皮书来看，根据2008年度（平成20年）末的介护保险事业保险者保险事业勘定的年收入结算额和年支出结算额所体现的实质收支为1878亿日元的黑字，占全保险者的98.9%的1629个团体均为黑字。

在这样的背景下，介护保险制度的可持续性问题被重视起来。介护报酬改定，把根据享用者负担的增加和介护报酬的下滑之事，招来了很多事业者的经营恶化。同时，同样做着访问介护事业的大公司对介护报酬的不正当的索取也成了社会问题，类似 3K（无闲、工资低、不能结婚）的负面消极的影响也被媒体深挖细掘，介护领域的就业人员大幅减少，辞职率十分之高等恶性事件也被大书特书，让人记忆犹新。

二、养老机构的经营课题

养老机构的介护服务并不是像餐饮和销售之类的商业活动那样，只要卖出东西就可以获得收益。根据介护保险制度，介护服务的报酬收入是有上限的，甚至，其规定的收入还会有政策性的调整。服务单价如果下调的话，机构收益也会下降。收益分歧点下降的话，事业收支就会变成亏损。为了回避这一状况，就必须要依赖于其他的事业所获得的收益。

不管怎么说，介护保险制度不是为了保护零碎的事业者而设计的。必须要改善低效率的经营主体退出舞台从而进行新陈代谢的状态。为了经营介护服务事业，要经常了解各事业的经营状态，如果不能找出提高收益、谋求稳定经营的方法，竞争中就不能保证持续不断地提供优质的服务。

根据全国老人福祉机构协会对介护老人福祉机构等的收支状况的调查来看，盈利机构的事业活动收入对收支差额比率为 9.9%，而亏损机构的比率为 -2.5%，两者相比之下能够看到巨大的差距。

在人工费用比率上，盈利机构为 60.5%，亏损机构为 67.7%，高出 7.2 个百分比。在亏损机构里，人员配置过于繁杂。常勤职员的工资开得很高，介护职员以外的职员数量非常多，机构的经营状况在持续恶化。

本来服务外包必定会减少人工费用，但这在亏损机构里没有得到有效体现。比如，从配餐业务委托的状况来看，客户一人每天所需要的调理员人工费及配餐业务委托费与盈利机构的 599 日元相比，亏损机构高出了 87 日元。定员为 50 人的特别养护老人之家，一年大约能有 150 万日元的差距。

从入住率来看，盈利机构的利用率达到了 95.8%，亏损机构的利用率为 94.8%，就算是 1.0%的差距，以 50 人定员的单位（需要介护 4）标准来计算的话，年平均大概有 230 万日元的差距。

因此，养老机构的管理者必须要对自身运营的机构进行经营状况的对比。运营其他的机构（事业）也是同样，要经常以厚生劳动省所制定的介护事业经营时态调查和与之类似的统计结果与自身的经营状况进行对比和讨论。

第五节 养老机构运营风险及规避对策

一、我国民办养老机构存在的问题

2017 年 2 月国务院制定《“十三五”国家老龄事业发展和养老体系建设规划》（以下简称《规划》），对提升新时期中国老龄产业发展水平、进一步完善养老体系建设进行了顶层制度设计。《规划》重点突出了养老体系建设的内容，对提升老年人的参与感、获得感和幸福感，增进老年人福祉具有深远意义。结合供给侧结构性改革的要求，《规划》重点布置了关于加快公办养老机构改革、支持社会力量兴办养老机构、全面提升养老机构服务质量、加强农村养老服务等任务。

目前中国虽然初步形成了以居家养老为基础、社区服务为依托、机构养老为支撑的社会养老服务体系，然而作为该体系重要支撑的养老机构却步入发展困境，尤其是民办养老机构存在着很多实质性问题没能解决。例如，养老机构受城市地价高、资金短缺、社区用房紧张等因素制约，使得部分养老机构入不敷出，经营恶化；养老服务专业化程度不高，护理职员流动频繁，无法稳定从业；大多数养老机构担心承担医疗、道义、法律等多重风险，将急需机构养老的重病老人、没有自理能力的老人、失能失智老人拒之门外等。出现诸多问题的原因主要在于以下五个方面：一是老龄产业是高风险行业，出于资本的逐利性，投资者对提高养老机构的盈利能力和风险控制能力提出要求；二是养老服务（产品）多元化和差异化，高科技智能设备多，运营管理复杂，潜在的突发事件甚至群体性纠纷事件多发；三是养老行业是劳动密集型行业，但从业人员的素质有待提高、专业人员短缺，从业员工对自身的职业健康保护意识不强；四是法律法规严重滞后，律师服务存在空缺；五是保险产品及其覆盖范围严重滞后、保险意识不强，新一代老人及其家属对有尊严的养老生活有更高的要求，自我保护和维权意识迅速增强，法律诉讼和护理纠纷迅速增多。因此，风险防范对于养老机构，特别是民办养老机构的持续稳定经营至关重要。

随着养老需求与服务供给矛盾日益突出，学界开始关注养老问题，其研究大致可以归纳为三个方面：

第一，社会养老服务体系构建研究。姜向群①界定了社会化养老的概念，指出，社会化养老是有别于传统家庭养老、通过社会途径并以社会制度保证的养老方式，其范围包括老年社会保障、老年社会福利、老年社会服务机构养老等，社会化养老是中国从传统社会向现代工业化社会转变的必然产物，是政府福利服务与卫生保健服务的资源整合。郑功成②强调创新发展理念、厘清老年服务事业发展定位非常重要，养老服务业发展的唯一出路是公益性与市场性的有机结合，并认为，当前急需打破部门分割、政策分割的格局，合理配置公共资源。章萍③指出，中国社会养老服务的供需之间无论在数量上还是质量上都存在着明显的失衡，有效供给不足问题严重。造成供需困境的主要原因是政府职责“错位”、“政府失灵”和“市场失灵”并存，强调加强政府与市场的合作是社会养老服务持续健康发展的必然选择。杜鹏和谢立黎④在总结芬兰老龄政策经验的基础上指出，在社会养老服务体系发展中，应建立健全老年法律和政策体系，将健康作为一项重要投资，建立高效严格的服务质量监督机制，加强对照护者的支持。同时，在发展养老服务体系时，除了发展多层次的养老服务，还应该重视各项服务之间的联系。因此，需要统筹发展各项服务模式，并将医疗卫生保健与社会服务有机结合起来，满足老年人医养结合的需求。汪国华和张登国⑤分析了中国现代养老社会服务的演进过程和社区居家养老、机构养老、居家养老、自立养老四种养老社会服务模式，在借鉴国外经验基础上，探讨了中国养老社会服务未来可行的发展路径，养老社会服务在政府指引下形成政府与社区、机构、家庭、公民个人等多元合作共建局面，实现养老社会服务本土化改进，积极朝向制度化、体系化、机制化和专业化方向发展。王建云⑥的研

---

① 姜向群．社区养老服务的供需失衡问题及对策研究［J］．社会建设，2015（7）：67-72.

② 郑功成．养老服务业需要做大调整［N］．人民日报，2015-11-20.

③ 章萍．社会养老服务发展的有效路径研究［J］．现代管理科学，2015（9）：78-82.

④ 杜鹏，谢立黎．社会可持续发展战略应对人口老龄化［J］. 人口学刊，2013（6）：25-32.

⑤ 汪国华，张登国．健全养老社会服务体系与机制——基于中外比较视角［J］. 现代经济探讨，2014（9）：66-72.

⑥ 王建云．“医养结合”养老服务模式下资源整合路径研究［J］. 老龄科学研究，2015（12）：34-41.

究指出，要对提供养老服务和医疗服务的各主体重新进行功能定位，探索构建医疗和养老资源的整合路径，以期实现对医疗康复护理服务和日常生活照料服务的整合。

第二，财税政策支持养老机构发展研究。UNDP《促进中国养老服务体系发展的财税政策研究》课题组①指出，目前中国养老和医疗等社会保障体系不完善，财政投入不足，财政投入结构不合理，投入方式落后，财政托底保障不足。需要加强直接对老年人和养老服务的税收政策支持。另外，促进中国养老服务发展的财税政策的选择既要考虑需求和可能，又要融入财税政策体系之中。财政支出政策应更加侧重提供养老服务的公共产品，税收政策应侧重支持养老服务事业的发展。王延中②指出，中国社会保障体系过度依赖国家财政导致社会保障财务的不可持续性。参保人群中的老年人不断增多导致养老支出的快速增加；另外，持续吸引社会困难群体所造成的资金预期支出压力增大。伍德安和杨翠迎③认为，当前养老保障政策、制度分离与分割严重，即养老保险与养老服务分离，医疗保险与康复、护理服务分离，养老保障与医疗保障分离、社会保险与商业保险分离等。养老服务处于资金保障尚无正规渠道来源、服务功能脱节与缺位的境地。要树立“财税、社保、福利”大财政、新的全局统筹理念，构建财税支持政策池以缓解养老服务投入不足，保障程度低的困境，完善家庭、社区、社会连续的服务体系。黄燕芬和尹太兵④认为，伴随福利社会化改革进程，国家有必要通过一系列财税政策鼓励和引导社会力量积极参与中国养老机构的建设。郑洁⑤认为，应该加大中央政府的补助力度，建立由中央、省、市三级共同出资的民办养老机构补助制度，来缓解地方政府财政压力。另外，在人才培养方面，政府应鼓励医科大学增设此类专业，并给予相应专业及学生必要的补助，对于从事此类工作并具有一定资质的医护人员按工作年限给予津贴

---

① UNDP《促进中国养老服务体系发展的财税政策研究》课题组．促进中国养老服务体系发展的财税政策研究［J］．财政研究，2012（4）：10-17.

② 王延中．中国社会保障发展报告——“十三五”时期的社会保障［M］．北京：社会科学文献出版社，2015：25-28.

③ 伍德安，杨翠迎．居家养老服务体系财税政策空间及顶层设计［J］．财经论丛，2015（2）：18-26.

④ 黄燕芬，尹太兵．促进我国养老机构发展的财税政策［J］．税务研究，2010（5）：29-35.

⑤ 郑洁．促进中国养老服务业发展的财税政策研究［J］．石家庄经济学院学报，2013（10）：94-99.

补助。

第三，养老机构自身发展问题与对策研究。张晓峰①指出，当前中国民办养老机构发展存在医疗护理纠纷增多、品牌意识不强、资金周转困难、应有的优惠政策落实不到位等机构管理上的问题。邱玉函②以社会工作理论中的系统和生态理论视角，针对湖南省养老机构进行个案分析，提出养老机构须借鉴和移植社会工作的专业理念，提升服务水平，增强养老机构的开放性，使养老机构由贝壳式运作向骨骼式运作的院舍体制发展。崔炜和周悦③认为，应该从健全制度、完善标准、注重细节、优化管理、规范服务、建设队伍等六个方面加强中国养老机构管理标准化体系建设。董红亚④指出，目前中国养老机构存在的核心问题是政府和社会各方对养老机构的定性存在分歧，导致政策摇摆不定，有的以事业视之，有的以产业视之，致使养老机构不能健康有序发展，社会养老服务质量不能尽如人意。强调建设发展养老机构应该从其非营利属性的本来意义着眼，确定履行社会责任的目标，建成宏观的行业管理体制，积极引导社会资本进入养老服务领域，实现管理人和出资人的分离。建立有效的评估机制，积极探索分类管理模式。李从容和曹慧敏⑤认为，政府应完善对民办养老机构从规划布局、土地供应、建设施工到竣工验收的建设生命周期的管理，重点加强政策引导作用，合理规范养老机构的建设。涂爱仙⑥围绕养老机构的基本情况、基础设施、服务水平和人力资源等问题，通过调研发现欠发达地区的养老机构存在床位数供给不足、机构养老服务水平不高、供求失衡等问题，这些问题的产生主要受养老机构投资大、回报周期长、政策滞后且落实不到位等多种因素影响。

综上所述，目前中国在社会养老服务体系构建及养老机构的功能定位等方面的研究取得了一定的成果，但对于民办养老机构风险防范对策的研究不多，

---

① 张晓峰．民办养老机构发展面临的风险及对策［J］．社会福利，2008（10）：34-35.

② 邱玉函．社会工作理论视野下的农村机构养老［J］．农村经济，2008（6）：71-75.

③ 崔炜，周悦．积极老龄化语境下的养老机构管理标准化建设［J］．决策咨询，2011（2）：68-70.

④ 董红亚．非营利组织视角下养老机构管理研究［J］．海南大学学报，2011（2）：41-47.

⑤ 李从容，曹慧敏．民办养老机构建设及管理研究［J］．老龄科学研究，2015（9）：13-21.

⑥ 涂爱仙．欠发达地区机构养老的问题、原因及对策分析［J］晋阳学刊，2015（5）：65-72.

呈现碎片化、笼统状态。缺乏关于如何促进养老机构更好地服务于老年人的实证研究，很难对实际养老服务水平的提升起到真正直接的促进作用。养老机构应当通过内部风险控制，内外资源整合，纠纷最小化，利益相关者协同治理等方式，加强自身的风险防控能力①。基于养老机构在运营过程中常要面临各种潜在的风险，养老事业者必须增强风险意识，正确分析风险出现的原因，通过积极规避防范，来有效减少风险可能造成的损失。有鉴于此，本部分聚焦养老机构运营过程中存在的意外事故风险、法律风险两个方面对其形成原因及规避对策进行深入分析。

二、养老机构常见运营风险及形成要因

毋庸置疑，近年来，以机构养老为补充的社会养老服务体系建设取得了长足发展，但仍处于不断摸索的初期阶段。虽然养老机构数量不断增加，规模持续扩大，养老服务水平不断提高，发展态势良好，但随着作为高危人群聚集地的养老机构数量的增加，老年人自身问题及机构管理不规范等原因使得各种事故、伤害、纠纷等意外事件发生概率也随之上升，运营风险成为中国养老机构不可逾越的一道难题。

一般来说，养老机构的风险主要有两个方面：投资和运营。从投资方面来看，中国机构养老供不应求的同时，存在着资源利用率不高的问题。尤其是民办养老机构的高闲置率、用地难、用工难、融资难等客观条件导致经济上入不敷出，面临运营困境，难以真正扩大社会养老服务的有效供给。从运营方面来看，风险防范体系脆弱，自我发展能力不强成为很多养老机构共同面临的最大难题。特别是在运营管理过程中存在的管理制度不规范、服务专业化水平低、法律缺失等诸多风险。对于养老服务事业者来说，在稳定经营的基础上提供持续的护理服务是理想目标。但事故原因如果是养老机构方面的管理不善所致，除了赔偿入住老人及其家属相关费用之外，也会降低对养老机构的评价及信用，招致损失。养老机构管理不善等问题会直接影响入住老人的生活质量和合理合法权益。

养老机构常见运营风险主要涉及两个方面，即意外事故风险与法律风险。

---

① 刘利君．养老机构住养老人事故风险管理实证研究［J］．内蒙古社会科学，2016（5）：155-159.

其中，跌落、跌倒、烫烧伤、噎食、走失、传染病、突发疾病、自杀等意外事故风险发生的概率较高，风险发生原因大多会涉及养老机构管理制度的规范性问题。

（一）意外事故风险

“意外”是指老人在入住养老机构期间所发生的、未曾预料的突发性事件，常导致老人躯体和精神伤害，包括老人跌落、跌倒、误咽、冲突、走失、猝死等方面。如何有效规避该类多发风险对养老机构和入住老人双方都是十分重要的。比如，地面清洁不彻底、地面防滑程度不高都会增加发生摔滑倒的意外风险。老人因为年龄的原因导致身体机能衰退，咀嚼与消化能力差，就餐时食物引发的噎食、消化难的意外风险。其中，护理人员帮助老人进食时，操作不当导致发生的进食危险很高。养老机构住养老人普遍患有慢性病及自理能力缺失是造成老年人意外事故发生最直接的原因。跌倒、坠床和走失事故主要集中于患病的老年人身上，而且发生概率最高。基础设施设计、建造不合理也会造成意外，加强养老机构的基础设施完善是对老人安全问题解决与防范的最根本要求。另外，目前中国养老机构“医养分离”的现象突出、医疗服务供给不足、护理专业人才紧缺等问题都严重制约了养老机构老年人健康管理的质量和急性病及意外事故的应急处置能力的提升。其中，从业人员素质不高，就很难按照操作规程开展为老服务工作，势必会增加因工作人员玩忽职守、违反规章制度等失职行为所造成的责任事故风险概率①。从某种意义上来看，养老机构的护理服务具有较高的风险性，并且目前风险防范对策匮乏，这都给社会养老机构的运营带来了制约。如果不能妥善解决，一方面会给入住老人及其家属带来损害，入住老人的合法权益难以保障。另一方面，养老机构，尤其是民办养老机构经济承受能力有限，会影响到社会力量投资兴建养老机构的积极性，不利于养老服务社会化的进一步发展。

（二）法律风险

养老机构在运营过程中有时会面临法律纠纷和案件诉讼，成为纠纷的被起诉方和赔偿责任方，普遍存在着法律风险。这主要是由于养老机构与入住老人签订的入住协议或《供（寄）养合同》约定不清、权责不明等原因造成的。纠纷与诉讼使养老机构承受巨大的社会压力和经营压力，增加养老机构的成本支

---

① 陈卓颐，黄岩松，罗志安．关于提高养老照护从业人员素质的思考［J］．中国老年学杂志，2006（2）：280-283.

出，陷入经营困境。在国家未就社会养老机构的纠纷处理专门立法且相关规范不足的情况下，提高服务水平、完善服务机制、学会自我保护就成为养老机构自我发展的重大课题①。近年来，虽然中国机构养老发展迅猛，在规范养老机构和入住老人之间权利义务关系上，相关法律法规的缺失导致养老机构面临"无法可依"的窘境。2014 年，民政部联合中国保监会、全国老龄办印发了《关于推进养老机构责任保险工作的指导意见》，希望通过积极推动养老机构与保险公司的合作，试图以此为养老机构最为困扰的意外伤害事故搭建起一个风险规避屏障。然而，在发生的意外伤害事故中有些案例很难判断和界定是由于老人自身原因造成的意外还是养老机构的责任事故。由于具体原因的复杂性及社会上暂时没有此类责任鉴定机构，导致大多数的情况下往往都是由养老机构承担主要责任。另外，即使与保险公司签订保险合同，由于事故伤害内容和养老机构综合责任险保单中列明的区域范围相违背，保险公司也会出现拒绝赔付的行为，因此必须要有第三者去进行评估、监管保险机构。目前，中国养老服务行业正在不断摸索的初级阶段，顶层设计到政策体系行程需要较长时间，在政策与保险尚未完善之前，养老机构必须通过严格的内部控制体系进行风险把控。

三、养老机构运营风险的规避对策

（一）意外事故风险规避对策

1. 确保风险管理的基本条件

首先，以管理者为中心构建风险管理体系。养老机构管理者是整个机构活动的有效组织者和经营管理者。养老机构管理者缺乏风险意识，本身就是最大的风险。为了能够建成有实效性的管理体制，养老机构管理者的领导能力极为重要。究其原因，面对新体制的建立和新规则的导入，不愿接受改变或对其有所抵触的职员有所减少但依然会存在。为进一步推进风险管理，养老机构管理者应明确提出安全管理相关的理念和方针，以自身为表率推进风险管理。特别是安全管理体制和安全文化尚未成熟的组织，更应该以管理者为中心构建风险管理体系。

其次，设置安全管理员。风险管理并不是一时的，要长期坚持下去。安全

① 杨友仓．养老机构如何面对法律风险［N］．中国社会报，2011-11-08.

管理不仅取决于安全管理者，也要重视全体职员在安全管理方面的突出作用，需要组织全体职员共同参与。因此，要设置安全管理委员会，推进风险管理体制的运行。安全管理员要收集各种突发事件信息并仔细调查分析其原因，给所有职员敲响警钟。制作防止事故再次发生的手册，进行职员教育。

最后，安全文化的形成和组织改革至关重要。一旦发生事故，往往会被解释为：习惯性忽视、疏忽、观察力和预测力不足等人为因素。但是，事故的发生不仅仅是因为护理人员个人的疏忽，职员间缺少交流、防止事故发生的职场氛围不足等企业和组织的原因也有很多。为提高养老机构安全性，在提高职员个人工作能力的同时，也要注重企业安全文化的培养和组织改革。

2. 明确意外事故的定义

在护理过程中的意外事故防范风险管理实践中，应在与养老机构运营相关的管理者及全体职员中明确"意外事故"的定义。目前，由于"意外事故"相关的定义和范围仍不明确，事故认定基准仍未统一，养老机构及其职员对于意外事故的处理方式各不相同。因此，要在明确必须要防止怎样的事故基础之上，才能考虑风险管理。

实际上，护理过程中出现的"意外事故"范围应该更广泛一些。例如，日本的《特别养护养老院介护事故预防指导方针》中，将"介护事故"定义为："设施内以及与职员同行外出时，使用者的生命、身体等受到了实际伤害，或是有受到伤害的可能性而需要观察的事例（无论介护设施方面是否有责任过失）。"这里需要留意的是"无论介护设施方面是否有责任过失"，根据此定义，在介护服务事业者的服务管理中，与使用者生命及身体相关的全部事故都被归为"介护事故"，成为风险管理的对象。这一点值得中国借鉴，相关部门应该尽快出台完善的预防指导方针。

3. 理解养老机构中的风险特性

随着年龄的增长，使用者身体机能和认知能力变得迟缓，任何事故都存在着造成伤害的风险，这是养老机构的风险特性。例如，跌倒或跌落事故，不仅限于直接护理过程中（入浴、排泄及移动等），使用者一个人行动时也有发生的可能性。步行中或座位不稳导致的跌倒事件、从轮椅和床边的跌落事件等在日常生活中时有发生。限制使用者的日常行动虽然能减少事故发生，但这违背了使用者的意愿。此外，限制使用者的行动会造成使用者不安，易怒甚至精神上的痛苦，因而原则上是应该禁止的。以设施为基础的服务提供，应该让使用者根据自己多样的价值观自行选择并受到尊重，最后给予使用者所希望的生活援助。在护理服务中，要在不限制使用者行动的前提下防止事故的发生。因此，养老机构应该建立相关的体制，及时把握确认使用者的状况及周围环境，及时注意到使用者的异常情况并采取措施。养老机构的风险管理制度应该在不破坏自身理念的基础上，努力将事故发生率降低到零。

4. 构建基于 PDCA 周期的事故防范管理体制

养老机构一般是依照职员的个人能力及经验等进行人员配置，但管理者和职员的应对能力是有限的，要以经营者和设施主管等管理领导层为中心构建防范事故发生的组织体制。养老机构防范护理事故发生的对策中，基于“计划（Plan）—实施（Do）—监测（Check）—改善（Action）”的这种 PDCA 周期组合策略较为有效（如图 2-1 所示）。PDCA 周期的全过程是通过构建养老机构整体的事故防范体制，以及针对每一名使用者定制出相应的事故防范对策并行实施来取得效果。

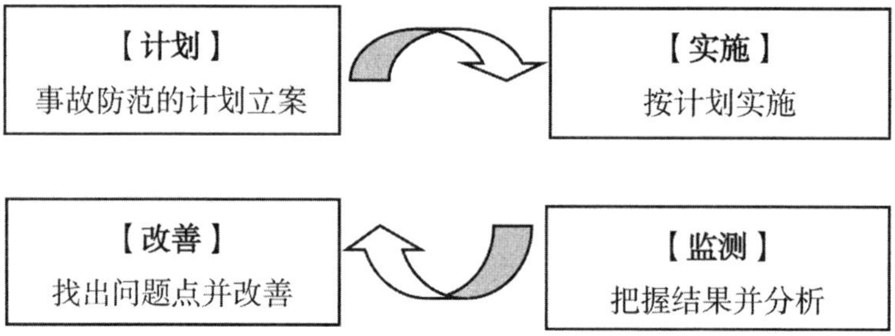

图 2-1　PDCA 循环的概念

首先，构建养老机构的整体事故防范体制。由养老机构方面的原因（设备状况、职员护理能力及护理顺序）引发的事故中，由于存在着同样事故再次发生的可能性，养老机构有必要为了防止事故再发而探讨相应的改善策略和应对措施。此外，不仅仅是发生过的事故，还应该在过失报告书中记录来自使用者及其家人方面的投诉及控诉内容，从发生过的事故事例等信息中找出风险所在。以此为基础，通过安全委员会制订事故防范计划。例如，事故防止对策及改善对策，职员研修计划，修改说明书等，并及时告知养老机构的所有工作人员。同时，在对实施状况及结果监测中，相关结果的反馈也很重要。养老机构要通过反复进行 PDCA 周期实践，构建养老机构全体的事故防范体制。

其次，针对每一名使用者制定相应的事故防止对策。由使用者自身原因（体能、认知能力及当天的身体状况等）出现的意外事故，想要全面地制定防止相应事故发生的改善策略及对应措施较为困难。因此，根据事前评估，在把握每个使用者的身心状态及风险状况的基础上，结合风险应对及事故防范策略制订护理计划，根据护理计划实施相应的护理帮助。

最后，基于监控的结果和过失报告书的内容，实施再次评估。通过实施课题探讨，以及改善策略的护理计划来循环实现 PDCA 周期。虽然这些措施是以安全委员会等为中心实施，但全员都必须深入了解这些内容（见表 2-1）。

表 2-1 基于 PDCA 循环制定的事故防范步骤

阶 段	构建养老机构整体的事故防范体制	针对使用者定制事故防止对策
计 划	事例分析（过失、事故事例） 立案计划（改善对策、职员研修等） 决定负责人及日程安排	调查核定、掌握使用者的状况 制订结合事故防范对策的护理计划
实 施	实施计划	根据护理计划提供护理服务
监 测	确认计划的实施状况 评价、检验结果	监控结果
改 善	基于评价结果进行改善 反馈	实施再次评估 课题探讨及应对策略

资料来源：笔者自制。

5. 过失分析及对策立案方法

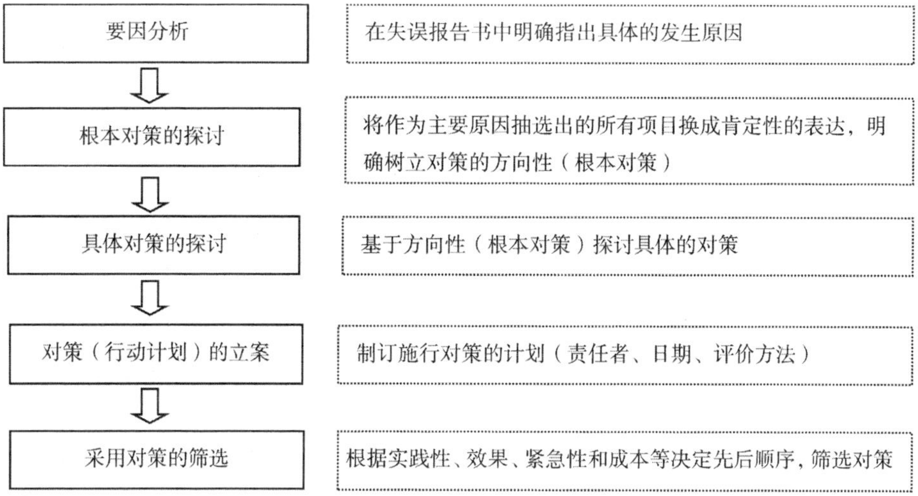

图 2-2 过失分析及对策立案手法

过失分析是指为了找出潜在的风险，需要在养老机构中反复实施的重要措施。一起重大事故往往缘于诸多的轻度事故及未达到事故标准的细小过失。过失分析是记录这些过失发生情况，从收集到的信息中分析原因，制定事故防范对策。具体的对策立案的顺序如图 2-2 所示：

虽然提交过失报告书是职员的义务，但职员为了完成报告书将此行为形式化，或不提交预期的过失报告书，或无法合理使用等都是过失报告书的问题点。过失报告书作为分析风险的手段是 PDCA 周期中重要的一环，管理者及全体职员都要学习并合理使用。因此，过失分析及立案对策的相关委员会应该定期召开相关会议，对全体员工展开分析结果的反馈，实现信息共享。

6. 加强与使用者家属的沟通

多数养老机构使用者的家属认为，在利用养老机构时可以放心地将日常生活护理委托给护理专业人员。但无论养老机构方面采取什么样的事故防范对策及改善对策都无法保证零事故发生率。例如，由于生活环境的变化，与在自家生活相比，老年人跌倒的风险会上升。如果使用者家属和养老机构在风险认识上产生了误差，一旦发生了护理事故很有可能发展成很大的纠纷事故。为了防止事故发生后的纠纷，有必要同长期居住的使用者家属进行充分沟通，共享使用者的身心状况及相关风险信息。养老机构方面应向使用者家属说明老年人跌落、摔倒、误咽等事故的高风险，以及养老机构虽然会尽其所能防范事故发生，但仍有潜在风险，尽量得到家属的理解。例如，按照饮食、行走、夜间应对服务详细制定风险目录，以书面的形式转达家属，定期向家属说明老人护理计划及护理方向性。这些努力都能在很大程度上规避事故风险和事故纠纷。

（二）法律风险的规避

在养老机构法律风险规避方面，中国相继推出了一系列的法律法规来保障养老机构及机构使用者的权益。在养老机构硬件建设和软件管理方面，中国相继推出了国家、行业监管部门的标准规范要求。硬件标准有：《老年人居住建筑设计规范》《城市道路和建筑物无障碍设计规范》《建筑设计防火规范》等。软件标准有：《养老机构管理办法（民政部令第 49 号）》《养老机构基本规范》《养老机构安全管理》《老年人能力评估》等。

一般来说，养老机构从硬件建设、软件管理方面按照国家、行业标准要求来做，服务标准、服务流程、护理记录都比较规范完善，相对来说抗风险能力就强。然而，受限于养老机构的高风险性及风险防范措施匮乏性的影响，养老机构自身发展受到制约。解决这一问题，最根本的还是国家要出台相应的老人伤害事故处理办法或规定，从法律层面界定相关责任和义务。而目前在国家层面法律规定不完善的情况下，养老机构有必要通过增强法律意识，主动探索规避风险的途径，提升自我发展能力。

养老机构应该根据风险发生的概率和幅度，结合养老机构实际承载能力和现实需求，与保险机构共同协商、签订损害赔偿责任保险合同。根据相关法律法规和司法实践合理确定保费的标准、赔付范围、赔付方式、责任限额和争议解决方式等。在发生了护理事故的情况下，对于使用者的补偿方面，养老机构应该通过损害赔偿责任保险来界定损害赔偿责任，认定养老机构必须在需要赔偿的事故情况下尽快赔偿。在需要履行损害赔偿责任的情况下，不仅能够顺利完成对使用者的补偿，同时能够保护养老机构及职员的利益。例如，在面向一般护理服务事业者的损害赔偿责任保险中，由于设施不完善及护理过失等业务上的疏忽、饮食提供等原因发生的事故相关赔偿责任、护理服务事业特有的风险（协商援助业务等过失引起的纯经济损失、不满足条件的身体拘束造成的人格权利的侵害）等，也能够对设施运营相关的赔偿责任风险进行综合的赔偿（如图2-3所示）。

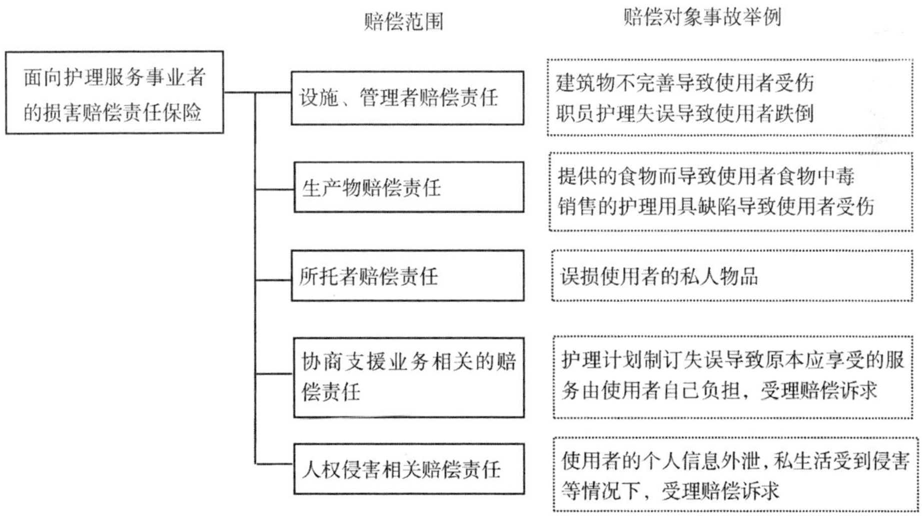

图2-3 面向养老服务事业者损害赔偿责任保险的主要补偿范围

此外，在养老机构自身管理的层面，要完善包括老年人体检、护理等级评估、服务标准、操作规范等各种管理制度。结合律师指导机制，提前预测法律风险，与入住老人签订有法律效力的《入住合同》，在完善制度中规避法律纠纷。

通过提供护理服务确保使用者的安全和安心是养老机构最基本的职责。探讨养老机构常见运营风险的规避是希望养老机构能将风险规避融入日常监管，降低损失发生的概率和程度，减少风险可能造成的损失，尽可能让养老机构管理者从风险焦虑中解放出来，专心致志地为入住老人提供更好、更专业、更优质的服务。对于养老机构的经营来说，不可欠缺的是对于事故防范的策略。即使建立了风险管理的体制，如果不能合理使用也无法发挥其功效。为了推进风险管理的实施，经营者及设施管理人员的决心和责任至关重要，要以经营者强有力的领导地位为基础构建风险管理体制，在全体员工中贯彻“风险管理”意识，推进措施的持续进行。

附录3　日本养老机构的管理

第一节　日本的长期护理保险制度

一、长期护理保险的设立及内容

护理保险制度是一种新型的老年人社会保障制度。20世纪下半叶以来，发达国家纷纷建立了护理保险制度。根据这一制度，40岁以上的人将全部加入护理保险，并为自己在今后能够得到公共护理服务而缴纳一定的保险费。当被保险人需要得到护理服务时，通过申请和认定，将会得到护理保险制度所提供的各种护理服务。这种护理服务可以是居家服务，也可以是机构服务。护理服务的费用，主要由护理保险支付，个人只承担其中一部分。建立护理保险制度的目的，是为了依靠全社会的力量来解决老年人的护理问题。通过建立护理保险制度，把老年人的护理问题纳入社会保障制度框架内，并以保险形式解决和确保稳定的财源。

1995年日本政府首次提出了“关于创设介护保险”的议案，1997年5月和12月《介护保险法》分别在众议院和参议院获得表决通过，2000年4月1日，日本《介护保险法》正式实施。2005年，日本政府对2000年保险法案进行修订并颁布了《介护保险法修订法案》，2008年和2012年又对介护保险制度进行了两次改革。日本的介护保险是典型的社会强制险模式，由法律强制实施，保险出资责任由国家、企业、个人分担或者由国家、个人分担。

（一）被保险人

日本长期护理保险制度规定年龄在40岁及以上的全体国民都必须参加保险并缴纳一定的保险费。投保对象根据年龄分为两种：一为65岁以上的老年人，即为该制度的第1号被保险对象；二为40~64岁加入了某一种医疗保险的现役劳动者，即为该制度的第2号被保险对象。

这两类被保险人的主要区别在于保费缴纳方式和受益对象范围。第1号被保险人被分为5类，缴纳与自己收入水平相应的固定金额的保险费，三年调整一次。年金在18万日元以上的第1号被保险人的保险费直接从其养老金中划扣，其余第1号被保险人的保费由市町村个别征收。第2号被保险人必须终身缴费，缴费比例为所得收入的0.9%，与其医疗保险相关联。

在受益对象范围方面，第1号被保险人只要需长期护理，经审定后自动获得护理资格。对于第2号被保险人，只有当患有初期老年痴呆或者因患有心脑血管等与年龄有关的16种特定疾病而处于护理状态时，才能够获得介护保险提供的护理服务。40岁以下因身体失能需要长期护理的公民由其他福利计划提供。

（二）保险人

长期以来，日本的老年保健福利都是在国家和各都道府县的指导下，由市町村具体负责实施执行。目前作为运营主体的地方政府大约有3300个。其主要职责包括：1. 根据各自地方的情况设定保险费的等级、额度，征收、营运、管理和利用保险费；2. 审定护理申请人的资格、等级，制订护理计划、落实并且监督服务业务提供。

（三）筹资模式

日本介护保险制度的筹资模式是现收现付制，为了确保稳定的资金来源，日本长期护理的保险资金由三级政府、个人共同负担。被保险人缴纳50%的保险费，其中17%来源于第1号被保险人，另外33%来自第2号被保险人。公费部分，国家、都道府县、市町村按照2∶1∶1的比例分别承担总资金的25%、12.5%、12.5%。为了平衡各市町村的支付能力，国家拿出其负担资金的1/5作为调整补助金交付给那些低收入老人或高龄老人多的市町村。此外，为了避免保险对象过度使用护理服务，被保险人在接受护理服务时需承担护理费用的10%，机构入住者的伙食费不含在保险费中。鉴于低收入群体不能支付保险费用、服务使用费和其他额外支出，为减轻他们的经济负担，低收入群体可以向市町村申请减免服务使用费，也可获得公共救助计划的援助。

（四）给付方式

日本介护保险的给付方式以直接向被保险人提供护理服务为主，现金给付所占比例极少。护理需要分成两类：

需要支援：不需要日常生活护理，但在家务或日常生活上需要支援，每天需要照护的时间为20~30分钟。

需要护理：依需要护理程度分成5级。护理服务主要分为处于护理状态的介护给付和有可能发生护理状态的预防给付，提供的服务项目主要包括居家护理、社区护理和机构护理。为鼓励老年人在自己家里接受护理，居家护理的护理服务内容十分广泛，包括：访问服务、日间护理、短期设施护理及居家环境改善等。社区护理是以社区为载体，利用社区内的护理设施、机构为被保险人提供护理服务。如果在家中护理已难以满足老年人的护理需求，老年人可以到由都道府县指定的福利机构、保健机构或疗养医疗机构中接受专业机构护理。

二、长期护理保险制度的发展现状

实施介护保险制度以来，长期护理保险保障范围扩大了三分之一，这表明介护保险制度获得了日本公民的认可。从2000年起，日本第1号被保险人的增长速度比较稳定，增长率都在3.5%以下。

2000年至2009年日本第1号被保险人的增长比例在3.5%~2.5%，在2009年后增长比例降低到1%以下。2000年至2009年，申请各类护理服务的投保人数从218.16万人增加至469万人，增长了一倍多。其中，申请“需要护理”的人数远远高于“需要支援”的人数，2000年共有29.09万人申请“需要支援”服务和189.07万人申请“需要护理”服务，2009年申请上述两种护理服务的人数分别是123.69万人和345.31万人，这说明老年人口失能状况堪忧。

日本长期护理保险制度通过2005年的改革构建护理预防体系，实现了由重护理向护理与预防并重的转变。2006年护理预防体系建立之后，要支援的认证者人数就达到了104万人，到2011年已经达到了140万人，约占认证者总人数的26.4%，改革之后日本的护理预防服务得到快速发展。2012年日本对《介护保险法》的修订要点为如何构建老年护理的“地区服务体系”，彻底打破了社会福利主要由政府行政措施提供的惯例，为地区福利民间化、市场化创造了条件，也为竞争型地区福利社会的形成打下了基础。

在过去的十余年中，日本的护理机构数量大幅增加，已能够为需护理人群提供高质量的护理服务。2011年提供家庭访问医护服务的机构67922家，比2000年增加了一倍多。2011年提供针对痴呆老年人的日间护理社区共有11180个，而2000年只有418个。2011年老年护理保健机构3763家，比2000年增加了1603家。据厚生劳动省统计资料显示，2011年居家服务被利用次数、设施服务被利用次数和社区紧密型服务被利用次数分别达到了3829万次、1026万次和353万次；2012年被认证需要护理的人数从2005年的411万增加到了533万，护理保险给付人数增加到了445万，其中居家服务利用者328万人、设施服务利用者86万人、社区紧密服务利用者41万人。这些数据显示，日本国民已经不再寄托于家庭提供的护理服务，社会化护理服务得到十分普遍的利用。

日本护理保险制度在取得成效的同时，改革之后依旧存在护理服务供给不足问题，目前仍有将近42万人还在排队等待入住福利院。此外，随着轻度需护理者的大量增加，相关服务量和保险费用支出也随之增加，保险财务负担加重。

2000年护理保险总开支为3.6万亿日元，2005年达到6.8万亿日元，2011年上升到8.3万亿日元，10多年保险支出增加了1倍多。与此同时，个人缴纳的保险费也有大幅度的提高。例如，一等被保险人缴纳的保险费从2000年的2911日元增加到2012年的4972日元。改革没有从根本上改变护理保险财政日益窘迫的状况，预计未来护理保险费用支出将继续快速上涨。保险费的大幅度提高，不仅会给被保险人（尤其是低收入的老年人）生活造成一定压力，同时也会对制度的稳定和可持续性产生不利影响。

三、长期护理保险财政下养老机构的经营

（一）长期护理保险财政的制约

1. 长期护理保险财政

介护给付费的财源构成是公共费用与保险费用各占50%。保险费用中，65岁以上的第1号被保险者负担约20%，40~64岁的第2号被保险者（医疗保险加入者）负担约30%左右。公共费用部分对应服务不同略有区别，但原则上国家负担25%，都道府县负担12.5%，市町村负担12.5%。另外，在国家负担的25%中，介护给付负担20%，剩下的5%根据市町村之间的财政差距来进行相应的调整。

不管怎么说，介护市场是基于社会保险制度而维持发展的，介护市场规模越大，作为其财源支撑主体的国家、都道府县、市町村和使用者的负担就会越来越重，这一点是无可置疑的。面对目前这个世界罕见的超老年化社会，能够看出介护市场在急速扩大，2000年度（平成12年）总额为2.6兆日元的介护市场，在2011年度（平成23年）倍增到了8.3兆日元。而且，如果维持现在的服务体系并且还有上升的话，在2025年（平成37年）或许会增加到19兆~23兆日元的巨大规模，介护保险财政将来的窘迫和维持现有的制度也会成为一个

很大的问题。

2. 护理报酬

长期护理保险制度下，距离居民最近的行政单位市町村成了保险人，承担决定保险金额、收取保险金和保险给付的管理的同时，也要推进介护保险制度的规划管理、维护介护保险制度的安定运营。另外，市町村也被赋予了相应的责任，支持介护保险财政，承受了极大的负担。如果在一个严重高龄化且税收很少、财政规模小的农村，介护保险财政将会是很严峻的情况。

在财政安定化基金（市町村的保险金收入和交付支付费用不足或贷款）的利用状况中，随着需要看护的老年人的激增和介护市场的扩大，介护保险财政也在增大。2003（平成15年）~2005年（平成17年）的贷款总额达到了392亿日元，进行贷款的市町村有423个，约全保险者的25%陷入亏损状态。为了应对这样的状况，介护报酬下调，与此同时，提升第1号被保险者的保险金。另外，根据2005年（平成17年）修订的介护保险法，为了改善介护保险制度的享用者总数的约四分之一的特别养护老人之家（指定介乎老人福祉机构）等的介护保险机构支付大约占一半保险费用这一局面，以谋求寓所和机构的利用者负担的公正性，在介护保险机构中的居住费和食品费用等由利用者自己支付。

另外，根据地方政府白皮书来看，根据2008年度（平成20年）末的介护保险事业保险者保险事业勘定的年收入结算额和年支出结算额所体现的实质收支为1878亿日元的黑字，占全保险者的98.9%的1629个团体均为黑字。

这样的背景下，介护保险制度的可持续性问题被重视起来。介护报酬改定，把根据享用者负担的增加和介护报酬的下滑之事，招来了很多事业者的经营恶化。同时，同样做着访问介护事业的大公司对介护报酬的不正当的索取也成了社会问题，类似3K（无闲、工资低、不能结婚）的负面消极的影响也被媒体深挖细掘，介护领域的就业人员大幅减少，辞职率十分之高等恶性事件也被大书特书，让人记忆犹新。

（二）养老机构的经营课题

养老机构的介护服务并不是像餐饮和销售之类的商业活动那样，只要卖出东西就可以获得收益。根据介护保险制度，介护服务的报酬收入是有上限的，甚至，其规定的收入还会有政策性的调整。服务单价如果下调的话，机构收益也会下降。收益分歧点下降的话，事业收支就会变成亏损。为了回避这一状况，就必须要依赖于其他的事业所获得的收益。

不管怎么说，介护保险制度不是为了保护零碎的事业者而设计的。必须要改善低效率的经营主体退出舞台从而进行新陈代谢的状态。为了经营介护服务事业，要经常了解各事业的经营状态，找出提高收益、谋求稳定经营的方法，从竞争中保证持续不断地提供优质的服务。

根据全国老人福祉机构协会对介护老人福祉机构等的收支状况的调查来看，盈利机构的事业活动收入对收支差额比率为 9.9%，而亏损机构的比率为 -2.5%，两者相比之下能够看到巨大的差距。

在人工费用比率上，盈利机构为 60.5%，亏损机构为 67.7%，高出 7.2 个百分比。在亏损机构里，人员配置过于繁杂。常勤职员的工资开得很高，介护职员以外的职员数量非常多，机构的经营状况在持续恶化。

本来服务外包必定会减少人工费用，但这在亏损机构里没有得到有效体现。比如，从配餐业务委托的状况来看，客户一人每天所需要的调理员人工费及配餐业务委托费上与盈利机构的 599 日元相比，亏损机构高出了 87 日元。定员为 50 人的特别养护老人之家，一年大约能有 150 万日元的差距。

从入住率来看，盈利机构的利用率达到了 95.8%，亏损机构的利用率为 94.8%，就算是 1.0%的差距，以 50 人定员的单位（需要介护 4）标准来计算的话，年平均大概有 230 万日元的差距。

因此，养老机构的管理者必须要对自身运营的机构进行经营状况的对比。运营其他的机构（事业）也是同样，要经常以厚生劳动省所制定的介护事业经营时态调查和与之类似的统计结果与自身的经营状况进行对比和讨论。

第二节　养老机构的财务管理方法

一、何谓财务管理

（一）事业计划书的制定

首先，这里将对养老机构稳定经营必不可少的《事业计划书制定》进行说明。介护事业以通过持续稳定经营，使得入住机构的老人、家庭成员及机构员工达到预期稳定生活为目的，是大规模投资的项目。因此财务知识的理解和经营战略的立案与实施对于养老机构的稳定运营至关重要。

事业计划书从广义上来说，包含理念、市场调查报告书等，这里以一般性的收支计划书为主进行说明。操作顺序则与一般企业项目的事业计划书的制定相同。

作为介护事业，在销售项目方面，机构向各都道府县（全国保险联合会）收取介护报酬，介护报酬支付是在提出申请月份之后的两个月。这与作为一般事业交易形式的“应收账款”的处理流程是类似的。

事业计划书制定流程总结如下：

1. 销售项目的设定（通过市场调查结果进行反馈）；
2. 销售成本核算（是否作为经费记账/伙食费相关/人工成本有关等）；
3. 经费项目的确定（根据管理策略合理选择）；
4. 事业费（启动资金）项目核算（自由资产或租赁所有权）；
5. 经营指标的确定（销售与利润/预算项目比例等）；
6. 资金筹措计划、借款偿还计划；
7. 编制事业计划实施的时间表；
8. 其他附加文件的准备（如市场调研报告/销售预测图等）。

1至8的准备材料将提交有关行政机构。其中6则是在与金融机构就融资问题进行交涉时的重要资料。

（二）销售、经费项目的设定

在制订收费养老院的事业计划时，必须设定销售和经费项目。介护机构中的项目设定与一般的商业公司有所不同，有一定限制。但是，在决定产品概念（例如与护理服务对应的服务提供价格等）的阶段，有必要确定详细的销售项目，要考虑是否将介护保险以外的自费服务等设置为销售项目等。如下所示，给付项目是多种多样的：

& 关于介护报酬（介护保险给付对象）

1. 居家服务

→上门护理（家政服务等）

→上门看护（护士等）

→上门康复（康复专业人士访问）

→上门助浴（助浴团队访问）

→居家疗养管理指导（医生、牙医、药剂师、营养管理师等的指导）

→机构介护（日托护理设施等的功能训练、用餐、沐浴等）

→机构康复（老人保健所等）

→机构短期生活介护（特别养护老人院的短期入住）

→机构短期疗养介护（老年保健设施，疗养型病床群等短期入院）

→福利用具租赁（轮椅、特殊病床租借等）

→痴呆症应对集体生活介护（痴呆症老人集体公寓）

→特定设施入住者生活介护（收费养老院等）

2. 居家介护支援

→居家介护支援（制订介护服务计划等）

3. 机构服务

→介护福祉机构服务（指定介护老人福利设施、原特别养护老人院的介护）

→介护保险设施服务（介护老人保健设施等的介护）

→介护疗养设施服务（指定介护疗养型医疗设施等的介护）

上述 1~3 的服务中，根据各服务介护给付费单位数表等设定给付报酬：

（1）关于指定居家服务所需费用的算定基准（2000 年）；

（2）关于指定居家介护支援所需费用的算定基准（2000 年）；

（3）关于指定设施服务等所需费用的算定基准（2000 年）。

其中，（3）指定设施服务等所需的费用金额是以下 3 项费用之和。

①根据介护给付费单位数表计算的费用；

②根据提供膳食所需费用计算表计算的费用；

③根据特定诊疗费相关指导管理等及单位表计算的费用（厚生劳动省第 30 号通知）。

& 介护预防给付

以①目前不需要护理，但在不久的将来有可能需要护理；②基本动作可以自立，且有很大可能性维持该状态的老年人为对象提供服务的情况下，预防给付的种类如下：

1. 介护预防访问介护；

2. 介护预防访问入浴；

3. 介护预防访问看护；

4. 介护预防访问康复；

5. 介护预防居家疗养管理；

6. 介护预防机构介护；

7. 介护预防机构康复；

8. 介护预防短期入住生活介护费；

9. 介护预防特定设施入住者生活介护；

10. 介护预防福祉用具租赁。

上述1~10的服务中，除了基于介护给付服务的介护给付费单位数表计算之外，根据以下基准计算介护报酬：

（1）指定介护预防服务所需费用的算定基准；

（2）指定介护预防支援所需费用的算定基准。

另外，其他地域密集型服务（包括介护预防）、伙食提供费用等也可列为给付项目。

& 经费项目

设定经费项目有利于事业运营的效率提升，且因为它与入住老人服务内容相关，是要素之一。

以下两点可以作为经费项目考虑：

1. 膳食提供是设施内完成还是将其外包给食品服务提供商；

2. 至合作医院的送迎工作是设施人员承担还是外包。

经费项目如何设定决定事业运营的效率和质量。虽然以上只是一个简单的例子，但从管理的角度来看，还是有必要制订一个计划。

& 事业形态的确认（自有资产或租赁资产1）

<自有不动产的运营>

在制订一个开放住宅类型相对较大的养老院的计划时，应考虑如何运营土地、建筑物等资产。自有不动产运营的情况下，可以考虑以下两种情况。下面列举一些要点：

租赁土地自建设施

1. 每个月都有租金产生；

2. 不产生土地资产税（土地资产税通常包含在地租里）；

3. 产生建筑物成本（初期投资成本）；

4. 产生建筑物资产税（事业经费）；

5. 产生建筑物保养维修费用（事业经费）；

6. 可以自由设计建筑物的样式。

购入土地后自建设施

1. 产生土地购买成本（初期投资成本）；

2. 产生土地的固定资产税（事业经费）；

3. 除非土地出售，否则必须保留所有权。

*上述关于1借款购买时，也必须要考虑借款利息成本。同时，利率波动也会产生风险。

& 事业形态的确认（自有资产或租赁资产2）

<建筑物租赁型运营>

与资产自持不同，建筑物租赁型的管理要点如下：

1. 产生月租（事业经费）；

2. 虽然不会产生购置土地成本，但是会产生刚开始租赁建筑时的押金或保证金；

3. 不产生土地建筑物的固定资产税（含在日常的租金内）；

4. 建筑物的设计自由通常会被限制。

长期租赁建筑物的情况会产生多额的租金。对筹集土地建筑物的购置资金与持续交租的金额进行比较讨论后再进行判断。

& 行动计划表的制定

最后，在项目计划中要创建一个能实现的有说服力的行动计划表。确定机构设立前的行动计划，并且基于计划进行进度管理至关重要，否则无法实现最终目的。在进度管理中，除了诸如行动计划图表之类的文件之外，常规会议和小组委员会的沟通和共同认可也很重要。

二、事业计划的制订（实践篇·集体之家的事例）

基于以上内容，我们将以事例说明制订事业计划时的要点。以自建运营的集体之家为例，实际运营中收入和支出项目会有变化，但基本项目是一样的。

（一）初期投资

通常根据以下事项进行计算。除了投资额外，还将从设施概要和必要人员等大的方面进行考虑（见表3-1）。

表 3-1 集体之家的设施概要

【集体之家 A 设施概要】	
①定员数量	9 名×2 组=18 名（以组为单位进行计算）
②设施计划（设备内容）	每一名入住者 9.9 平方米（7.43 平方米以上） 房间（入住者数量）、1～2 人使用的浴室、客厅等生活空间
③设施设备费	房屋施工费（含税） 157500000 日元
④设备修正费	初次修正费（含税） 5250000 日元
⑤事务费	招募人员费、广告费等 15000000 日元 ③～⑤合计 177750000 日元
⑥筹措资金	自己资金 27500000 日元 贷款（利率 1.5） 150000000 日元

（二）收入项目（见表 3-2）

表 3-2 介护表现给付额与利用者负担额 单位：日元

①介护保险给付额（单位、单价皆为概算）				
服务	单位	单价	人数	每月收入
要介护 1	830	8300	6	1494000
要介护 2	845	8450	9	2281500
要介护 3	870	8700	3	783000
要介护 4	880	8800	0	0
要介护 5	900	9000	0	0
合计			18	4558500
②利用者负担额				
项目	每月负担额	人数	合计月额	
伙食费	50000	18	900000	
居住费	80000	18	1440000	
水电费	20000	18	360000	
其他管理费	20000	18	360000	
合计	170000	18	3060000	

（三）支出项目（见表 3-3）

表 3-3 经费活动支出

经费活动支出	月额（日元）	年额（日元）
人力费　工资等（正式员工）	1600000	19200000
工资等（临时工）	800000	9600000
福利等费用（社会保险）	700000	8400000
其他	650000	7800000
	合计①	45000000
经费　材料费	850000	10200000
业务委托费	200000	2400000
其他经费	700000	8400000
折旧费用		4000000
	合计②	70000000

注：另外应考虑贷款返还的部分（包含利息）各项目的计算基本上是累加计算。

企业计划书不是以年为单位，而是进行分类以月份为单位实施管理，对于运营课题中哪里存在着日常出现的经营问题等反馈产生作用。

三、财务报表

（一）资金收支计算书及其附属资金收支明细表

资金收支计算书是为了明确支付资金的收入和支出内容而做成，用来区分日常活动的收支、设施设备的收支及财务活动的收支。对于社会福祉法人来说重点是决算额和预算额的对比以及记载。关于预算的制成、执行以及管理需要进行资金收支计算（见表 3-5）。

表 3-4 集体之家 A 的情况下资金收支计算书(例)

单位:日元

			第一年(劳动率85%)	第二年(劳动率90%)	第三年(劳动率95%)	第四年(劳动率95%)	第五年(劳动率95%)	备注
经常活动收支	收入	介护保险收入						
		介护保险给付	46497	49232	51967	51967	51967	
		利用者负担	4650	4923	5197	5197	5197	
		利用者自费收入						
		伙食费	9180	9720	10260	10260	10260	
		居住费	14688	15552	16416	16416	16416	
		其他费用	7344	7776	8208	8208	8208	
	经常活动收入①		8235	87203	92048	92048	92048	

续表

			第一年（劳动率85%）	第二年（劳动率90%）	第三年（劳动率95%）	第四年（劳动率95%）	第五年（劳动率95%）	备注
经常活动收支	支出	人力费						
		工资等（正式员工）	19200	19776	20369	20980	21610	增长3%
		工资等（临时工）	9600	9600	9600	9600	9600	平稳
		福利费（社会保险等）	8400	8400	8400	8400	8400	平稳
		其他人力费	7800	7800	7800	7800	7800	平稳
		经费						
		材料费	10200	10200	10200	10200	10200	平稳
		业务委托费	2400	2400	2400	2400	2400	平稳
		其他费用	8400	8400	8400	8400	8400	平稳
		折旧费用	4000	4000	4000	4000	4000	定额法
	经常活动收入②		70000	70576	71169	71780	72410	
	经常活动收入（①-②）		12359	16627	20879	20268	19638	
财务活动收支	支出	贷款返回支出	16562	16562	16562	16562	16562	1.5亿，10年期
	财务活动收支差额③		▲16562	▲16562	▲16562	▲16562	▲16562	
当期资金收支差额（①-②-③）			▲4203	65	4317	3706	3076	第二年收支亏损
前期为支付资金余额			0	▲4204	▲4139	178	3883	
当期支付资金余额			▲4204	▲4139	178	3883	6959	第三年回收

表 3-5 资金收支计算书

（自）平成·年·月·日（至）平成·年·月·日

资金收支计算书【社会福祉企业】（单位：日元）

			资金收支计算书					
			计算科目	决算额	本部	··设施	··设施	··设施
决算情况	经常活动收支	收入		0				
				0				
			经常收入计（1）	0	0	0	0	0
		支出		0				
			经常支出计（2）	0	0	0	0	0
			经常活动资金收支差额计（3）＝（1）－（2）	0	0	0	0	0
	设施整备等收支	收入		0				
			设施整备等收入计（4）	0	0	0	0	0
		支出		0				
			设施整备等支出计（5）	0	0	0	0	0
			设施整备等收支差额（6）＝（4）－（5）	0	0	0	0	0
	财务活动支出	收入		0	0	0	0	0
			财务收入计（7）	0	0	0	0	0
		支出		0				
			财务支出计（8）	0	0	0	0	0
			财务活动资金收支差额（9）＝（7）－（8）	0	0	0	0	0
	当期资金收支差额合计（10）＝（3）＋（6）＋（9）			0	0	0	0	0
	前期末支付资金余额（11）			0				
	当期末支付资金余额（10）＋（11）			0	0	0	0	0

事业活动收支计算书，是为了把握企业法人的经营活动成果而做成的。区分事业活动收支的部分、事业活动外收支的部分、特别收支的部分以及余额结转活动差额的部分并记载（见表3-6）。

表3-6 事业活动收支计算书

（自）平成・年・月・日（至）平成・年・月・日

事业活动收支计算书【社会福祉企业】（单位：日元）

	资金收支计算书						
	计算科目			决算额	本部	··设施	··设施
决算情况	事业活动收支部分	收入		0			
				0			
			事业活动收入计（1）	0	0	0	0
		支出		0			
				0			
			事业活动支出计（2）	0	0	0	0
			事业活动收支差额计（3）＝（1）－（2）	0	0	0	0
	事业活动外收支部分	收入		0			
				0			
			事业活动外收入计（4）	0	0	0	0
		支出		0			
				0			
			事业活动外支出计（5）	0	0	0	0
			事业活动外收支差额（6）＝（4）－（5）	0	0	0	0
	经常收支差额（7）＝（3）＋（6）			0	0	0	0

续表

	资金收支计算书						
	计算科目			决算额	本部	··设施	··设施
决算情况	特别收支部分	收入		0			
				0			
			特别收入计（8）	0	0	0	0
		支出		0			
				0			
			特别支出计（9）	0	0	0	0
		特别收支差额（10）=（8）-（9）		0	0	0	0
	当期活动收支差额（11）=（7）+（10）			0	0	0	0
	结转活动收支差额	前期结转活动收支差额（12）		0			
		当期末结转活动收支差额（13）=（11）+（12）		0	0	0	0
		基本金领取额（14）		0			
		基本金编入额（15）		0			
		其他储备金领取额（16）		0			
		其他储备金储备额（17）		0			
		次回结转活动收支差额（18）=（13）+（14）-（15）+（16）-（17）		0	0	0	0

（二）借贷对照表（资产负债表）

借贷对照表是法人在会计年度末为了确认财产状态而做成的。区分资产的部分、负债的部分以及净资产并记载（见表3-7）。

表 3-7 借贷对照表

平成・年・月・日 现在

借贷对照表【社会福祉事业】(单位：日元)

资产部分			
	本年度末	前一年度末	增减
流动资产	0	0	0
			0 0
固定资产	0	0	0
基本财产	0	0	0
			0 0
其他固定资产	0	0	0
			0 0
资本部分合计	0	0	0

负债部分			
本年度末	前一年度末	增减	
流动负债	0	0	0
			0 0
固定负债	0	0	0
			0 0
负债部分合计	0	0	0

净资产部分			
	本年度末	前一年度末	增减
基本金			0
基本金			0
国家补助金等特别储备金			0
其他储备金	0	0	0
			0 0
次回结转活动收支差额			0
其中当期活动收支差额			0
净资产部合计	0	0	0

负债以及净资产的合计	0	0	0

脚注	
折旧费累计额 不能征收的备用金	

四、养老机构经营的税务

（一）法人税

日本税制上针对企业每天的交易额利润要征收法人税等各种税金，但是社会福祉法人等公益法人鉴于事业的公益性享受了税制上的优待措施。以下列举法人税、消费税以及其他税金。

法人税归属于国税（向国家缴纳的税金），即针对各企业年度赋税所得而征收的税金。法人在每一会计年度作为义务纳税者的法人自行计算税金、申报和纳税。对于社会福祉法人来说，从公益的角度来讲基本上没有承担纳税的义务。纳税义务，仅限于运营“盈利事业”的情况，属于此收益事业的情况限于以下要求：

1. 属于盈利事业的范围（法人税法施行令第5条）

收入事业是指限定于作为盈利事业范围的商品销售业、不动产销售业等34

类业种，以及相关衍生的行业。

2. 持续经营的企业（法人税法基本通知 15-1-5）

持续经营企业是指在每个经营年度期间持续进行的事业活动，基于一项企业计划而持续长期开展的事业，并包含其衍生的定期·不定期的反复性业务。

3. 设立营业场所的企业（法人税法基本通知 15-1-4）

设立营业场所，将一处固定地点作为常用店铺和事务所等事业活动基地并进行该项事业。此外，也包含并不一定是固定场所，而是像移动销售这样随时为了进行事业活动而设置的事业场所的企业。

是否归属于上述情况并纳法人税需要对企业属性进行事先认定。

（二）消费税

关于消费税的纳税义务，按照规定必须满足以下纳税条件：

1. 国内所进行的交易；

2. 事业者进行的企业交易；

3. 等价所得的交易；

4. 归属与资产转让、借贷、劳务贸易（以下简称“资产转让等”）。

即使在满足这些要求的情况下，某些交易也会作为非纳税交易而不被征收消费税（非纳税交易）。这些交易由于包含了社会福祉法人所提供的介护保险服务等的劳务供给，所以有必要区分应税交易和非纳税交易。

（三）其他税种

1. 法人居民税

法人居民税包括居民税均等税和居民税法人税。其中，均等税是指无论法人的收入多少，都应该承担法人规模相应的负担税金。社会福祉法人一般需要缴纳都道府县民税 2 万日元、市町村民税 5 万日元（东京特区的情况下，统一是 7 万日元），法人税是以法人税额为基础乘以税率进行计算。都道府县民税的税率为 5 %、市町村民税的税率为 12. 3 %。（地方税的税率是在标准税率所规定的限制税率的范围内，税率表示的是标准税率）。根据法人税额为基础的计算，亏损情况下不征收税金。

此外，在社会福祉法人等公益法人中，将 90%以上的盈利事业作为社会福祉事业的情况下，或者盈利企业在相应的营业年度中没有盈利，即视为不属于盈利企业的范围的情况，不征收上述均等税和法人税。（地方税法施行令第 7-4 条，第 47 条）。

2. 法人营业税

法人营业税是以根据法人税额计算的盈利事业中产生的课税所得（利益）为基础乘以税率来计算的。通过计算法人税额，根据利益乘以税率如果出现了居民税法人税比例同样赤字情况下则不征收税金。

3. 注册执照税・房地产购置税等

注册执照税是对于注册房地产的人所征收的国税。对于房地产的征收主要是针对获得或转让所有权的保存而征收的税金。但不征收社会福祉法人所经营的社会福祉事业用的土地・建筑物的注册执照税。

房地产购置税是针对购置房地产和房地产所有者所征收的地方税。这里不仅限于有偿收购，也包括无偿收购。在使用时必须在一定期限内提出“房地产取得税非课税申报书”。

4. 固定资产税

固定资产税是将每年1月1日作为征收日期，对于符合日期的所有者们征收的地方税。对于社会福祉法人提供社会福祉事业的固定资产不征收税金。特别是根据1月1日的现状判断而需要缴纳税金的课税对象可以根据减免申请手续而减轻固定资产税的新开设时，应该像上述一样早期进行确认。

5. 所得税

所得税虽然是以针对个人所得而征收的税金，但对于社会福祉法人所雇佣的员工也有缴纳工资相对应的源泉征收的义务。根据法人的规模，缴纳一定期间的所得税。社会福祉法人获得的存款利息以及股息收益是属于公益法人，因此对于所得税不进行源泉征收。(所得税法第11条第1项)

第三节 养老机构的人事劳务管理

一、人事劳务管理

（一）招聘、面试、录用

机构养老服务事业的首要目的是提供能够让被看护者及其家人感到安全和

安心的服务，以及寻求比一般服务业更高的伦理性和社会性。为了满足以上要求，只有经营者和设施方的方针是不够的，重要的还是劳动者的能力。

所谓人事劳务管理，涉及劳动者的招募、面试、录用、职位调动、转职、薪金管理、人事考核、人才培育、解雇等方面与劳动者有关的所有的活动。也可以说是雇佣更好的人才，提高劳动者对业务和职场的满意度，能够让劳动者在工作中充分发挥个人能力的一项工作。

1. 招聘

在招聘员工时，必须要明确我们需要什么样的人才，有无经验，是正式员工还是非正式员工。需要提交履历书和应聘申请表等文件，尽可能多地收集员工信息，防止出现雇佣不符的情况。除此之外，还必须要注意与招聘录用有关的法律规定：

（1）雇佣方法

不限年龄，机会均等，但是退休年龄以上或者法律规定有年龄限制的情况除外。

（2）高龄者雇佣法

年龄未满 65 岁时要有合理的理由。

（3）男女雇佣机会均等法

不限性别给予均等的机会，禁止将身高、体重、体力作为间接差别进行招聘和雇佣。

在男女劳动者数量相差较大时，可以进行单独某一性别的招聘来平衡男女劳动者人数。

2. 面试、录用

录用劳动者时，以面试为中心，从与本人直接对话、气氛、提问等对面试者的工作能力、工作热情以及对组织的适应能力进行判断。仅在一次面试中对面试者的了解是很有限的，所以在应聘者提交资料之前要有效利用事前准备好的问题总结表，进行有效率、有效果的提问。同时，还要通过考试来确认应聘者对一般常识和工作关联知识的掌握程度。

（二）人员调配、转职

1. 人员调配

是同一单位内的人员调配。虽然看护行业对工作种类有必要的资格条件的要求，原则上是没有跨单位调动的，但是像看护师和看护职员等取得看护支援专门员资格的进行人员调配的情况还是存在的。

2. 转职

是单位间的调动导致的转职。在各地展开的有偿养老院会考虑到有单位间的转职。但是，因为存在公司单方面的转职命令不被接受的情况，所以要注意以下几点：

（1）是否有业务上的必要性；

（2）对职员是否有较大的利益损失；

（3）人选是否合理；

（4）是否有性别差异。

（三）工资管理

所谓工资、薪金、薪水等的叫法根据公司会有所不同，是对雇佣者给予金钱。在劳动基准法中，“工资就是工资、薪金、津贴、奖金。不管名称是什么，是使用者向劳动者支付的与劳动相对应的东西”来定义的。虽然工资不是全部，但工资是确保和固定劳动者工作热情和工作质量的一个重要因素。

1. 工资体系

机构对于每一个劳动者如何进行工资的分配就是工资体系的基准。以下是工资体系的一个示例（见表3-8）。

表3-8 工资体系

<table>
<tr><td rowspan="5">工资</td><td rowspan="3">规定内工资</td><td>基本工资</td><td></td></tr>
<tr><td rowspan="2">各种补贴</td><td>家族补贴</td></tr>
<tr><td>全勤补贴</td></tr>
<tr><td rowspan="2">规定外工资</td><td rowspan="2">各种补贴</td><td>加班补贴</td></tr>
<tr><td>加班补贴</td></tr>
</table>

2. 基本工资的决定方法

（1）工龄工资、属人工资

根据学历、年龄、工龄来决定工资的制度。进入公司后，随着年龄的增长增加工资。不论工作优劣，年长的人均可以领到较高的工资，但这可能会引起刚进入职场的年轻劳动者的不满。

（2）工种工资

根据职务内容、工作能力等工作性要素给予职务金、职能金、职种金。

市场行情包括设施及劳动者双方能够接受的资金水准的市场价。

3. 加薪制度

加薪制度是对满足一定期间工作、满足一定条件的劳动者，基于就业规则等基本工资进行上涨的一种制度。对于加薪额的决定方法，分为根据规定基准的自动加薪和通过考核结果决定的绩效加薪。

4. 退休金制度

退休金是伴随着劳动者的退休雇佣者所支付的金钱。目的是确保劳动者退休的生活的安定和保持劳动热情。然而，由于雇主的变化、工作方式的变化造成劳动者转职情况的增多，一次性支付高额退休金会给企业经营造成压力，修改退休金制度的企业也在不断增加。

5. 最低工资

最低工资是为了维护劳动者生活安定、事业公正所制定的。都道府县一般会制定地域最低工资和职业最低工资。制定最低工资时以最低工资为标准。

6. 年薪制

年薪是工资以一年为单位发放的一种方式。虽然金额的设定是以一年为单位施行，但是禁止一次性支付。有的分为十二个月份进行每月支付，有的分为十六分之一进行每月支付，剩余部分以奖金等进行支付。

7. 可以向劳动者说明的工资

（1）工资是劳动者工作的一个重要的要素。在看护设施中，工资的决定不仅与劳动者的能力和工作成果有关，而且应当重视职业种类与资格、加薪与奖金等，对个人进行适当评价。

（2）劳动合同的结束

劳动合同的结束存在几种情况，分别为有期劳动合同期间的结束、退休、自身情况的离职、停职休假日期期满结束引起的离职涉及的解雇等。此外，关于解雇，劳动者有必要提前被告知解雇理由。同时还必须有记载就业规则和劳动条件的书面通知。关于解雇手续也需要听取劳动者本人的解释说明。

①有期劳动合同的期限结束

有期劳动合同的情况下，期限结束即可离职。

②退休

按照公司所规定年龄退休。

③自身情况离职

劳动者由于自身情况离职的情况。劳动者自身提出离职，尽管劳动基准法上没有规定，但根据民法，自提出后的两周内生效。

④因暂时休职期限结束的退职

休职是因伤病或某种劳动者自身情况在相当一段时间内无法工作的情况下，在籍免除就业义务的制度。在休职期限结束后退职。

⑤普通解雇

以劳动者不适合为由进行的解雇。因为基准不明确以及加入了经营者的主观臆断，可能会以不正当解雇而引起之争执。

⑥整顿解雇

以事业规模缩小等为由进行雇佣调整的解雇。一般来说，不能单凭经营不善为理由进行解雇，要满足诸多条件。

⑦免职

免职是对于违反职场秩序的最重的处分。经历欺诈、无故缺勤、工作业绩不良、擅自离职、违反职场秩序、违反业务命令等，根据违反的程度、状态、情况重大时所作出的处分。

公平的人事劳务管理能提高劳动者对工作的满意度，最大限度发挥劳动者的能力，从而实现对人才的有效利用。这样才能够达到企业平稳经营，最终达成与利用者及其家人利益相关联的看护设施事业的首要目的。为了达到这种目的，管理者必须对人事劳务管理的知识有着充分的理解。

二、人事劳务管理的相关法令概要

（一）劳动基准法

人事劳务管理是在劳动基准法、劳动者灾害补偿保险法、雇佣保险法、健康保险法、卫生年金保险法等各种法律指导下进行的。近些年，越来越多的女性进入社会工作，在育儿休业、看护休业等育儿或家族看护等方面施行的劳动者福利相关的法律（育儿、看护休业法）和雇用领域涉及的男女工作机会均等以及待遇确保等相关的法律（均等法）等也需要重视。而且，随着时代的变化，劳动者的工作方式日益多样化，在职场中伴随的劳动者和雇佣者之间的矛盾也在增加。在日本，关于个别劳资纠纷相关的法律也在修订中。

在看护机构中存在着入退职率高、早班晚班等复杂的工作体制、短时间劳动者的比率高、均衡待遇的确保、女性劳动者比率高、产前产后及育儿休业的代替职员的确保等情况使人事劳务管理更加复杂，因此，管理者必须正确理解最新的法律。

本来合同是可以自由设定的，设立什么样的合同是当事者之间的自由。但是，在劳动条件方面，任由当事者自身设定对于立场较弱的劳动者非常不利。按照强势的雇佣者所说的条件来签订合同可能会导致其在恶劣的条件下工作。因此，劳动基准法至关重要。

1. 总则

（1）劳动条件

劳动条件必须符合工人作为人在生活上应有的需要。鉴于本法所规定的劳动条件为最低标准，劳动关系中的当事人不仅不应以此标准为借口降低劳动条件，而且必须力求高于本标准。

（2）均等待遇

雇主不得以工人的国籍、信仰和社会地位为由在工资、工作时间和其他劳动条件方面规定不同的待遇。

（3）男女同酬的原则

雇主不得以受雇者是女工为由而在工资方面规定与男工不同的待遇。

（4）行使公民权的保障

工人为行使选举权、其他公民权利或者为执行公共职务而在工作时间中要求必需的时间时，雇主不得拒绝。但对其行使权利或执行公共职务只要没有妨碍时，雇主可以改变所要求的时间。

2. 劳动合同

（1）违反法律合同

没有满足劳动基准法制定的劳动条件的劳动契约，规定标准的部分应视为无效。无效部分适用于法律制定的基准。比如，带薪休假虽然在劳动契约中规定给予工作一年以上的劳动者，但是修改为六个月以上。

（2）合同的期限

有期劳动合同的情况下，为了防止工人被剥夺转职的自由等不正当的人身约束，这个合同的期限规定不能超过 3 年。但是可以允许以下例外的情况：

①制定有期事业完成所需要的期限的情况下，允许 3 年以上的合同。

②取得博士学位或者公认会计师等具有高度专门知识的人从事需要专门知识的职业的情况下，或是工人在 60 岁以上的情况下，允许 5 年以内的合同。

有期劳动合同、契约反复持续的情况下，劳动者就会对下次合同更新抱有期待，合同未更新会造成纠纷。为了防止这样的纠纷，制定了《有期劳动合同签署更新以及解雇相关基准》：

①合同期满后是否有更新，有更新的明示判断基准。

②更新三次合同以上，从最新更新合同的时间算起超过一年持续工作的劳动者，不予更新合同的情况下，必须在至少30天前给予通知。

③雇佣者对于劳动者要求提供《不更新理由》。

④更新过一次以上合同，从最新更新日算起超过一年连续工作者想要继续更新合同的话，考虑劳动者的期望，必须尽可能地延长合同时间。

3. 劳动条件的当面说明

在签订劳动合同时，雇主必须把劳动条件以书面的形式向工人说明。根据前项规定所当面说明的劳动条件如与事实不符时，工人可以立即解除劳动合同。

必须说明的事项有以下几项：

（1）劳动合同的期限；

（2）就职的场所、从事的业务；

（3）上下班时间、有无加班、休息时间、休息天、休假、工人在分为两组以上工作的时候工作时间转换相关的事项；

（4）工资的决定、计算和支付的方法、工资最晚支付时间；

（5）退休相关事项，包括解雇的原因；

（6）加薪相关事项，不是书面形式也可以。

4. 解雇的限制

雇主不得解雇因工负伤或患病在疗养期间及疗养期后30天内的工人以及怀孕女工和享受产假期间及其后30天内的女工。

5. 解雇的预告

雇主解雇工人时，至少应在30天前预先给予通知。雇主没在30天以前预先通知时，必须支付相当于30天的平均工资（解雇预告补贴）。但是，解雇从采用开始的14天以内的试用期中（从采用开始的15天以上的需要预先给予通知）的工人等或者因天灾或其他不可避免的原因以致企业不能继续经营或由于工人的责任而致解雇时，不在此限。

6. 退职证明书、解雇证明书

当工人退职要求证明其受雇期间、职业种类、在企业中的地位、工资以及退职理由的（解雇的情况下包含解雇理由）时候，雇主应立即发给证明书。被提前告知解雇的工人，到退职日之间的时间内，请求解雇理由相关证明书的情况下同样要立即发给工人证明书。但是，工人没有请求要记入两项证明书内的事项不得记入。

7. 钱物的返还

工人死亡或退职时，权利者提出请求的7天内，雇主必须将属于工人的钱物返还。

8. 工资

（1）工资支付的5原则

在支付工资的时候，需要遵守工资支付的5原则。

①用货币支付

但是，在个别劳动者同意的情况下，可以向本人指定的个人名义的银行账户里转账。

②全额支付

可以扣除税金、社会保险金等法律所规定的和根据劳资协定的金钱。

③每月支付

采用年薪制时也要进行每月支付。

④在一个特定的日期里支付

如每月的第三个星期四支付。

⑤直接向劳动者支付

不允许向亲属或者其他法定代理人支付，可以向妻子或者孩子支付。

（2）紧急支付

劳动者在生育、疾病、灾害等紧急时期，为了凑钱请求支付工资的情况下，即使在工资支付日期之前，也必须要支付之前劳动所得的相应工资。

（3）停工津贴

由于雇主责任发生停工时，在停工期间雇主应对工人支付相当于其平均工资60%以上的津贴。比如为了短公寓的利用者确保看护帮助，短公寓取消的情况下失去工作的情况，也有支付的义务。平均工资是之前三个月支付的总工资除以总日数所得到的金额。

（4）最低工资

为了谋求劳动者的生活安定等，在最低工资法中，每个都道府县都制定有最低工资。另外在出版业等特定产业有这个产业设定的最低工资，给劳动者支付工资时要注意满足最低工资，注意不要给难以认同的极低工资。

9. 工作时间、休息、休息日及每年有工资休假

（1）工作时间

雇主不得使工人在一日内的工作时间超过 8 小时（休息时间除外）或一周内工作时间超过 40 小时。这是法定的劳动时间，但是有一部分小规模的事业所例外。

一个月内工作时间变换制度是，可以不顾上面（1）的时间，一个月平均工作的时间，以一周 40 小时的工作时间为范围，可以工作超过一天和一周的法定工作时间的制度。一个月的平均工作时间，每周不能超过 40 小时。

计算方法：弹性工作时间≥40 小时×（加班时期的月日数/7）

比如说：弹性工作时间为 1 个月的情况下，31 天一月时是 177. 1 小时，30 天一月时是 171. 4 小时，29 天一月时是 165. 7 小时，28 天一月时是 160. 0 小时。

（2）有必要在劳资合同或者就业规章中规定，向工作基准监督局申报的同时告知工人。明确规定起算日期。弹性工作为一个月的情况下，规定“起算日期为每个月的 1 号”等。比如事务工作，因为医疗费明细表的截止日期，月初堆积了很多业务的情况下，规定 1 号到的夜间值班的时间达到了一次 16 小时的程度，可以在其他日子调节工作时间。

（3）休息

雇主对工作时间在 6 小时以上者，应在工作时间中，给予不少于 45 分钟的休息，对工作时间在 8 小时以上者，应给予不少于 1 小时的休息。上述休息时间应在同一时间给予全体工人，让工人自由使用。此外，因为医院和设备等无法进行统一休息，可以实行轮番休息。

（4）休息日

雇主每周至少应给予工人一个休息日，四周必须给予 4 天以上的休息日。这被称为法定休息日。预先交换法定休息日与其他时间（调换休息日）的情况下，不需要支付法定补贴工资，没有调换在法定节假日时上班，之后给予休假的话需要支付补贴工资。

（5）加班工作

①36 协定

不允许超过了①规定的工作时间，又在法定休息日进行工作的情况。但是，如果签订劳资协定（36 协定），并申报了工作基准监督局，可以超过法定工作时间进行加班和在法定休息日进行工作。36 协定必须规定延长时间的最低和最高的范围。

②附有特别条例的36协定

加班的时间不能超过协定规定的最高范围，在出现紧急情况的时候，要在36协定中规定特别条例。这个紧急情况必须是一时的、突发性的。

10. 保护规定

工作基准法是制定的对未成年工和女性的保护规定，关于未成年的部分省略。

（1）产前产后休假

怀孕女工要求在其生育前6星期（多胞胎的情况为14星期）休息时雇主应停止其工作。另外，产后未满8星期的女工，原则上是不能进行工作的；产后满6星期，如果确认本人提出申请并医生没有阻止可以进行工作。此外，怀孕4个月以上、死胎的情况也包括在内。

（2）孕妇和产妇的工作时间、休息日等的限制

孕妇和产妇（怀孕中和产后不超过1年的女性）有要求的时候，不能安排加班、休息日和夜间工作。但是，如果是管理监督者，只有夜间工作适用。

（3）育儿时间

要养育未满1岁的孩子的女性有要求的时候，除了休息时间，必须给予一天两次、每次不少于30分钟的育儿时间。

（4）生理休假

在生理期工作有困难的女性如果提出了休假的请求，不能要求其在生理期进行工作。

11. 就业规则

就业规则可以说是“在事业单位的宪法”。记载与采用、工作时间、工资、辞职（包括解雇）有关的东西、雇主雇佣工人、工人工作的必要事项。当然，雇主和工人都必须遵守就业规则。

（1）制定义务

平常时期雇佣10人以上的事业单位要制作就业规则，必须向工作基准监督局申报。未满10人的情况没有制作的义务，但是为了避免日后的纷争以就业规则为标准制作也是应该的。

（2）工人代表的意见书

就业规则制作后又要变更的时候，雇主必须听取工人代表的意见，申报的时候必须加上工人代表的意见书。如果就业规则中有与工人代表的意见相反的内容也能成立生效，但是为了避免日后的纷争制定劳资双方都同意的规则是很

重要的。

（3）必需的记载事项

①工作开始和结束的时间、休息时间、休息、分了两组以上的工人进行交替作业的情况时交替作业的时间的有关事项。

②工资的确定、计算和支付的方法，支付的最迟日期、涨工资等有关的事项。

③辞职（包括解雇的理由）有关的事项。

（4）不必要的记载事项

如果有规定就必须记载的事项。辞职补贴、临时的工资、安全及卫生、教育训练、表彰及制裁有关的事项。

（5）制裁规定的限制

工人负担减薪、停工、停止加薪、惩戒解雇等制裁的情况，必须在就业规则中制定制裁的种类和程度。其中，如果制定了减薪的制裁的情况，不能超过以下的额度：

①对第一次制裁，减薪的额度为平均工资的一天的一半。

②多次进行制裁的情况下，此总额为支付工资总额的十分之一。此外，超过了十分之一的情况，也不对下次的减薪产生影响。

（6）周知

就业规则通过下面的方法使工人必须周知：

①张贴在容易看到的场所，或者设置；

②交付书面材料；

③记录在磁带中，工人必须时常阅览。

（7）看护机构要注意的事项

因为看护机构等业务具有特殊性，对以下事项相关的制定是重要的：

①对雇主存在虐待行为；

②接受、借用雇主以及家人的钱财；

③雇主和家庭对工作者有诸多不满；

④迟到、早退或者缺勤次数较多的工人，对其他工人的工作存在很大的影响；

⑤存在性骚扰行为（行为对象：部下、同事和雇主）；

⑥戴过度华丽的耳坠、首饰、戒指等，以及穿华丽的服装，涂指甲、染头发；

⑦泄露雇主个人信息；

⑧从事运输工作的人有违反交通规则的行为，酒驾。

12. 工资台账和劳动者名册

雇主在各个事业场合都应该将工人的工资台账和制作的工人名册保存至少三年，工资台账等对健康保险手续提供有时非常必要，所以要认真整理。

（1）工资台账

姓名性别；账本计算的日期，劳动的天数和时间，以及正常工作外休息日的时间和深夜工作的时间，这些基本的账目以及其他各种种类的账目的金额都要记入原始账本，以最后记入的那一天开始保存三年。

（2）工人名册

记入姓名、出生年月日、履历、性别、从事的业务种类、受雇年月日、辞职年月日及理由（解雇的理由）、死亡年月日及原因，从辞职当天开始必须保存三年。

（二）劳动合同法

1. 劳动合同

劳动合同法规定了有关劳动基准法之外的民事劳动合同的规则。这个法律是根据雇主和被雇佣者在同等的地位上，自主决定工作条件和达成共识，防止劳资纠纷于未然、保护被雇佣者、维持劳资关系为目的。法律的内容为规定劳动契约开始、续约、变更、终止等基本的规则。说到底是为了有民事上的规则，没有制定与劳动基准法不同的惩罚规则。

劳动合同是被雇佣者和雇主在对等的立场上基于双方一致的意见缔结的，同时也是可变更的。另外，雇主关于向雇佣者提出的工作条件及劳动契约有关的内容。为了使雇佣者更好地深入了解，尽可能地通过书面形式确认是很有必要的。

2. 劳动契约内容的变更

雇主和被雇佣者如果意见一致可以变更契约的内容。但是，雇主单方面变更就业规则，危及被雇佣者利益是无法变更的。变更需要以下的条件：

（1）对被雇佣者的利益的损害程度；劳动条件变更的必要性、变更后的就业规则的内容的相当性，劳动组合等交涉的情况为对照的变更是合理的。

（2）变更后的就业规则要告知被雇佣者。

3. 劳动者的安全问题

雇主要根据劳动契约，在保证被雇佣者生命和身体安全的情况下进行劳动，必要的担心是必要的。

4. 权力的滥用

（1）发出的命令，根据必要性和选定的被雇佣者为对照，如果确认是在滥用权力的话，那么这个命令无效。

（2）惩戒应该根据与惩戒有关的工人的行为的性质及状态为对照，如果缺少客观合理的理由，没有确认成为通识的情况下，会被当作滥用权力，那么该惩戒无效。

（3）解雇如果欠缺客观合理的理由，没有确认成为通识的情况下，会被当作滥用权力而无效。

5. 有固定期间的劳动契约

关于有固定期间的劳动契约，出于无奈有事情的情况下，契约期间结束之前的期间内，被雇佣者不能解除雇佣。另外，根据劳动契约对照雇佣工人的目的，最好制定短的期间而不要反复更改劳动契约。

（三）劳动安全卫生法

劳动安全卫生法是为了确保在职场中的工人安全和健康，目的是促进舒适的职场环境的形成。

1. 安全卫生管理体制

雇主必须确立安全管理体制。决定职业种类和平时雇佣的工人数量以及任命责任者：

（1）50人以上的事业单位

卫生管理者和产业医生。

（2）10人以上不到50人的事业单位

卫生推进者。

此外，平时雇佣工人达到50人以上的情况，要设置卫生委员会，保持增进工人的健康，必须调查审议工作灾害的原因及防止再次发生的对策。

2. 健康诊断

在工人雇佣时及每年一次定期的健康诊断是必须进行的。此外，从事夜间工作的工人要每6个月检查1次。

3. 安全卫生教育

在雇佣工人和变更工作内容时，必须举行这个业务有关的安全卫生教育。

4. 心理健康对策

近年，结构调整和过重的工作环境改变包围着职场和工人，感到不安和压力的工人增加，工人出现了心病，业务作为起因，可能要追究公司的责任，充分的对策是必要的。

（四）劳动者灾害补偿保险法

关于工人在业务上的灾害，无论雇主是否有过失，都必须补偿一定的金额（劳动基准法上的灾害补偿责任），但是，雇主如果没有补偿能力，受灾的工人得不到救济，就无法生存。劳动者灾害补偿保险法要求雇主有加入的义务，根据保险来对受灾的工人或是其家庭进行快速的补偿。

1. 上下班

本来劳动基准法中应该补偿仅仅是业务上的灾害，劳动者灾害补偿保险法是包括工作灾害也进行补偿。上下班就是工人工作、合理的移动路径等。

（1）住所和工作场地间的来往；

（2）从事多份工作的情况下，从一个就业场所到另一个就业场所的移动；

（3）工作的时候，因为从本来的住所到工作的地点有困难，有事情的情况下，在本来的住所和工作地点的住所之间的移动。

2. 脱离・中断

上班的途中脱离了合理的路径，与上班无关的行为的情况下脱离中断不能算作通过上班路径的上班。但是，购买日用品，去医院检查，行使选举权等日常生活中必需的行为，存在必要的最低限度的情况下，除去途中脱离中断被视为上下班。

3. 访问看护的注意点

从住所到工作地点，从自家住所到雇主的住所之间的移动也算上下班。但是，要注意雇主的住宅之间的移动、雇主住宅和工作地点之间的移动时间，如果需要花费一定的时间的话，也被认为是工作时间（见图 3-1）。

4. 作为对象的工人

不是普通的工人，短时间劳动、临时工等短时间的工人也包括在内的所有的工人，没有年龄条件。

5. 保险金

由雇主全额负担，按照每年更新一次的手续，一年交一次保险金。

6. 工人入职退职有关的手续

不处理工人入职退职有关的手续。

7. 付给

劳动者灾害补偿保险中主要的付给参照以下条例。此外，附有付给上班灾

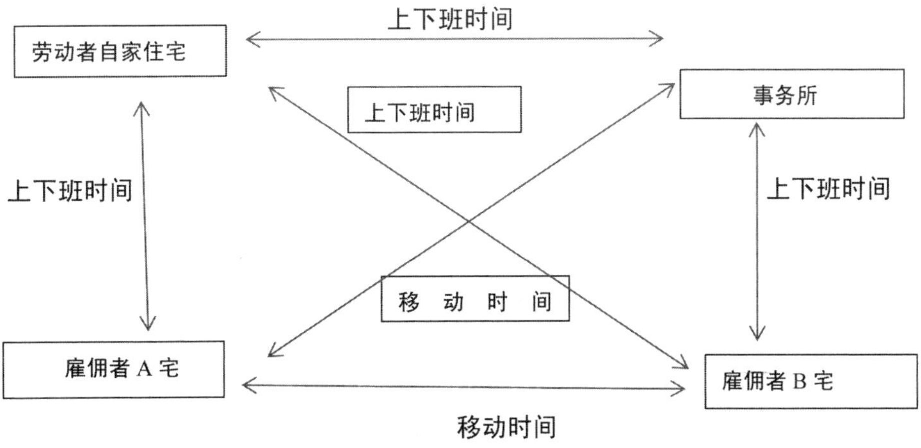

图3-1 上下班时间与移动时间

害的补偿：

（1）疗养补偿给付

对于业务上或者由于上班而负伤或者生病的疗养的情况必须支付，要一直持续到伤病痊愈或者直到死亡。

（2）休业补偿给付

对由于业务上或者由于上班而负伤或者生病需要疗养而不能上班无法获得工资的情况下，以辅助生活费为目的给付。如果不能转换为伤病年金，在条件满足的情况下要继续支付。

（3）伤病补偿年金

对于业务上或者由于上班而负伤或者生病，在疗养了一年半之后仍然无法治愈、伤病等级1~3级的情况下，以辅助生活费为目的给付。

（4）障害补偿给付

由于业务上或者上班造成的伤病，虽然痊愈了，但是造成了身体残障的程度达到了1~7级的情况下应该支付。

（5）障害补偿 一时金

由于业务上或者上班造成的伤病，虽然痊愈了，但是造成了身体残障的程度达到了8~14级的情况下应该支付。

（6）看护补偿给付

受灾工人由于一定的障碍需要看护的情况下，由其产生的与看护有关的费用应该支付。

（7）遗族补偿给付

由于业务上或者上班造成工人死亡的情况下，对于部分遗族应该支付。

（8）葬丧祭祀金（葬丧祭祀给付）

由于业务上或者上班造成的工人死亡的情况下，应该支付与葬丧祭祀等有关的费用。

（9）二次健康诊断等的给付

定期健康诊断等的结果，检查出脑部和心脏疾病有异常的情况下，以根据二次健康诊断听从医生的有效指导促进进行具体的预防活动来防止过劳死和猝死为目的。

（五）雇佣保险法

工人为雇主提供自己的劳动力，得到工资来维持生活，如果不幸失业的，工人就没有来维持生活的方法。雇佣保险法就是以在这样失业的情况下进行给付为中心，以为了实现雇佣的安定和促进就业，另外被保险者自发地进行教育训练的给付，支持高龄者和育儿休业者继续受雇取得给付。另外，也进行对企业主的二事业的雇佣（雇佣安定、能力的开发）。

1. 以工人为对象

以满足下面两个条件的工人为对象。但是，采用的时候除去了 65 岁以上的工人。

（1）希望能够得到 31 天以上的雇佣；

（2）一周的规定工作时间在 20 小时以上。

2. 保险金

保险金是雇主和工人每人负担一半，和劳灾保险金一起一年支付一次。但是，以 4 月 1 日算 64 岁以上的工人的保险金免除。（不是丧失被保险的资格）

3. 工人入职退职有关的手续

（1）资格取得书

劳动者在录取时，资格取得书要在录取的下个月 10 日之前向公共职业安定处提出。

（2）资格丧失书

劳动者在退职的时候，从退职的第二天开始计算的 10 日之内向公共职业安定处提出资格丧失书。

（3）离职证明书

原则上与资格丧失书一起提出。但是，如果离职者不需要离职票的情况下不需要提出，如果离职者在59岁以上的情况无论需不需要都必须提出。

（4）给付

雇佣保险中有许多给付都是有用意的，作为管理者应该清楚并进行说明：

①基本补贴

劳动者失业的情况下，从得到职业安定所所长的失业认定书的当天开始支付。

②教育训练补助

加入雇佣保险3年以上者可以受到厚生劳动大臣的教育训练，教育训练之后进行支付。

③高年龄继续雇佣补助

为了援助和促进达到65岁的雇佣，支付给劳动的高龄者与60岁时期相比较低的工资。有高年龄继续雇用基本工资和高年龄工资。

④育儿休职补助

为了促进取得育儿休职、育儿休业取得者的继续雇佣而设立。为了能够让劳动者养育未满1岁（申请了保育所但是没有进入的情况下1岁6个月）的孩子而提供。

⑤看护休职补助

为了促进取得看护休业、看护休业取得者的继续雇佣而设立。劳动者为了看护家人而休业的情况下，支付给劳动者看护休职金。

⑥雇佣保险二事业

为了预防失业、修整雇佣状态、扩大雇佣机会、安定其他雇佣，主要是对企业主进行资助金的支付。

（六）健康保险法

健康保险是对业务外的疾病和受伤进行疗养所支付的金钱，是为了给不能从事工作的人提供生活保障，或者是提供给生育或者死亡等所支出的费用，以及对于被抚养者的抚养费或者生育、死亡等也支付费用。

1. 被视作对象的劳动者

除了通常的劳动者，通常劳动者大概四分之三以上的短时间工作劳动者也能作为对象。但是原则上，因为75岁以上者后期加入高龄者医疗制度而不作为对象。

2. 保险费

雇主和劳动者分别二分之一进行承担。上月的保险费从本月的工资中扣除，到本月的月末缴纳。

3. 劳动者进退公司相关的手续

（1）资格取得证

采用劳动者时将资格取得证在采用日开始的 5 日之内提出，提出单位是加入全国健康保险协会的年金事务所和加入健康保险组合的各健康保险组合的事务所。

（2）资格丧失证

劳动者在离职时要把资格丧失证在距离职 5 日之内提出。提出单位和资格取得证的提出单位相同。

4. 补助

在健康保险方面的补助主要有以下几点：

（1）疗养补助

在业务外的负伤或者疾病等需要疗养的情况下提供补助。

（2）住院时的饮食疗养费

在住院时提供饮食补助。

（3）高额疗养费和高额看护合算疗养费

高额疗养费方面是在同一月同一家医疗机构支付的金额中，超过一定的金额的情况下进行补助。高额看护合算疗养费是 1 年内（8 月开始到 7 月截止）向医疗机构包括看护机构等支付的金额中，超过一定金额的情况下进行补助。

（4）访问看护疗养费

在受到主治医师认可的指定访问看护的情况下进行补助。

（5）住院生活疗养费

对 65 岁以上在疗养病院住院的，必要的生活疗养方面的费用进行补助。

（6）伤病补贴金

在疗养期间不能进行劳务，不能得到一定额以上的酬劳的时候，支付给该劳动者补贴金。补贴金的金额是日标准报酬金额（大概是一天的工资）的三分之二。支付日期及期限是：连续休息 3 天以上的情况下从第 4 天开始支付，一年最多支付 6 个月。

（7）生育慰劳金、家属生育慰劳金

生育的情况下，生育的慰劳金的费用为一个孩子 39 万日元。在加入产科医疗补助制度的机构中生产的情况下，费用为 42 万日元。

（8）生育补贴金

因生育而无法进行劳务，不能得到一定额以上的报酬的时候所进行支付的补贴金。金额是日标准报酬金额的三分之二。支付日期及期限是孩子出生前的42天（多胞胎的情况下为98天）和孩子出生后的56天。

（9）埋葬费、家属埋葬费

死亡的情况下支付5万日元的埋葬费。

（七）厚生年金保险法

厚生年金有为了保障老年后生活的老龄厚生年金、因疾病和受伤造成残疾的残疾厚生年金、残疾补助金，或者不幸造成本人死亡的情况下，向遗留家属支付的遗族厚生年金。加入厚生年金者，同时加入国民年金，进行保险补助的话，厚生年金和国民年金组合起来一起发放。

1. 作为对象的劳动者

除了通常的劳动者，通常劳动者大概四分之三日上勤务的短时间劳动者也能作为对象。但是，原则上70岁以上的劳动者不作为对象。

2. 保险费

雇主和劳动者分别二分之一进行承担。上月的保险费从本月的工资中扣除，到本月的月末缴纳。

3. 劳动者进退公司相关的手续

①资格取得证

采用劳动者时将资格取得证在采用日开始的5日之内提出，提出单位是加入全国健康保险协会的年金事务所和加入健康保险组合的各健康保险组合的事务所。

②资格丧失证

劳动者在离职时要把资格丧失证在距离职5日之内提出。提出单位和资格取得证的提出单位相同。

4. 补助

在厚生年金方面的补助主要有以下几点：

（1）老龄厚生年金

对加入厚生年金保险的满足老龄基础年金的支付条件的人，从65岁开始支付。同时，原本向加入一年以上的人进行特别支付的老龄厚生年金从60岁开始进行支付，现在变为65岁进行支付。老龄厚生年金的支付额，不仅与加入期间有关，还与在职中的标准月薪及标准奖金有关。但是，一边享受年金一边工作的人，包含此报酬和奖金的年金的一部分或者全部都停止支付。

（2）残疾厚生年金

从出诊日经过 1 年 6 个月，或者治疗之后成为残疾等级为 1 级、2 级、3 级（残疾基础年金为 1 级、2 级）的情况下进行支付。

（3）遗族厚生年金

加入厚生年金者和享受老龄厚生年金者等死亡的情况下，对遗族支付的金额。

（八）个别劳动关系纷争的解决

由于社会形势的变化，劳动者和雇佣者之间的纷争不断增加。本来，纷争应该在司法机关进行解决，但是从时间、费用、劳力等方面来说，谁都不能很方便地解决。为了能够将纷争简单、迅速、圆满地解决修订了以下法律。是否参加斡旋、调停，或者参加的情况下，是否受理斡旋案、调停案，都是自由的。然而，放置不管的状态下并不能解决纷争，以后不仅会发展成诉讼案，而且在诉讼的情况下进行不诚实协调和判断的情况都是存在的。诉讼伴随着很大的风险，所以，为了不发展成诉讼，需要我们加强注意。

1. 个别劳动关系纷争解决促进法

由都道府县劳动局长和纷争调整委员会进行调解。

2. 男女雇佣机会均等法

由都道府县劳动局长和机会均等调停会议进行调停。

3. 育儿、看护休业法

都道府县劳动局长的援助和两立支援调停会议进行调停。

4. 兼职劳动法

都道府县劳动局长的援助和机会均等调停会议进行调停。

除此之外，包括劳动委员会和都道府县、市町村的劳动担当部署等，也要进行调停和劳动沟通的工作。与劳使纷争相关的沟通事例有以下几项：

（1）不支付工资；

（2）有期雇佣合同的雇佣结束、期限；

（3）就业规则的变更不利；

（4）配置转换带来的变更不利；

（5）性骚扰、职权骚扰、凌辱、找碴儿；

（6）心理健康。

三、人事考核制度的意义、目的及方法

（一）人事考核的意义和目的

人事考核是与劳动者业务相关联的并对劳动者进行评价，一般根据考核的结果决定该人的升职和奖金发放、晋升、人才培养等一系列相关事务的工作，因此一定要公平、公正进行。

如果是员工很少的公司，一般都会是社长一个人进行人事考核，考核的标准并不明确，有时很可能就是按照自己的喜好来进行评价，因此，不免会造成一些员工对社长所完成的人事考核产生不满。这也会造成劳动者劳动意愿低下等问题。

为了避免这种情况的产生，看护设施等有劳动者存在的职场中都要对考核制度进行明确规定并合理运用执行。明确写出是谁，根据什么标准，是怎样进行考核的，并将考核结果对本人公开得到本人的认可，人事考核的不正当利用、不正当考核是看护企业高离职率的原因之一。

明确规定人事考核结果到底反映了什么尤为重要。

进行人事考核的目的一般有以下几点：

1. 决定该人是否可以升职，是否应该发放奖金，并考核其成绩、工作意愿和工作态度。

2. 为反映升职以及人事调动倾向，考核劳动者的知识和技能掌握情况。

3. 为了进行人才培养，考核劳动者的知识和技能掌握情况。

4. 让劳动者理解企业的方针和企业所期待培养的人才是什么样子的。

5. 让上级和下级之间有进一步的沟通，加深彼此的了解。

（二）考核项目

完成工作应具备的基础能力，合力进行工作时工作的意愿和态度都是极为重要的，在此之上，会产生相应的成绩，该成绩主要是指你可以完成难易程度为多高的工作，完成的质量如何。另外，看护企业会面对很多有极高要求的家庭以及雇佣者身体状况突然改变等情况，在这些场合中，业务执行的过程显得尤为重要。在考核中，就会将企业真正需要的劳动者素养展现给大家，因此，人事考核在任何一个企业中都是极为重要的存在。在决定考核项目方面，需要

考核者对自己的职业相当熟悉有百分之百的了解，而被考核者也要以成为企业所需要的劳动者为目标不断努力。将考核项目让每个劳动者了解，也是作为管理者最为重要的一项工作。一般的考核项目分为以下几种：

1. 成绩考核：工作量、工作的完成度和达成度。

2. 工作意愿、态度考核：规律性、积极性、责任性以及协调性等方面的考核。

3. 能力考核：知识、技术、判断力、实行力等，对劳动者所持有的能力进行考核。

此外，中央职业能力开发协会公开发表《职业能力评价彼标准》，在看护服务业方面制定《设施看护业》和《在家看护业》。至此，将各个职业所必要的能力分为四级，将每一级所要掌握的《业务实行基准》和《必要的知识》进行公开发表。此后，各个企业可以根据自身情况选择相应的标准，也可以参考《职业能力要件》和《职务记述书》。

在设施看护业方面，根据能力单元之一《职场伦理和合法化标准》所制定的一级大概如以下所述：

概要：作为一个职场人员应该明确自己所承担的社会责任，了解看护保险法和相关法令，在遵循法令工作的同时培养自己公正诚实地完成工作的能力。

能力详目

（1）掌握看护保险法、相关法令和各项规则。

完成工作的基准

掌握企业的经营理念、方针，行动准则以及各项规定。

•作为看护服务业相关工作人员应该牢牢掌握相关道德（保守秘密、保护个人信息、尊重个人、维护其权力）方面的知识。

•掌握看护保险法概要。

•理解看护服务业相关的不正当事例。

•理解与整个看护服务业相关的法律、伦理方面的事项，以及过去存在问题的主要事例。（例如与各法律抵触的事例，侵害人权的事例）

（2）遵守看护保险法、相关法令和各项规定

为了完成工作的基准

•作为看护服务业工作的劳动者应自觉承担起社会责任，认真对待自己的工作。

•在以理念和方针为依据进行工作的同时，遵守各项规定。

• 在完成日常业务方面，遇到法律和伦理方面的问题，应向上级进行报告、联络和沟通。

• 如发现侵害人权、虐待他人等问题，应采取改善的行动。

必要的知识

①设施的各种规定

• 理念、方针。

• 行动基准。

• 部门方针、部门目标。

• 职务指南。

• 就业规则和各关联规则。

②主要的法令、政策

• 看护保险法。

• 老人福祉法。

• 社会福祉法。

• 防止高龄者被虐待法。

③保护权利制度、保护个人信息法等。

④风险管理的相关知识。

⑤问题解决办法相关知识。

（三）考核

1. 一次考核

一次考核是工作中的直属上司完成的工作，关于考核项目要有准确的判断，在考核中，与部下日常的交流和观察显得尤为重要。在考核要结束的一段时间中，记起半年前的工作情况已经不那么重要，要实时进行适合的记录。

2. 二次效果

为了保证人事考核的公平和公正，直属的上司一般不会只进行一次考核，而要进行两次考核。在企业中，一般是根据第一次考核的结果由事务部门的管理者进行第二次考核。但这并不是说否定了第一次考核的结果，而是为了确认上一次考核是否存在对考核标准理解错误的情况，并对考核效果进行确认。一次考核中的后一名变成二次考核中第一名的情况也是存在的。

3. 调整会议

因为各个考核者的能力不同，因此也会出现考核结果存在误差的情况，我们要为了尽量减少误差而不断努力。对各部门效果的平均值进行比较，以及各部门的考核基准和每人得分的平均值进行比较制定相应的调整方法。

考核者也会针对考核标准进行讨论研究，寻求大家都满意的结果，这对今后的考核尤为重要。

4. 最终决定

第一次的考核者、事务部门管理者、设施长等召开会议进行最终的决定。将所有的考核结果进行总结，争取全体考核者的同意，如果所有考核者都同意了，就将其结果向被考核者进行展示并说明让其接受。

（四）活用多种评价制度

一般的人事考核，都是由上司来执行。为了打破这种单方面的评价制度，而让同事和部下，业务上有关系的其他员工，或者有生意往来的其他公司成员对其进行评价这种多方面评价制度，对于维持人事考核的公平性和公正性来说是一种极其有效的方法。但是，像这种有很多考核的情况下，除了原来的那个考核者之外，大家都对其业务进行评价也会有一定的弊端。

（五）活用个人申报制度

为了考核而进行信息搜集的重要一项是，劳动者个人对自己能力以及人事调动希望的阐述。劳动者对自己希望的申报会给自己带来另一个新的机会，也会提升自己的工作意愿。另外，也可以知道一些业务之外的劳动者的想法和希望以及自身存在的潜力。但是，在劳动者不清楚自身希望的时候也会有相反的效果。

（六）公正的考核

因为考核的能力存在着一定差别，有时会出现不公平不公正的情况，为了考核尽量的公平公正，应该具有以下的意识：

1. 考核偏差

人事考核是以人为基准来进行的工作，一定的心理倾向作用会扰乱考核者，这种扰乱考察的心理倾向可以被称为考核误差，也会有以下的情况：

（1）光环效应

如果一方面很优秀，便会觉得所有方面都很优秀。相反的如果一方面有不足之处，就会认为所有方面都不足。造成这种结果的原因就是日常的观察不足。

（2）扩大化倾向

会出现比实际情况更高的考核结果，这种情况出现的原因是考核者信心不足，日常工作中缺少观察。

（3）严格化倾向

与第二条相反，可能也会出现不及实际工作情况的考核结果，这种情况是因为考核者过于自信，觉得自己的部下永远都会是自己部下而造成的。

（4）中央化倾向

将考核的标准集中，而导致被考核者的成绩没有太大差别，造成这种情况的原因是考核者缺乏自信，日常工作中观察不足。

（5）逻辑误差

考核者会按照自己的想法将所负责的各个考核项目联系在一起，认为有关联的效果项目，会造成同一或者类似的考核。

例如：会认为有规律性的人同样拥有协调性，有积极性的人也具有责任性。

规律性：遵循就业规则以及上司的指令。

协调性：可以在组内进行适当的交流并圆满完成各项工作。

在这种情况下，认真理解掌握各项考核制度，将可能会产生理论误差的点找出来，把没有掌握但应该注意的点找出来。

（6）对比误差

考核这些与自己持有相反特质的劳动者，可能会出现评价过好或者过坏的情况，是由于考核者认为与自己进行比较是考核的较好方法而造成的。

（7）临近误差

如果考核的时间持续了半年，那么考核后期的工作情况会比考核初期的情况更加印象深刻，也会对结果造成更深的影响。造成该结果的原因就是，在考核期间没有明确自身的意识。

2. 考核者的训练

考核者并不仅仅是一个人，还会有很多个考核者，企业会努力让每个考核者处于同一水平：

（1）让大家理解人事考核是什么，反映了什么问题。

（2）正确理解应该考核什么，以及考核的各项内容。

（3）掌握考核所必要的时间。

（4）理解考核误差。

（5）掌握面试部下的方式。

在将上述的内容正确理解掌握的基础上，将虚构的人物当作真实存在的员工进行考核体验，根据考核结果，找出为何考察会出现差异，是怎样认为的，出现不同结果的各个被考核者互相探讨，实现考核标准的统一是有必要的。

（七）考核结果的反馈

在进行了人事考核的情况下，将考核结果告知被考核人员也是一个相当重要的环节。但如果仅仅给出考核结果，不进行反馈的话可能会让被考核者有不确信感，尤其是考核结果不理想的被考核者。不管是结果好与不好都应该进行说明，告知被考核者这个考核结果出现的原因，这对上下级之间信任感的确立以及之后的业务指导和人才培养都有很大作用。将考核结果向被考核者解释说明也是作为管理者的一项很重要的任务。人事考核，一定要以其公平公正合理性让被考核者理解接受，在这个程序进行的过程中，不管哪一个环节出现了错误，都会造成被考核者的不满，人事考核要以经营者为主，在全体考核者中形成统一的概念，制作适当的考核制度。这个制度要根据每个企业不同的情况来自行设定。不能直接套用其他企业的考核制度。企业的方针，需要的劳动者所具备的素养，想要将自己公司的劳动者培育成什么样的人才等问题，需要管理者自己讨论决定并形成制度从而运用。在考核中，最好不要出现将劳动者过于比较而得出结果的情况。要对每一个劳动者进行个别评价。评价其对工作的积极度、业务完成程度、是否有向上发展的意愿等一系列方面进行考核。也有人觉得进行人事考核没有任何作用，但没有人事考核制度，会让那些很努力的人没有被大家知道的机会，与不努力的人拿着相同的工资，而造成其劳动意愿下降。另外，进行人事考核也是了解当前劳动者状态的必要手段，今后制定何种方针的基础。

人事考核的另一个目的是实现让上下级之间有进一步沟通的宗旨，前文提到过，为了不要出现“我不想让那个领导来对我进行人事考核”的情况，日常多沟通交流是必不可少的。

四、人才培养和心理健康风险管理

（一）人才培养

人才培养需要制订一个关于什么时候培养、培养谁、被谁培养、培养多久、要掌握多少知识等方面的长期计划。长期来看，通过该计划劳动者能够自己想想未来的自己会变成什么样子，因此也会提高对工作的热情。

1. 教育训练期

（1）录用时

①传授企业方针

根据所传授的企业方针，全体劳动者按照一个目标前进。在业务上意见不同或发生问题时，要遵循机构方针，将机构方针作为解决问题的指针。

②传达当前目标

传授在一定期间内想要学习的知识，比如是商谈员业务的话，要知道看护保险制度的概要和入所手续的流程等需要一个人独立完成。

③了解设施全体的工作

在看护机构中有看护师、看护职员、机能训练职员、商谈员、事务职员等职种。在很多机构中，采用时，事务担当者把就职的事务手续办理结束之后，马上开始去现场进行分配教育，因此，即使理解自己岗位的工作，也无法整个看设施整体。在设施内通常能够看到部门间是有对立的，但就职时如果能够理解除自己本职工作以外的工作概要的话，对于以后不同工作间的沟通和交流是很有用的。

（2）遵循计划

采用之后在什么时间，想要什么样的人才，为了这样是否要提供必要的教育训练等，有必要进行明确的计划，比如，第二年时，在上司、前辈的指导下可以正确完成更衣、吃饭等看护工作，第五年的时候即使没有人指导，也能进行看护工作，第八年的时候可以进行看护上的指导教育等类似于这样的计划。

除此之外，没有直接业务上的关系的，但可以作为专业人员的职业提升，比如取得社会福祉士、看护福祉士、看护支援专门员等资格和为了取得看护保险制度的知识将研修课程纳入计划的，想要达到目标的执行业务上的向上热情。

可以参考前述的“职业能力评价基准”中将各机构的状况结合起来，认为对人才培养计划是有参考意义的。

（3）管理者教育

作为管理者，必须进行学习必要知识的教育，比如本章所包括的劳务管理的知识，下属的指导方法、领导力，以及会计等与经营相关的知识。比如只以现场经验丰富选任的情况，看护等的专门知识丰富并不能说作为管理者经验丰富。管理者担任在职场中组织下属，根据机构的方针进行工作的重要角色，成为管理者必须要熟练掌握作为管理者应该掌握的知识。

（4）负责人

①制订计划

进行教育训练的计划是很有必要的。在看护机构中，事务部门和各工作部门的工作人合作讨论、沟通是十分重要的。

②教育训练的实施

实际参加教育训练的最好是管理者的候选人，现场中所需要的知识、经验自不必说，同时也必须对该职员进行教育训练，但是因为机构中为轮班工作，教育实施者经常担任是很难的。即使是交给一般职员的情况下，教育的目的，应该传授的内容也应该很细致地传达，确保教育训练得以实施。

（5）教育训练的方法

①OJT

职场内的训练就是，上司对部下或是前辈对后辈通过工作，将必要的知识和技能传授给他们。将业务上所需要的技能尽早、有效地交给职员是教育训练的中心。OJT 中重要的是按计划进行。机构中，按照指导员所交付的业务工作，就这样经过一定时间 OJT 就结束的情况有很多，这样做到最后并不知道自己掌握了什么东西。指导者不能根据工作状况来不断替换地去教每个人，因为这样做指导者并不能很好地把握每个人的掌握情况，只能重复教育，同时也会造成遗漏的情况。而且，学习知识、技术的时间不同，一定期间结束后，有达成目标的人，也有不能达到目标的人。当初计划的目标是否达成，是否充分掌握知识和技术，都必须由管理者来判断。OJT 的特征是，上司没有指导部下的时间，所以会存在每个上司在能力、意识上存在差别等问题。

②OFF-JT

叫作职场外的训练，是集合教育和讲习会等进行业务外的训练。学习进步显著的医疗知识、看护技术、看护保险等法律的订正和最新的福祉用具等普通的业务中无法习得的知识，如果参加业界团体实行的研究发表会的话，能够了解到其他机构进行的事例，可以再进一步确认自己机构中的业务设置。因为接客态度等与直接业务无关的知识、技术也有间接的必要，想要通过探讨讲课内容对技能提升起到作用。

（6）研修的种类

①在机构内的研修

OJT 像前面所说的，有计划地进行是很重要的。看护、康复训练职员等在机构内职员所做的工作中，不仅要掌握知识、技术，职员之间的沟通交流也很有用。只是机构中轮换的职务很多，有在上班中无法参与培训研修的职员。

②民间企业的访问研修

去民间企业进行专门职业的研修各种各样，但一般来说费用昂贵。

③行政、所属团队等的研修

进行看护保险法的改正、成年监护制度、高龄者虐待、痴呆症和各种疾病相关的各种研修。原则上是免费的，但是也存在资料费等费用。

④自己启发

根据自己的意愿和努力来开发自己的能力。肯定是与业务相关的研修，虽然与直接业务无关，但对教养的提升，与人相处能力的提高等方面有间接性的必要。提供更多参加的机会，加上研修费用的补助，可以延续劳动者向上的工作热情。在看护设施中，看护技术、疾病的了解、风险管理、福祉机器和关系法令等应该进行的研修有很多。上班的情况下，如果必须参加劳动时间之外的学习时，这个研修学习是业务命令的情况下，将学习的时间计入劳动时间内。

⑤研修报告

如果参加研修，必须写研修报告书。将报告书在机构中展览，让所有人都能够看到。如果有必要的话，可以让参加研修的人举办一个讲习会，这样有利于机构中所有人对研修的理解。好不容易学习到的知识如果只让一个人享有的话并没有很大的作用，让这个知识成为大家共同学习的东西才是最重要的。将合适的文章做成报告书，为成为研修的讲师而准备讲义，在众人面前演讲，这不仅是参加研修的劳动者的自身学习，对该劳动者今后执行业务也有很大的帮助。

⑥把握状况

进行人才培养的计划是很重要的。谁、什么时间、接受什么样的教育训练、现在该劳动者掌握了什么东西、可以做到什么程度，这都是管理者必须要把握的。这样才能开始进行下一步的教育训练。

2. 心理健康管理

近年，随着社会形势的急速变化，在职场中感到不安和压力的劳动者在不断增加。要重视心理情况，在看护机构中，对管理者和劳动者个人心理问题的对应方法的教育是很有必要的。

（1）心理问题对策的必要性

长时间劳动和来自上司的职权骚扰等原因，患上心理疾病的劳动者在增加，伴随着的是由于精神疾患的劳灾申请进行赔偿的案例也在不断增加。在看护机构中工作的劳动者，是对老年人提供服务，存在不能让老人跌倒等引起受伤或者感染等的压力。还有，近年对于服务上的苦衷和索赔的增多，对劳动者的心理影响也是很大的。

与心理健康相关的，可能也包括劳动者个人的家庭问题等方面，但是这一方面存在在工作中时，有可能被认为是机构的责任，不采取适当的措施可能会把问题扩大，也可能会发展成诉讼的事例。所以机构必须考虑预防心理疾病的发生，情况发生的早期的观察、对策，休职之后劳动者回归职场等方面的对策。

心理疾病的预防

①工作量、内容、人际关系的把握和处理方法。

②家人离世、离婚等个人问题。

早期发现，调整

①由于心理问题而造成胃溃疡、脉律不齐等疾病。

②迟到、早退、工作中失误、拖拉等不良工作状况。

③工作和职场变更后的心理调整。

④受到休职命令和休职中劳动者的心理调整。

回归职场、长期休职

①对希望回归职场的劳动者的心理调整。

和主治医疗诊断书的理解与医师的意见不同时的调整

②对解雇长期休职劳动者的讨论。

心理健康对策义务

（2）劳动安全卫生法上的义务

按照《劳动安全卫生法》的记载，劳动者健康管理相关的机构，担负着进行安全卫生管理体制的配备、健康诊断、安全卫生教育的义务。为了能让劳动者健康地工作，机构担负着关心劳动者身心健康的义务。如果被认定违反了劳动者患上心理疾病的安全关怀义务时，机构要承担损害赔偿义务。

（3）心理健康对策

厚生劳动省制定了“增进劳动者心理健康的保持的指针”（以下以“指针”代替）、不断推进心理健康对策。在指针中，劳动者的心理健康可能会因为人事调动、职场的组织等，人事劳务管理相关的方面受到很大的影响，心理健康照顾如果不与人事劳务管理相关联的话可能不会顺利进展。所以在机构的人事劳务管理中，适当的心理健康对策是有必要的。以下是指针的概要：

心理健康规划

卫生委员会中，包括以下事项的心理健康规划是有必要的。

①企业家要表明积极推进心理健康的方针。

②职场中相关的心理健康规划体制。

③职场中对问题点的把握以及相关的心理健康护理的实施。

④进行心理健康护理的必要的人才和事业机构外的资源的相关的活用。

⑤劳动者健康信息的保护。

⑥心理健康规划的实施状况和计划的改进。

⑦其他的关于劳动者心理健康规划的必要的措施。

4项心理健康保健的推进

①自我保健

企业家对劳动者想要自我保健的支援。自我保健的对象包括管理监督者。

- 对压力和心理健康的正确理解
- 对压力的察觉
- 对压力的解决方法

②线性保健

管理监督者要尽早、快速地发觉劳动者的心理健康状态、出勤状况和工作效率等与往常不同的状况。随后，准备与劳动者进行轻松的交谈。

- 职场环境的把握和改善
- 从劳动者开始的交谈对策
- 在回归职场上的支援等

③企业机构中产业保健人员（产业医师、卫生管理者、人事劳务管理人员）

要想进行有效的自我保健和线性保健，劳动者、管理监督者就要进行相关的支援。

- 具体的心理健康保健的实施相关的企划立案
- 取得个人心理健康情况
- 形成企业机构之外的资源网
- 回归职场支援

④由企业机构外资源的保健

利用地域产业保健中心、都道府县产业保健推进中心等外部机构

- 利用提供情报和建议等的服务
- 网的形成

- 在回归职场上的支援等

健康保健的具体推进方法

①教育研修、信息提供

对劳动者、管理监督者、企业机构中产业保健人员等，提供各类职务相对应的教育研修和信息提供。

②职场环境等的把握和改善

劳动者的心理健康在职场中可能会受到包括工作环境，工作量与质量，包括骚扰等的人际关系、人事劳务管理体制等各种各样的影响。这样就需要对职场环境进行评价并把握其中的问题所在，并进行改善。

③对劳动者不顺心状态的注意和对策

- 劳动者的自发的沟通和自我检测
- 管理监督者、企业机构内产业保健人员等的沟通
- 像家人般的心理上的支援

④在回归职场上的支援

筹划制定由于心理健康不佳导致休业的劳动者回归职场、继续工作的回归职场的支援程序，实施相关的体制上的调整。

个人信息保护

在推进心理健康保健时，一定要注意对劳动者个人信息的保护。

小规模事务所在对策上的留意点

在小规模事务所中，以自我保健、线性保健为中心，最好从可能实施的地方着手。有效利用向以下的企业机构外的资源提供支援等也很有效。

①作出心理健康规划的计划。

②作出回归职场的程序。

③作出沟通体制。

④对公司内的人员和从业员进行教育和参加研修。

⑤地域的沟通机关等的信息提供。

防止

虽然造成心理健康不良的原因有很多，但是长时间的过度劳动所累积的疲劳是最大的一个原因。厚生劳动省制定了“企业家应为防止因过度劳动而造成的健康障碍的措施”，并不断推进对策的实施。概要为以下内容：

工作时间外、休息日劳动时间的削减

①应遵守36协定的延长时间限度。

②工作时间外的劳动每个月应该在45小时以下，努力削减休息日的劳动。

③劳动时间的适当把握。

④促进带薪休假。

健康管理体制的准备，健康诊断的实施

①产业医师、卫生管理者的选任。

②卫生委员等的设置。

③健康诊断的实施。

④根据健康诊断结果的合适的事后措施。

对长时间劳动者的面试指导

①出现一个月中，工作时间外、休息日劳动时间超过100小时且被认定为疲劳累积的劳动者的情况下，必须由医师进行面试指导。

②由长时间劳动（工作时间外、休息日劳动时间超过80小时）导致的疲劳累积且对健康上有不安心理的劳动者出现的情况下，医师必须努力进行面试指导的实施。

③设立一个月中，工作时间外、休息日劳动时间超过100小时或者2到6个月中平均每月超过80小时的劳动者为基准，努力进行面试指导的实施。

④设立在工作时间外的劳动每个月在45小时以上的劳动者为基准，希望进行面试指导的实施。

⑤疲劳累积度的检查表。

厚生劳动省做成了“劳动者疲劳累积度检查表”。可以用来劳动者本人自测和劳动者家属对劳动者的疲劳累积度进行测试。

看护服务业已经进入了顾客来选择的时代，选择机构的标准也越来越严格。被选择的机构，一定要提供良好的服务。所以为了达到这个标准，采用优秀的人才进行培养并继续工作是很有必要的。要建立“工作轻松的职场”，众多原因中最重要的就是在这里工作的人与人之间的人际关系。人必须沟通才能理解。能够明确指出“好就是好，不好就是不好”，在感到困惑时能与管理者沟通，能为一般职员全员考虑最佳办法，构筑这样的人际关系是很重要的。在职场中引导大家向好的方向是管理者最重要的作用。管理者应该掌握人事劳务管理，每日不断进行人际关系的构筑。最后，作为看护机构中人事劳务管理上必要的考虑，会触及“职种间的问题”和“事故和诉讼”等相关方面。

第四节　养老机构的法令遵守体制

一、谋求合法化经营

（一）构建法令遵守体制

看护保险制度自创建以来已经有20年之久。社会福祉的利用方法已经从作为公共福祉由社会福祉提供服务转变为使用者自主选择看护服务的契约型福祉，随着服务供给方的多样化，享受看护服务变得格外容易。然而，现行的看护保险制度未必能做到根据市场的变化不断的规范化，几年前，看护业大公司由于不正当收费而被迫退出看护市场，进而造成不良社会影响的这一事件仍让人记忆犹新。

社会福祉法第131条至134条，看护保险法第205条至215条明确规定了处罚细则。另外，社会福祉从业人员及看护福祉从业人员法第50条至第54条也明确规定了处罚细则。然而，虽然对违反法律法规的处罚力度不断加大，但是由于不当收费等被取消资格处以罚款的事业单位仍然屡禁不止。

社会福祉法

第131条　如果违反以下规定中的任意一项，将判处六个月以下有期徒刑或50万日元以下罚款。

1. 违反第57条的停止营业指令仍继续营业的经营者。

2. 违反第62条第二项和第67条第二项规定的社会福祉事业经营者。

3. 违反第72条第一项到第三项规定的限制经营或停止经营指令及根据同条第一项第二项规定被撤销经营许可后仍继续经营社会福祉事业的经营者。

第132条　法人代表或者法人代理人、使用者以及其他从业者，关于其法人和其他营业者的事业，在违反前条规定的情况下，不仅对当事人处以罚款，对其他法人及相关人员也要处以罚款。

第133条　存在以下各项情况时，社会福祉法人的理事、监事或者清算人，应处以20万日元以下的罚款。

1. 没有按照法律规定登记注册。

2. 没有按照第 134 条的两个规定将财产目录进行整理，或者未记载应记载事项，或存在虚假记录。

3. 违反第 43 条第四项规定，没有进行呈报，或虚假申报。

4. 没有整理根据第 44 条第四项规定的同条第二项的文件及记录了关于文件的监事的意见的文件，或者未记载应记载事项，或存在虚假记录。

5. 没有按照第 46 条第二项和第十一项规定办理破产申请手续。

6. 没有按照第 46 条第九项和第一项规定进行业绩公开发表，或进行了不正当发表。

7. 违反第 50 条和第 51 条第二项的规定。

第 134 条　违反第 23 条和第 113 条第四项规定的经营者将处以 10 万日元以下的罚款。

在这样的情况下，寻求法令遵守的手段正逐步生效。

平成 20 年的看护保险法修订中，根据法人经营看护事务所的数量，规定了法令遵守责任人的任命、法令遵守规程的完备、业务执行上的定期监察等，通过法令遵守管理体制义务化，力求使看护业从业人员在法令遵守上更进一步（见表 3-9）。

表 3-9　法令遵守体制的完备

申报事项	对象看护服务事务所
①经营者姓名/主要的事务所所在地/代表人的姓名、出生日、住址、职位	所有经营者
②法令遵守责任人姓名、出生日	所有经营者
③法令遵守规程的概要	事务所数量为 20 以上的经营者
④业务执行状况监察方法的概要	事务所数量为 100 以上的经营者

众所周知，政府针对违法行为的惩罚是相当严厉的，因为违法行为导致失去社会信用甚至陷入停业困境的例子不胜枚举。

重要的是，构建法令遵守体制的主要目的不是“不触犯处罚规定”，而是希望大家能自觉遵守法令的基本理念、目的和包括义务规定在内的各项法令。

在社会福祉法第 78 条中规定了这样的义务：社会福祉业的经营者必须通过对自己所提供的服务的质量的评价或其他措施，站在利用者的立场上努力提供优质且合理的福祉服务。

另外，社会福祉从业人员及看护福祉从业人员法第 44 条第二项中规定“社会福祉从业人员及看护福祉从业人员一定要时常站在利用者的立场上，诚心诚意地提供服务，力求维护利用者的尊严，使他们能够根据本身具备的生活能力和适应能力过上可以依靠自己的生活”。此外该法律第 45 条中明确指出“社会福祉从业人员以及看护福祉从业人员不应该做出任何有损信用的事”。

在日常营业中，和努力站在利用者的角度诚心诚意提供服务并提高服务质量一样，提高和看护、协议相关的专业人员的道德品质和服务水准也是必要的。

社会工作的定义

社会工作的专业人员旨在提高人民的福利水平、促进社会的变革、解决与人民息息相关的问题、让人们行使自己的权利并且加快解放的进程。社会工作是利用与人类活动和社会系统相关的理论，以人们和环境的相互影响为切点介入而进行工作的。人权以及社会正义的原理，是社会工作的基础所在。

正如国际社会工作协会定义的社会工作，人权以及社会正义的原理，是社会工作的基础所在。同时还谋求遵守在此基础上形成的职业伦理。那就意味着从事社会福祉业的专业人员的合法化，不仅仅在于遵守相关法令，同时也包含遵守社会规范和职业伦理。

（二）监察及指导

社会福利是依靠全体国民所上缴的税款和社会保险金运转的，具有高度公共性的同时，也担负着支撑国民生活以及推进地区福利制度发展的重要使命。

日本国宪法第 25 条指出：“全体国民都享有过上最低限度的健康的有文化的生活的权利。国家必须在人们生活的方方面面，努力促进社会福利、社会保障以及公共卫生的不断向前发展。”把为每一个使用者提供的福祉服务最终归到国家责任范畴。正因如此，在社会福祉法第 56 条和第 70 条的规定的基础上，构建了福祉服务的合法运营和执行由地方公共团体进行责任监察并给予适当的指导的体制。

针对社会福祉法人和设施的指导监察一般分为三种：一般指导监察、特别指导监察和随时指导监察。通常情况下的一般指导监察原则上会根据包含运营基准的相关法令、通知、市町村的纲领以及指导监察实施方针每年进行一次监察。

另外，关于看护保险制度的指导监察，由厚生劳动省发布的文件《关于看护保险设施等的指导监督》及文件中提到的看护保险设施等的使用指南实行指导（见表3-10）。

表3-10 根据厚生劳动省命令规定的各事业的基准

省令	事业单位
关于指定住宅看护援助等事业的人员和运营的基准（平成11年3月31日厚生省令第38号）	住宅看护援助
指定看护预防援助等事业的人员和运营以及与指定看护预防援助的看护预防的援助方法相关的基准（平成18年3月14日厚生省令第37号）	看护预防援助
指定住宅服务等事业的人员、设备和运营的基准（平成11年3月31日厚生省令第37号）	上门看护/上门入浴/上门护理/上门康复训练/疗养管理指导/通所看护/疗养通所看护/通所康复训练/短期入所生活看护/短期入所疗养看护/特定设施入住者生活看护/预防看护短期入所生活看护/预防看护短期入所疗养看护/预防看护特定设施入住者生活看护/预防看护福祉用具出借/特定预防看护福祉用具出售
指定预防看护服务等事业的人员和运营以及与指定看护预防援助的看护预防的援助方法相关的基准（平成18年3月14日厚生省令第35号）	预防看护上门看护/预防看护上门入浴/预防看护上门护理/预防看护上门康复训练/预防看护住宅疗养管理指导/预防看护短期入所生活看护/预防看护短期入所疗养看护/预防看护特定设施入住者生活看护/外部服务利用型预防看护/特定设施入住者生活看护/预防看护福祉用具出借/特定预防看护福祉用具出售
关于看护老人福祉设施的人员和运营的基准(平成11年3月31日厚生省令第39号)	看护老人福祉设施
关于看护老人保健设施的人员、设施、设备和运营的基准（平成11年3月31日厚生省令第40号）	看护老人保健设施
关于指定看护疗养型医疗设施的人员、设备和运营的基准（平成11年3月31日厚生省令第41号）	看护疗养型医疗设施

续表

省令	事业单位
关于指定地区密集型服务的事业的人员、设备和运营的基准（平成 18 年 3 月 14 日厚生省令第 34 号）	夜间上门看护/痴呆症通所看护/小规模多功能型住宅看护/痴呆症共同生活看护/地区密集型特定设施入住者生活看护/地区密集型看护老人福祉设施

实际的指导监察中，需要对设施的理念·运营方针、符合设备标准的最合适状态、职员分配和值班体制、各类规定的完备，突发灾害的对策、入职及退职手续的办理、看护方案的制作及修改、饮食·排泄·洗澡·体质训练等的合理实行、设备基准的合适状态·卫生管理、各部门间的合作、投诉处理体制、和地区的合作、事故预防及发生时的对策、防止虐待对策等在内容上极其复杂的多方面进行监察。

（三）各规定及指南

1. 亟待完善的相关规定

地方自治法第 199 条第二项规定：作为一个行政监察的现行行政监察体制，要通过确认看护服务企业·设施是否合法运营并根据实际情况进行指导和监察。所指导的与运营状况相关联的项目（利用者的待遇除外）大致概括为以下几项，这些项目由各个都道府县规定并实施。

（1）关于人员的基准

明确区分专职从业人员和非专职从业人员、所有的从业者是否都办理了正当的从业手续？

（2）确保就业体制

任免等人事手续是否完备？是否形成了恰当的组织体制？

（3）生活咨询员的分配

对生活咨询员和看护专职人员是否进行了合理的分配？

（4）就业规则的制定

就业规则的完备以及劳动条件的明确、与临时·非正式员工建立的雇佣关系是否合理？

（5）劳动基准法的延伸条款

变形劳动时间制、工作时间外·法定节假日工作、早晚班等就业规则的完备和协定的申报。

（6）职员的健康管理

实行对在职员工的工作情况和下班情况的管理，是否实行了合理的健康管理制度？

（7）公告

工作制度、突发事件的应急对策、投诉处理机制、保密机制、运营规定等相关内容。

（8）废除人身自由的限制

是否在努力废除人身自由的限制？（包括限制时的说明和征求许可）

（9）说明及征求许可

重要事项说明书、公示关系、运营规定的完备。

（10）费用的受领

计算基础资料、使用费减免事业的正确实施、收据的交付、记录内容的合理化。

（11）卫生管理等

预防革兰阴性需氧杆菌感染的措施、感染性废弃物的处理、感染性疾病的预防措施。

（12）额外收费的合理化

看护服务定价是否合理？额外收费是否合理？服务提供时间是否合理？

在应该进行整改的各个规定、账本类、指南方面，大致被分为运营管理方面和会计方面。其中，运营方面和社会福祉法、看护保险法及前面提到的看护保险服务各自规定的基准共同作为和劳务管理的相关法规（劳动基本法、劳动关系调整法、劳动组合法、最低工资法、职业安定法、劳动者派遣法、兼职劳动法、育儿、看护休业法、男女雇佣机会均等法、高年龄者雇佣安定法、障害者雇佣促进法、个别劳动纷争解决促进法、劳动安全卫生法等）相呼应的内部规定等待进一步的完善。

另外，会计方面，不仅仅是社会福祉法人呼吁的社会福祉法人会计标准，还有指定的看护老人福祉设施等会计处理等处理方针、看护老人保健设施会计准则、医院会计准则等，会计方面是根据和以上各项工作相对应的会计规范来规定的（见表3-11）。

表 3-11 各规程的详细情况

<table>
<tr><th colspan="4">规程</th></tr>
<tr><th colspan="2">运营监察管理相关</th><th colspan="2">会计相关</th></tr>
<tr><td>各规程</td><td>章程/章程施行细则/就业规定/薪酬支付规定/临时员工规定/育儿休假规定・协定/看护休假规定・协定/旅费规定/董事等费用补偿规定/事务处理规定/文件处理规定/财产监察管理规定/防火管理规定/运营规定/重要事项说明书/会计规定</td><td rowspan="2">账簿等</td><td rowspan="2">收支登记表/收支预算明细表/收支决算明细表/事业活动收支登记表/事业活动收支明细表/存款・贷款余额证明/存折・存款证明/资产负债表/财产目录/月度报告书/明细传票/总账目分类账/小额现金出纳表/货币余额表/有价证券账簿/当前测算对照表/工资表/补助费用・委托办理费用清算表/采购清算表/捐助申请书/捐助收据备忘录/捐助金账簿/资产负债账簿/待支付账簿/固定资产管理账簿/个人薪酬支付账簿/出差旅费申请书</td></tr>
<tr><td>账簿等</td><td>事业计划/事业报告/人员录用、晋升相关文件/人事调动记录/劳动条件通知备忘录/理事会议事记录/评议员会议事记录/监察报告书/出勤记录/休假记录/带薪休假认定记录/员工名册/职员履历书/临时员工雇佣合同/职员雇佣相关文件/加班记录/进修计划书/进修报告书/进修实践记录/职员健康记录/工作日值班日志</td></tr>
</table>

对于看护服务事业者非常重要的各个规定，虽然在追求其合法化，但这并不仅仅是指遵守法令、不触碰最低限度的准则，而是要维护各位利用者的权利，不断提供高质量的服务，同时，也以提升职员的专业性为目标。所以为了事业的正常运营发展一定要具有相应的统治力。

原本的统治力，与通过法律约束力行使的统治力不同，是通过集体自身的团结能力而实行合理的统治。集体的成员行事时重视规律，具有通过互相完善合作体制达到组织内部高效运转的作用。

维护服务利用者的权利，以提供更好的服务为社会使命的看护服务业企业家，也是保障职工的生活和健康的有机整体。正因为如此，才要寻求建立健全的经营体制，也因此，法令遵守和统治能力显得尤为重要。

2. 面向服务标准化的指南完善

以根据实际的服务提供整改制成的指南为基础构建服务提供体制寻求服务标准化。

如众所周知的看护服务，是以与利用者达成的契约关系而展开的，实际的服务必须根据每个利用者身心状态的不同而提供相对应的服务。然而，即使是同样的设施、同一个事业所、展开相同的看护服务，由于进行服务的职员的不同也会出现服务水平的不同或者服务内容不同的情况，因此要整理出标准化的指南进而使服务规则化。

例如，在考虑感染性疾病防治对策标准及预警时，构建合理的预防体制对感染性疾病的预防无疑是有效的。突发情况下的避难程序和紧急情况下的联络体制等流程图的必要性也是不可否认的。同样，根据利用者的身心状况展开的看护服务也可以通过将必要的应对和手续标准化来减少不合理的看护服务发生的可能性从而形成稳定的合理的服务，并通过细致分解照料工作的指南和以此为基础的职工培训谋求服务水准的稳定。

表3-12是看护情报公表制度根据需要检查整顿的老人看护福祉设施类别整理出的指南。当然，这些规范的设置并不等同于服务质量。

说起来，与有形产品不同，对人援助服务具有无形性、生产与消费的不可分割性、消灭性和异质性这四个特征。

（1）无形性

对人援助也就是一个人对另一个人亲身提供帮助。吃饭、洗澡、排泄、出行的看护和协商援助等，虽然也是一种服务，但因为不是具体有形的物质，所以评价其服务品质的手段非常有限。

（2）生产与消费的不可分割性

对他人援助服务的一个特征就是服务的提供与消费是同时的，因此具有不可逆性。另外，就像以排泄、入浴、饮食为代表的由于利用者自身需要而延伸出的援助服务，通常与利用者的行为具有协同性。

（3）消灭性

和生产与消费的不可分割性有着密切的关系，因为这种服务不可以搁置，在提供服务的同时服务就消失了。

（4）异质性

与有形的物质不同，对这种具有异质性的服务进行品质管理显得尤为困难。

提供者的异质性——由于是面对面进行服务，因此根据提供服务的人的不同，其品质也会有所不同。

时间的异质性——因为其具有消灭性，因此提供服务时机不同顾客的印象会有所不同。

场所、环境的异质性——即使是同样的服务，由于场所和环境的不同，顾客的满意度也会有所不同。

顾客的异质性——因为顾客的需要和期待不同所以即使是相同的服务也会出现不同的满意度。

表 3-12 指南示例（以看护老人福祉设施为例）

- 成年监护制度及日常生活自立援助事业相关指南
- 痴呆症护理相关指南
- 个人隐私保护的实施办法指南
- 废除限制自由的相关指南
- 记载了关于根据利用者状态选择入浴方式的指南
- 记载了协助入浴时保护利用者隐私的指南
- 记载了协助排泄时保护利用者隐私的指南
- 记载了如何发觉利用者的身体状况变化及其应对措施的指南
- 服药管理相关指南
- 防止感染性疾病及食物中毒的预防和防止蔓延的相关指南
- 记载了预防褥疮的指南
- 记载了关于进食或者吞咽障碍护理的指南
- 记载了如何进行晚期护理的指南
- 记载了如何进行精神上的护理的指南
- 记载了如何援助利用者出行或外宿的指南
- 协商、投诉的应对措施相关指南
- 记载了医疗紧急措施的指南
- 预防事故发生及预防二次事故的相关指南
- 事故等紧急情况下的应对措施相关指南
- 规定了极端灾害下的应对措施、分工的指南

正是因为有这些与有形商品不同的特征，所以包含看护在内的对人援助服务中服务品质的维持自不必说，品质的评定也十分困难。正是因为如此，才要对与实际服务有直接关系的指南进行整改，进而寻求更高层次的品质管理。另外，像看护事故、个人信息保护、投诉处理、火灾预防和感染性疾病应对措施这样与利用者的生命安全和隐私有直接关系的项目、与高龄者虐待防止法有关的项目及限制人身自由的项目，关于这些项目，相关法律法规正在起草指导准则，地方公共团体也在完善实施要项和指南。

例子如下：

个人信息保护	福祉关系事业者关于个人信息的正确处理方针
看护事故	看护事故防止对策
投诉处理	社会福祉事业关于福祉服务的投诉处理策划和指导方针
事故对策	看护保险事业关于事故发生的报告及处理

感染性疾病对策	高龄者感染性疾病对策指南
灾害预防	福祉、医疗设施预防灾害指南
零束缚自由	零束缚自由导引
高龄者虐待	高龄者虐待对策指南
危机管理	福祉服务危机管理解决方针

（四）要求记录的完善

1. 以人员、设备以及运营方面的基准要求的记录

如上述看护服务信息公开制度中要求大量的指南的完善一样，与此同时看护服务单位·设施中记录的完善也在要求范围内。即使在表 3-13 的看护服务业设定的关于人员及运营相关的基准中，也要求完善记录。

下面举一个例子，从指定看护老人福祉设施的人员、设备以及运营相关的基准来看，可以看出为了保证服务质量所要求的事项。也就是说，接受了服务设施计划中设定的目标，将提出怎样的具体方案、通过什么方法提供每天的服务？同时是否对效果进行了测评和修改。其中包含万一利用者及其家属投诉的时候或发生了事故的时候的应对措施。

如果没有进行详细的记录，那么评价实际提供的服务以及判断服务是否合理都无法进行。正因如此，看护保险法以及相关都道府县政令中才如此重视记录。

表 3-13 指定看护老人福祉设施的人员、设备以及运营

相关基准下规定的“记录的完善” （1）设施服务计划 （2）记录提供的服务的具体内容 （3）记录限制自由的情况和时间，以及当时入所者的身心状况和不得不紧急停止的理由 （4）记录确认因不听从指示而增加看护强度的时候，和因不正当行为接受或准备接受保险理赔时对市町村的汇报 （5）记录利用者及其家属的投诉内容等 （6）记录因服务导致的事故的状况及当时采取的措施

2. 指导与监察需要的记录

即使是作为行政监察而进行的指导和督查，也是非常重视记录的整理和保存的。如表 3-14 就是从实际的指导监察中使用的自主检查表中抽出的关于有无记录的监察项目。

表 3-14 指导监察调查报告书中要求的记录实例（千叶县）

是否完整保存了设备·职员·会计的相关记录及利用者待遇的记录
（1）关于设施运营的记录 营业日志/关于沿革记录/关于职员工作情况及薪水的记录/关于重要会议的记录/月度·年度事业计划及实行情况表/对有关政府部门的汇报书等文件 （2）关于入所者的记录 入所者登记册/关于入所者待遇的计划/关于入所者健康管理的记录/入所者及其家属对服务的投诉内容的记录/由服务引发的事故的情况及当时采取的措施的记录 （3）是否开设了入所商讨委员会？是否保存了两年内的议事记录？ （4）关于会计结算的记录 关于收支预算和收支决算的文件/与出纳相关的记录/债权债务的有关记录/关于收支的记录/关于资产的记录 其他项目 ·关于饮食内容方面，是否在会议中讨论过？（会议记录） ·是否记录了投诉内容？ ·是否记录了事故情况及当时采取的措施？

3. 作为风险管理的记录

近年，针对医疗机构以及社会福祉服务业发生的事故要求损害赔偿的诉讼多有发生。

生病入院的女士 A（72 岁，轻度痴呆，患有帕金森氏综合征）从床上跌落，因头侧部猛烈撞击地面导致蛛网膜下腔出血不幸死亡。在这起事故中，A 女士的家属认为这是医院的过失，因此提出了赔偿。（东京地方法院 1996 年 4 月 15 日判决）

关于这起诉讼案，事故发生的几天前，因为有过 A 女士从床上跌落下来的情况，因此主任医师和护士制定了增加巡查次数以密切注意 A 女士动静的看护方针。所以是否按照计划每小时巡查一次成了争论的焦点。

在这次公审中，虽然根据护士提供的证词，他们确实每小时巡查了一次，但在审判中因为并未看到巡查的记录，所以认定其并未进行巡查，并判决医院支付赔偿金。

看护服务业不惜以身试法也要追求 ADL 和 QOL 的维护和提高，这种做法通常也伴随着引发安全事故的风险。风险管理就是“对可能存在的危险和安全事故在事前进行预测和适当的预防以尽最大可能防止事故发生，一旦发生事故能够及时应对，防止危害进一步扩大，并将损失降低到最小的程度”。

当然，要求完善记录并不是为了万一发生事故界定责任的时候回避风险，而是作为有助于提高服务水平的手段加以灵活运用，这才是要求完善记录的主要目的。结合当前的例子来看，也就是要评估利用者跌落的危险性，设定对应的目标及对应的行动计划。按计划实行，针对设定的目标确认效果和需改进的地方并把目标值和计划的差异作为下一次行动计划的根据，这一系列的工作非常重要，正因如此才不能没有记录。

4. 说明责任的记录

正如前文所说的，与有形产品不同的看护等对人援助服务，因其特性很难对服务品质进行评估。例如，好的设施和坏的设施之间的区别在哪里。很明显，对这一问题的回答是很难的。例如，当来访者问道："这里的设施是否为了确保利用者生存价值仔细考量过?"能否客观地用具体的措施及其根据来说明呢?

（1）为了在服务上反映每一个利用者的兴趣、生存价值和社会角色，就需要对每一个利用者的兴趣、生存价值和社会角色的意向进行记录。

（2）为了实行利用者的自立支援，就要对入所者的期望及生活能力进行记录。另外，还要进行与这个能力相对应的俱乐部活动和消遣活动等项目的实行的记录。

（3）为了协助每一个入所者的出行和外宿，实际的出行或外宿支援的相关实行也需要记录。另外，还要记录跟家属联系汇报出行·外宿情况这一内容。

要判断看护服务信息公开制度中要求的看护老人福祉设施里维护入所者尊严的相关措施是否在实行中，这些记录就是判断依据。

看护服务信息公开制度在2006年（平成18年），对于现行的看护服务业，通过让都道府县的知事指定的调查机构基于客观事实在全国范围内对标准化基础信息进行调查并把结果发布到网上这一行动，以帮助利用者选择合适的看护服务为目的被引进。

如此一来，必须引起注意的是对维护入所者尊严的相关措施实行情况的记录是否完备这一点。

表3-15是看护服务信息公开制度的调查项目中，选出来的标记了"关于××的记录"的内容。仅仅是需要检查和记录的项目就超过了50条，利用者可以以表中的记录为基准判断服务质量的优劣。同时，事业单位也要根据记录内容承担相应的责任。

表 3-15 看护服务信息公开制度要求的记录

对入所者及其家属的期望、入所者具备的生活能力和所处环境的记录	
包含了入所者及其家属的期望的设施服务计划或设施服务计划探讨会议的相关记录	○
成年监护制度或者积极开展地区维护福祉权力活动的记录	
每位入所者的资金管理记录	
对入所者或其家属汇报收支和资金余额的记录	
对限制自由的实施过程及原因的记录	
针对每一个入所者的体质训练的实行记录	
向入所者家属提交的随时和定期的情况汇报书的记录或者与家属的联络记录	
入所者家属确认参加的意见交换会、恳谈会等的记录或者与入所者家属的联络记录	
关于入所者营养状况的评估记录	
为了改善营养状况而实行的措施记录	
入所者期望的入浴方式的记录	
排泄检查表等记录	
看护服务中，每天起床和就寝是提供的更衣服务的记录	
每一位入所者入所前的生活环境和生活习惯的记录	
努力营造继续维持入所者入所前的生活环境和生活习惯所需环境的记录	
为每一位入所者的更换体位的记录	
关于看护记录，对入所者或其家属进行汇报或者展示的记录	
每一位入所者的兴趣、生活尊严、社会角色等意向的记录	
对各种俱乐部活动、消遣活动等的实行记录	
每一位入所者期望的自立支援方式的记录	
每一位入所者的生活能力的记录	
出行或外宿的协助记录	
向入所者家属汇报出行·外宿的记录	
针对协商、投诉处理的记录	
参加地区庆典的记录	
和第三者委员的会议记录	○
志愿者活动项目、志愿者活动的记录	

续表

灵活运用设施外的社会资源的记录	
对从业人员的痴呆症和痴呆症护理的培训记录	★
关于保护入所者隐私的培训记录	★
关于排除限制自由的培训记录	★
对从业人员的医疗方面的教育培训记录	★
对从业人员的精神护理方面的培训记录	★
关于事故发生或者防止再次发生的培训记录	★
对从业人员的伦理及法令遵守方面的培训记录	★
对于事故发生等紧急情况的应对措施的培训记录	★
对于感染性疾病及食物中毒的预防和防止蔓延的培训记录	★
对于正式和非正式员工的关于看护福祉设施服务的培训记录	★
关于极端灾害下的避难、救援的演练记录	
一线服务人员与干部共同参与的业务改善会议的记录	○
经营改善会议中，对入所者意向、满意度的讨论记录	○
对设施整体的看护方法进行探讨的会议记录	○
地区研讨会的讲师派遣记录	
对自己提供的看护服务质量的自我评定记录	○
修改方针政策的探讨记录	○

虽然，需要进行记录的项目大多是情况把握记录、受理记录、实施记录以及事态进展确认的记录，但相关的讨论会议（表中标记了“○”的记录）和相关的职员培训（表中标记了“★”的记录）的记录也应该给予高度重视。

可以说职员培训和内部委员会是否切实执行并履行其责任，是展现事业单位面貌和评价其是否坚持提高服务品质的判定标准。

二、策划提升服务质量

（一）看护服务信息公开制度

社会福祉法第75条第一项规定“社会福祉事业的经营者为了想要享受社会福祉服务的人能轻松享受到该服务，必须尽力提供其所从事的社会福祉业的相关信息”。同时，也要在情报中展示出事业者为福祉事业所作出的努力。因此，第二项规定“国家及地方公共团体，要向着让利用者可以更容易地获得相关信息这个方向采取必要的措施”。

另外，该法律的第76条规定“社会福祉业的经营者，在服务利用者提出申请的时候，要向利用者详细说明合同内容和履行事项”。第77条规定“社会福祉业经营者，在制定利用福祉服务的合同时，必须当面递交给利用者包含下列事项的文件，不得拖延”。1. 该社会福祉业经营者的名称及事务所所在地。2. 该社会福祉业经营者所提供的服务内容。3. 对所提供服务的应付金额。4. 其他厚生劳动省规定的各事项。

像这样，虽然社会福祉法中明确规定了利用者合同里必要的信息公开的实施办法，但因为大多数看护服务利用者是根据利用者的不同选择要提供必要的情报，但由于很多服务利用者都是高龄者，为了罗列一些必要的援助所需的作为选择服务前提的服务信息的获得仍然困难重重。

正因为如此，现在的情况大多是当实际收到服务情报的时候，很多人都会依靠市町村的宣传或者看护服务事业者的宣传手册，以及其他人的评价和网络评论等方式进行选择，实质上，很多人通过服务提供者和利用者之间的看护支援专门员所提供的服务种类、质量进行选择。

事实上，根据看护保险法施行后的公开发表的各项调查结果显示，与服务利用初期的相关人员打成长期的契约关系，利用看护支援专门人员所属的法人代表实时服务的情况日渐增多。

因为上述情况的出现，2003年推出的《规制改革推进3年计划（再改订版）》，对看护服务事业者的情报公开和第三方评价公开的推进进行进一步政府决议。对作为看护保险基本理念的“利用者本位”“高龄者自立支援”“利用者的选择”得以实现加以保障，对为利用者可以进行合理选择而进行的情报公开作出制度规定。2004年3月，银色振兴会总结了《为利用者可以进行正确服务选择而采取的情报公开进行标准化规定报告书》，对《情报公开标准化》审核提案。同年，经过模范事业的执行，于2006年4月全国统一标准正式运行。

看护服务情报的公表制度，将利用者可以自由选择判断各个服务事业从而促进社会福祉服务行业整体环境趋近公平和通过利用这对事业者进行自由选择而促进服务质量不断提高作为基本理念。

看护服务事业者以现行情况为前提发布统一标准化基本情报，对此，都道府县对事实进行客观调查，将调查结果公布在网上，并让利用者同时看到各类评论。这样一来，会保障服务的最低标准，并遵守行政上的指导及监察，促进服务品质的不断提高形成与评价相符合的价格，对评价不满意处进行整改。

另外，制度实行以来已经过了五年，很多事业所在发表情报之前进行准备，将发表内容以及审核项目标准化，因为在网上发表的内容是依靠一定的媒体存在的，所以利用者的可访问性不高，网络并没有延伸数据，以及与制度实施费用相比并没有得到相应效果的批判声音越来越高。为了解决此类情况，2012 年 4 月以来，对以下六个方面的制度进行修改：1. 尽可能地不收取被调查设施和事务所费用。2. 从每年进行一次调查访问改为在必要时候进行调查。3. 格外关注看护服务的质量和与看护从业者相关联的情报公布。4. 与看护预防不是一体经营的情况也要尽量做到报告一体化。5. 信息公布的载体由国家进行统一管理。6. 出现虚假报告的情况将直接取消其营业资格，停业处置。

（二）社会福祉服务第三者评价事业

我国的福祉评价事业，以 1989 年制订的黄金方案和新黄金方案对高龄者福祉服务的扩充为基础实行。

最初，1993 年，都道府县根据《特别养护老人院 老人保健设施服务评价标准》设定制定相应的评价委员会并开始评价事业。另外，在宅福祉评价方面，于 1996 年制定《高龄者在宅福祉服务事业评价标准》，并以此为依据，组成评价委员会开始评价事业。

厚生省老人保健福祉局委托全国福祉协议会制定的评价标准主要着眼于事业所的运营管理评价、提供的服务质量以及利用者和第三者对其的评价。另外，评价委员会的委员进行实地视察并与设施相关人员交换意见，提供促进品质提高的意见，失业者根据自身情况对意见进行利用和自我评价，以在行政上取得超越指导监察的效果。

在此之后，导入根据社会福祉基础构造改革和看护保险法所延伸出的利用者自主选择并制定契约的新型社会福祉利用系统，将服务供给者和利用者置于同等地位，并对福祉服务评价方法进行研究讨论。

以利用者能够根据自身需求进行选择服务而存在的服务评价情报少之又少，其主要原因在于服务供给者与服务利用者之间所存在的不对等的关系，因此，厚生劳动省设置《基于看护保险服务选择的评价方法相关研讨会》和《社会服务品质相关研讨会》，并引入对社会福祉事业第三方评价标准，以第三者的评价为中心，加速活动开展。

随着社会福祉服务第三方评价的扩散，1988 年厚生劳动省社会援护局长的私人座谈会“福祉服务相关检讨会”中提出《促进福祉服务高速发展相关方针》和《福祉服务第三方评价事业相关报告书》，根据厚生劳动省援护局出台的《福祉服务第三方评价事业要领》，已出示了相关法制框架。

在高龄者福祉制度领域，2001 年都道府县对患有痴呆症的高龄者服务业尽心自我评价的规定，从 2002 年 10 月开始接受外界评判，将外界评判的结果与自我评价结果进行比对，并在观察的基础上进行总结概括；在儿童福祉领域，《儿童福祉设施服务第三方评价基础方针》《儿童福祉设施福祉服务第三方评价事业指针》将陆续出台；在残疾者福祉领域，《残疾者、儿童福祉设施公用评价标准》等指导方针将在厚生劳动省各部门推出。

受这股潮流的影响，为了让社会福祉服务第三方评价事业逐渐普及并固定，2004 年 5 月出台了《福祉服务第三方评价事业相关方针》，到现在为止，已经逐步确立并稳定。

社会福祉法第 78 条规定，社会福祉服务第三方评价以《社会福祉事业经营者为促进服务质量向上的可采取的措施》为主，旨在促进福祉事业运营者掌握存在的问题点，促进服务质量不断提升，并使利用者可以通过发布的第三方评价选择适合自己的服务。

社会福祉第三方评价事业的推进体制，是以作为全国性组织的全国社会福祉协议会、都道府县、都道府县社会福祉协议会、公益法人以及都道府县承认的团体为主组成的推进组织。评价事业是由都道府县根据《福祉服务第三方评价机构认证方针》组成的推进组织以《福祉服务第三方评价及标准方针》为基础而实施的。

评价的结果，通过社会福祉、医疗事业集团运营的“保健福祉医疗情报网络系统”以及由都道府县管理的多种媒体进行情报提供发表。

值得关注的一点是，为了让一直致力于提高服务品质的经营者充分了解使用者的意见看法，以向利用者进行提问收集意见为基础召开意见听取会，对至今为止的评价标准进行统一，至此我国进入了一个已利用者的角度进行事件评价的新时代。

近年来，国际标准化机构发布一系列与品质管理相关联的文件，使为达到国际标准而不断努力的企业和法人不断增加，因此，根据社会福祉法人指导纲要，为判断社会福祉事业第三方评价结果公表和取得国际认可的法人的实际情况，一般每四年进行一次监察。

三、维护权利与投诉处理

（一）应该维护的利用者的权利

根据看护保险制度的实行，以个人合同为前提的服务利用系统也开始投入使用。这种“从解决措施到合同”的福祉服务供给·利用系统的改革，解决了如何构建服务供给端与利用端的平等关系的问题。

本来，即使是个人在购买商品的时候，比起充分了解了购买合同再购入，多数人还是在出现问题的时候才开始仔细看合同内容寻找应对措施。所以即使在法律上消费者和商家是平等的关系，但实际上仍然有不少商家占优势地位的情况。

更有甚者，为了维持生命和日常生活，对生活问题的紧急应对是必不可少的，对这一应急措施有要求的福祉服务利用者中，在询问服务质量之前就迫于需要而开始接受服务的情况很多，而对服务的投诉和改善要求以及中止服务之类的对策实行起来是非常困难的。特别是投机主义者众多的老人看护福祉设施中，能果断中断服务的利用者很少。不可否认，实际上还是服务的提供者处于优势地位。

在社会福祉的合同方面，能否保证社会福祉制度能够保持利用者的正常生存有其特殊性，利用者自身努力提高和服务提供者的平等关系也有一定的难度。因此，以私人合同为前提的新型社会福祉系统中，如果没有切实地向利用者提供服务信息，把权利维护和利用者援助系统和合法化规定的经营者责任一起定位为社会工作时间，本应受到尊重的个人意愿就会有沦为形式的危险。这对患有痴呆症、智力障碍、精神障碍等没有足够判断力的利用者的权利维护尤其重要。

社会福祉服务的权利维护，指的是保障需要援助的高龄者和残疾人等服务利用者在宪法第25条、13条及国际人权规定准则及各项国际准则中规定的“尊重个人尊严和个人意愿的生存权”。因此，要把社会福祉事业定位为以这些事项为基础而建设的整体：以利用者为主体，能够满足利用要求的利用者援助以及实现这一可能的人才·资金来源的确保和制度化。

下面是与维护利用者权利相关联的日常生活自立援助事业以及成年人监护制度的概要总结。

1. 日常自立生活援助事业

日常自立生活支援事业在1999年（平成11年）作为国库补助事业开始实行，由于2000年（平成12年）社会福祉法的修订，变为第二种社会福祉事业。

此项事业，以与利用者签订的合同为基础，以向痴呆症和智力障碍者等缺乏判断能力的福祉服务利用者提供援助为目的。提供社会福祉服务相关信息，以及选择服务时的建议，提供申请手续的同行办理或代理服务以及代理签订合同，代为缴纳费用、存款等一系列服务。事业主体为都道府县的社会福祉协会，也可以将部分业务委托给广大市町村的基层社会福祉协会。

在事业实施方面，从商谈到合同签订都有专门人员负责，基于援助计划的服务提供有生活援助员负责。生活援助员的援助内容包括福祉服务的利用援助、信息提供、意见提供、手续办理援助、投诉处理的援助等，日常金钱的管理方面有缴纳费用、保管存折、权利文书等援助。

因为是以合同为前提实行的制度，所以当本人不具备签订合同的能力时，就要用到成年监护制度。今后，地区援助中心将成立专门的业务办理窗口，并谋求建成与成年监护制度的利用援助实现一体化的系统。

2. 成年人监护制度

成年人监护制度，在帮助痴呆症患者与精神障碍患者以及判断能力不足的人群作决定的同时，为了保护本人的各项权利，于2000年4月代替之前的禁治产、准禁治产制度开始实行。

成年人监护制度中包含事先在本人的合同中应该成为监护人的人及规定了各项工作内容的任意监护和家庭法院指定的法定监护人。成年监护制度中的成年监护人的作用，大致可以分为财产管理和生活监护。

在财产管理方面，有印章、存款、收据的保管，对年金等收入的管理，生活费用的支出管理、财产的运用及处置等多个方面。另外，生活监护方面，基于民法第858条规定的照顾本人全部生活的义务，有关于看护保险的需要看护的认定手续的办理和看护服务合同的签订，设施・医院的入所・入院手续的办理以及年金手续，关于生活保障申请，要关注本人的身心状况及实际生活情况。

虽然利用者人数在不断增加，因为申请费用、登记费用、鉴定费用的负担以及给予选定的监护人的报酬负担，也有批判这一制度对低收入者来说作用甚微的声音出现。为了解决这一问题，2001年成年人保护制度利用支援事业开始展开，只有持有市町村长官的申请才能得到政府资助。

2006年开始成年监护制度定位为看护保险制度中的地区援助事业，期待在保护权利业务中这一制度能被灵活运用。

希望今后可以早日实现在制度创立初期提出的把成年监护人的报酬纳入公费以及开发出低成本的鉴定方法这两个目标。

（二）投诉处理机制

随着福祉服务的利用方法由措施转变为合同，作为解决服务合同上的问题的投诉处理机制显得尤为重要。

社会福祉法第 82 条规定“社会福祉业的经营者针对所提供的服务所产生的投诉要进行恰当的处理”。为了让经营者能够第一时间正确处理投诉，规定设施长和理事长为处理投诉的负责人，并开放专门的投诉受理窗口，成立加入第三方的投诉处理机制。

1. 投诉的受理

投诉可以向投诉受理负责人提出，也可以直接向第三方委员会提出。

受理负责人要与投诉人确认并记录投诉内容、投诉人的诉求等，以及是否需要向第三方委员会报告，投诉人和投诉受理负责人之间的协商是否需要第三方委员会的建议和见证。

2. 投诉受理报告

投诉受理负责人将投诉情况向投诉处理负责人和第三方委员会进行传达。(如果投诉人拒绝提交可以减免此项)

3. 第三方委员会进行内容确认并通知投诉人

第三方委员会在接到投诉内容的情况下，对其内容进行确认的同时，要通知投诉人投诉报告已被接收。

4. 针对投诉处理的会谈

投诉处理负责人要与投诉人进行洽谈，努力解决问题。由第三方委员会见证的情况下，第三方委员会要确认投诉内容、调整解决方案并提建议。

5. 投诉处理报告的公开发表

投诉处理负责人每隔一段时间就要向第三方委员会报告处理结果，并接受必要的建议。另外，向投诉人承诺过的改善事项要在一定时间内向投诉人和第三方委员会报告。

为了使利用者能够进行更好的选择以及提升服务质量，除了个人信息之外，还要对事业报告书等实际取得的成果进行公开发表。

另外，社会福祉法第 83 条规定，都道府县社会福祉协会设立运营合法化委员会，针对福祉服务中利用者的投诉，通过提供建议、组织会谈、实行调查、从中斡旋或通知都道府县的知事以帮助解决投诉和援助利用者。

此外，对根据看护保险提出的看护认定有任何异议的情况，可以向由都道府县设立的看护保险审查会提出审查要求。这个看护保险审查会是独立于都道府县行政管理之外的机关，是由都道府县的知事任命的市町村代表·被保险者代表·公益代表这三者组成的合议体。另外，各都道府县的国民健康保险团体联合会也有缴纳费用、审查指导并提建议的作用。

另外，对运营合法化委员会、看护保险审查会以及国民健康保险团体联合会的投诉，都道府县间的处理方式会有偏差，这也是一个问题。即使有专门受理投诉的窗口，也很难说作为投诉处理机关已经被充分认识并被灵活运用了。

在这种情况下，作为投诉处理机关，市町村设立了行政监察委员制度。此外，社会福祉设施的活动也是备受瞩目。

（三）防止高龄者被虐待

因为高龄者意识能力低下，所以对其产生偏见并差别对待以及高龄者被害事件多有发生。至今一直被忽视的家庭中以及设施内的高龄者虐待事件已经成为严重的社会问题。

为了应对这一问题，2005 年以维护高龄者权利为目的制定了《防止高龄者被虐待，对高龄者的养护者进行支援的法律》。(2006 年 4 月实行)

该法律把“高龄者因他人的不合理对待导致权益被侵害的情况以及生命、健康和生活受到损害的情况”视为高龄者虐待。对高龄者的虐待分为：1. 身体的虐待；2. 放弃对其的看护；3. 心理的虐待；4. 性的虐待；5. 经济的虐待，共五种。另外，在看护设施中的限制自由方面，除了为确保生命安全而不得不控制人身自由的情况，其他限制自由的做法都是明令禁止的，不当的限制自由的做法将视为对高龄者虐待。

另外，法律规定市町村对高龄者虐待事件负第一责任，并明确规定了国家、地区公共团体的责任、国民的责任以及保健、医疗、福祉相关人员的责任。另外，不仅为了保护高龄者本人的利益，也为了减轻监护人的看护压力，市町村将与高龄者监护人进行洽谈、指导并提供意见。另外，根据看护保险法修订引入的地区援助事业，市町村有义务开展防止并及早发现高龄者虐待的工作以及提供必要的援助以保障高龄者权益这一工作。(看护保险法第 115 条第 38 条第 1 项第 4 号)

因为看护设施中存在高龄者虐待问题，高龄者虐待防治法就相关机关的义务以及高龄者虐待的通报义务进行明确规定。

另外，针对看护设施中的高龄者虐待的防止措施，该法律第20条规定经营者和管理者必须：1. 对从业者进行培训教育；2. 完备投诉处理机制；3. 寻求防止高龄者虐待事件发生的对策。

第5条（尽早发现高龄者虐待事件）

看护设施、医院、保健所以及其他福祉业务的相关团体和看护设施从业者、医生、保健师、辩护师以及其他与社会福祉事业有关的从业者，都应该站在易发觉虐待事件的立场上，不断努力及早发现虐待事件。

第21条（高龄者虐待的汇报）

看护设施的从业者、该看护事业从业者所从事的业务相关事业者在发现高龄者虐待事件时应该及时向市町村汇报。

第20条（看护事业从业者所采取的防止高龄者虐待事件的措施）

看护设施的成立者和看护事业的从业人员，要对看护事业从业人员进行培训教育，利用该看护事业所的设施，完善针对高龄利用者及其家属投诉的处理机制，并寻求有效防止看护人员虐待高龄者事件发生的手段。

参考文献

一、中文文献

著作：

［1］王延中. 中国社会保障发展报告“十三五”时期的社会保障［M］. 北京：社会科学文献出版社，2015，25-28.

期刊：

［1］郑功成. 劳动就业与社会保障：中国基本民生问题的政策协调与协同推进［J］. 中国劳动，2008（8）：6.

［2］周扬. 日本的社会保障制度改革与劳动政策转型［J］. 中国劳动，2016（11）：60.

［3］张军涛. 日本社会保障制度改革的新动向及其对我国的启示［J］. 中国劳动，2015（3）：78.

［4］孔德威，等. 劳动就业政策变革的现实性分析［J］. 学术交流，2011（12）：45.

［5］吕学静，等. 日本社会保障改革状况及发展趋势［J］. 社会保障研究，2016（1）：58.

［6］高春兰，班娟. 日本和韩国老年长期护理保险制度比较研究［J］. 人口与经济，2013（3）：104.

［7］海龙. 日本长期护理保险的政策设计、基本特征及发展走向［J］. 经济与管理，2013（8）：14.

［8］戴卫东. 中国长期护理保险制度建构的十大议题［J］. 中国软科学，

2015（1）：29.

［9］林宝. 对中国长期护理保险制度模式的初步思考［J］. 老龄科学研究，2015（5）：13.

［10］鲁於，杨翠迎. 我国长期护理保险制度构建研究回顾与评述［J］. 社会保障研究，2016（4）：64.

［11］陈璐，刘绘如. 日本长期护理保险制度的改革及启示［J］. 理论学刊，2016（6）：69.

［12］周加艳，沈勤. 日本长期护理保险2005—2017年改革述评与启示［J］. 社会保障研究，2017（4）：60.

［13］张晏玮，栾娜娜. 日本长期护理保险制度发展方向及对我国的启示［J］. 社会保障研究，2017（2）：106.

［14］赵春江，孙金霞. 日本产期护理保险制度改革及启示［J］. 人口学刊，2018（1）：79.

［15］唐钧. 养老服务怪圈、有效需求和政府补贴［J］. 中国人力资源社会保障，2014（5）：56.

［16］杜鹏，谢立黎. 社会可持续发展战略应对人口老龄化［J］. 人口学刊，2013（6）：32.

［17］章萍. 社会养老服务发展的有效路径研究［J］. 现代管理科学，2015（9）：76.

［18］汪国华，张登国. 健全养老社会服务体系与机制——基于中外比较视角［J］. 现代经济探讨，2014（9）：66-72.

［19］王建云. “医养结合”养老服务模式下资源整合路径研究［J］. 老龄科学研究，2015（12）：34-41.

［20］伍德安，杨翠迎. 居家养老服务体系财税政策空间及顶层设计［J］. 财经论丛，2015（2）：18-26.

［21］黄燕芬，尹太兵. 促进我国养老机构发展的财税政策［J］. 税务研究，2010（5）：29-35.

［22］郑洁. 促进中国养老服务业发展的财税政策研究［J］. 石家庄经济学院学报，2013（10）：94-99.

［23］董克用，张栋. 中国养老金融：现实困境、国际经验与应对策略［J］. 行政管理改革，2017（6）：8.

［24］郑秉文，张笑丽. 中国引入“养老金融”的政策基础及其概念界定与

内容分析［J］. 北京劳动保障职业学院学报，2016（10）：4.

报纸网站

［1］胡继晔. 养老金融：养老和资本市场问题解决的突破口［N］. 中国经济时报，2013-04-01（006）.

［2］人力资源社会保障部社会保险基金监管局. 驰而不息防控社保基金管理风险［N］. 中国组织人事报，2019-5-13（004）.

［3］肖明. 社保经办机构“小马拉大车”社科院建议升格为管理总局. 凤凰网财经，2013-12-13.

二、英文文献

［1］THANE P. The growing burden of an ageing population?［J］. Journal of Public Policy，1987，7（4）：25.

［2］TOADER S. A. Considerations regarding the Japanese tax system. Romanian Economic And Business Review［J］. 2006，2（2）：25. Vol. 2，No. 2，2006.

［3］HAUNNER D. Aging：Some pleasant fiscal arithmetic［J］. International Advances In Economic Research，2007，13（3）：34.

三、日文文献

［1］後藤清，近藤文二. 労働者年金保険論［M］. 東京：東洋書館，1942，29.

［2］年金総合研究所編著. 年金制度の展望［M］. 東京：東洋経済新報社，2017，3.

［3］大田晋. 政策・制度・法律からみた「医療福祉」［J］. 川崎医療福祉学会誌，1996（8）：55.

［4］小坂健. 介護保険制度と介護予防について［J］. 東北大学歯学雑誌，2006（25）：25.

［5］中川秀空. 介護保険制度改革の課題［J］. 国立国会図書館調査と情報-ISSUE BRIEF，2014（8）：821.

［6］澤井勇人. 地域包括ケアシステムの強化のための介護保険法等改正案［J］. 立法と調査，2017（16）：102.

[7] 沈洁. 社会保障と介護福祉 [J]. 海外社会保障研究. 日本, 2014 (3): 189

[8] 刘新颖. 中国高齢者介護市場における日本企業のポジショニング [J]. 商大ビジネスレビュー, 日本, 2014 (2): 175-191.